XINXI SHIDAI SHEHUI FAZHAN YANJIU

HULIANWANG SHIJIAOXIA DE KAOCHA

信息时代
社会发展研究

——互联网视角下的考察

信息技术的发展是一把双刃剑，它在极大地促进经济社会与人的发展的同时，也导致了网络文化中的低俗化倾向、数字鸿沟、网络沉迷等问题，给人们提出了一些新的挑战。深入研究信息技术、互联网与经济社会的互动关系，深入研究信息技术、互联网对经济社会发展的多重影响，对于促进信息技术、互联网与经济社会的健康发展，具有重要意义。

王磊 著

人民出版社

责任编辑:李京明

封面设计:肖　辉

责任校对:史　伟

图书在版编目(CIP)数据

信息时代社会发展研究:互联网视角下的考察/王 磊 著.
　—北京:人民出版社,2014.5
ISBN 978－7－01－013487－1

Ⅰ.①信　Ⅱ.①王…　Ⅲ.①信息时代-社会发展-研究　Ⅳ.①K02

中国版本图书馆 CIP 数据核字(2014)第 082896 号

信息时代社会发展研究

XINXI SHIDAI SHEHUI FAZHAN YANJIU

——互联网视角下的考察

王 磊 著

人民出版社 出版发行

(100706　北京市东城区隆福寺街 99 号)

北京新魏印刷厂印刷　新华书店经销

2014 年 5 月第 1 版　2014 年 5 月北京第 1 次印刷
开本:710 毫米×1000 毫米 1/16　印张:14.75
字数:217 千字

ISBN 978－7－01－013487－1　定价:32.00 元

邮购地址 100706　北京市东城区隆福寺街 99 号
人民东方图书销售中心　电话 (010)65250042　65289539

序　言

　　20 世纪 80 年代，美国未来学家托夫勒指出，人类社会正面临第三次浪潮的冲击，也就是信息时代的冲击，并预测电脑网络的建立与普及将彻底改变人类的生存状态，这预言迅速变成了现实社会图景。近年来，以微电子、计算机、通信和网络技术为代表的信息技术，不仅成为人类社会进步过程中发展最快、渗透性最强、应用最广的关键技术，而且作为现代世界经济中最新颖、最独特的力量，急速地在全世界范围内展现了它强大的影响力，大幅度地提高了全球的生产力，广泛地改变着社会发展的面貌，深刻地改变着人们的生活方式。人类业已进入信息时代。

　　但是，信息技术的发展是一把双刃剑，信息化在促进经济、政治、文化、社会事业快速发展进步，提高社会运行效率的同时，也在生产方式、意识形态、生活方式等方面带来了很多反作用。比如，伴随信息爆炸而来的信息泛滥、信息泡沫给人的生活带来的不是便捷舒适而是纷扰和迷茫，信息的控制与反控制、操纵与被操纵给人类社会带来的是以前所有时代从没有过的巨大安全风险。

　　今天的中国社会，经济体制改革已进入建立健全社会主义市场经济体制阶段，文化体制改革正在深入，政治体制改革稳步推进。中国的新型工业化尚在进行，又被卷入到信息化浪潮之中。在这样的时代大背景下要构建我们社会的发展理念和发展模式，确立我们的发展目标和价值追求，把中国特色社会主义现代化建设事业推向前进，就必须以开阔的眼界和胸襟，准确把握世界范围内经济、政治、文化发展的大趋势，准确把握我国的国情特点和实际情况,抓住信息时代社会发展中的主要矛盾,抓住我们国家建设社会主义现代化过程中所出现需要认真加以处理的重大问题,准确把握国内外的有力条件和发展机遇。这一切都需要马克思主义理论武装。

理论武装,一方面是马克思主义的基本理论和基本方法的学习运用;另一方面是马克思主义面对新的情况和问题做出的新的理论思考和理论概括。马克思主义作为时代精神的精华和文明的活的灵魂,必须面向世界,面向现实,面向未来,必须反映时代要求,总结时代经验,对于当代社会发展的重大问题做出自己的理论说明和前瞻性估计,从哲学的高度对于社会发展的诸多问题进行研究,为当代人类思考和解决社会发展的一系列问题提供最基本的思维框架和价值坐标,这是马克思主义哲学在新世纪新时代的重大使命,也是马克思主义哲学的一个富有活力的理论生长点。

信息时代的社会发展问题就是这样一个问题。它不仅是当今时代的重大课题和当代中国的重要问题,也是多个学科所普遍关注的重大议题。从马克思主义哲学的角度对信息时代的社会发展问题进行研究,将为社会发展各具体学科的研究,为社会发展的决策和策略的制定与实施,提供分析和解决问题的思维框架和重要的方法论指导。近年来,我一直关注这些问题,并以此作为我指导的博士生的研究方向。

王磊同志在读我的博士生期间,把信息和信息对社会的影响作为他的主攻方向。这是一个富有挑战性的课题,研究这个问题不仅要有扎实的马克思主义理论功底,而且对于在信息时代的社会发展的现状,对于中外相关理论的研究成果,也要有准确、系统和全面的理解,还要对当代社会发展的经验教训和当代学界业已取得的成果进行理论概括,将其上升到马克思主义哲学的层面。王磊同志以《信息时代社会发展研究》为题的博士论文完成后,曾呈送中国社会科学院李景源研究员、孙伟平研究员,以及中共中央党校庞元正教授、杨信礼教授、秦刚教授、王天义教授、郝永平教授、贾建芳教授、牛先锋教授等9位专家审阅,并通过了两位同行专家的匿名评审。各位专家对于这篇论文给予积极的评价。

王磊同志的博士论文通过结合信息时代的背景与中国现实情况,较为全面地分析了信息时代的社会发展,论述了互联网对经济、政治、文化、社会和人的发展的正负面影响,剖析了各自的特点,并提出了一些具体的应对之策,为信息时代社会发展的理论研究、政策制定和实际操作提供了有价值的理论论述。特别是对于信息和信息时代社会发展的分析、考察和论述有现实性和启发性:一是力图运用马克思主义立场、观点、方法来研究信息时代的社会发展问题;二是试图全面审视信息时代经济社会发展的总体状况,描画互联网与经济社会发展以及人的发展并进互动的总体景观;三是在坚持运用马克思主义基本理论的同时,也借鉴了多学科理论,对信息时代社会发展进行了多视角的研究;四是对利用信息技术和互联网促进社会健康发展并通过加强网络管理防范社会发展风险进行了论证,具有参考价值。

当然,由于这篇论文涉及的问题广泛而宏大,作者在一些方面未能充分展开论述;有的问题尚待深化,个别提法尚可进一步推敲;有的论述需进一步提炼和概括……而这些未能充分展开的问题和值得推敲的观点,正是进一步研究和思考的起点。

当今,我们党正领导人民坚定不移地沿着中国特色社会主义道路前进,为全面建成小康社会而奋斗。面对新的形势与任务、新的机遇和挑战,我们必须从战略和全局的高度来考虑问题。我希望王磊同志以业已取得的进步为基础,进一步深入拓展对信息时代社会发展的理论研究,深化理论内涵,为推进这一领域的研究做出新的贡献。

二〇一四年元月·北京

王伟光

目　录

第一章 信息与信息时代

　　进入二十一世纪以来,随着信息技术的发展和应用,信息对整个社会发展的影响逐步被提高到非常重要的地位。由此,人类社会进入了信息时代。信息时代的到来为人们的发展提供了全新的机遇,虚拟实践的出现也成为人们实践的新方式。

第一节　信　息

　　通常而言,人们把信息与物质、能量并列,作为人类社会赖以存在和发展的三大基础。因为世界是由物质组成的,能量是物质运动的动力,而信息是人类认识和改造自然与社会的载体。物质、信息、能量三者相互作用、有机结合,共同推动人类社会的发展进步。在当今的信息时代,信息无处不在,无时不有。研究信息这个时代所赋予的新课题,有利于深入认识当今社会,深刻把握社会发展的历史进程。

一、信息的定义

　　"信息"作为现在最流行的词语之一,本身也有着悠久的历史。古人在很早时就已用"信"字作为信息使用,表达音讯、消息的意思。在古诗中常有"信息"一词的出现,如五代时期南唐李中的《暮春怀故人》中有"梦断美人沉信息,目穿长路倚楼台"的诗句;南宋陈亮在《梅花》一诗中写道:"欲传春信息,不怕雪埋藏。"在牛津字典中,"信息就是谈论的事情、新闻和知识";在韦氏字典中,"信息就是在观察或研究过程中获得的数据、新闻和知识";在日文辞典《广辞苑》中,"信息就是所观察事物的知识"。尽管古今中外的文献从不同角度来表达信息的内容,但最初作为日常用语的信息,经常是指"音讯、消息"的意思。实际上,信息与消息二者还是有差异的。哈特莱(L.V.R.Hartley)在1928年发表的《信息传输》一文中,首次从具体与抽象的角度论述了消息与信息的差异:消息是具体的、多样的代码或符号,其中载荷着信息;而信息是蕴含于具体消息中的抽象量,是选择的自由度。

人们真正开始从科学角度来探讨信息及其本质,尤其是信息论的研究,是随着现代信息通信科学的三门基础性理论学科——信息论、控制论和系统论——的诞生而产生的。据统计,关于信息的定义有上百种之多。本书关于信息的定义主要讨论信息的功能与用途、信息的基本性质、信息的运动规律和信息、物质、能量三者之间的关系。

从信息的功能与用途的角度来看,信息的功能主要用来消除不确定性。1948年,美国数学家、信息论的创始人申农(Claude E.Shannon)在题为《通讯的数学理论》的论文中指出"信息是用来消除随机不定性的东西",第一次阐明了信息的功能与用途。被称为传播学之父的施拉姆也认为信息就是两次不确定性之差,也就是能减少或者消除不确定性的任何东西。国内有学者认为,信息是在一种情况下能够减少或消除不确定性的任何事物。现在逆香农、逆维纳的信息定义已成为现时代信息的新定义,即信息是确定性的增加,即肯定性的确认。实际上,这也是从信息的用途与功能的角度来论述信息,指明信息主要用来减少或消除不确定性,增加确定性。

从信息的基本性质来看,信息具有有序性、系统性和可传播性等特点。控制论的创始人维纳(Norbert Wiener)指出:"事实上,完全可以将消息所携带的信息解释为负熵,即其概率的负对数。也就是说,某个消息的可能性越大,它所给出的信息就越少。"这实际上就把信息与有序性、系统性结合起来了。另外,他还提出了信息是有序性的度量、信息是系统组织程度的度量、信息是通讯传输的内容等观点。

传播学关于信息的定义是建立在信息论等三论之上的,因为传播学在理论上的最大贡献是借用系统论、信息论和控制论的理论模式,把系统、信息和反馈的概念引入对传播活动的研究,试图建立起关于人类传播规律的理论体系。

　　从信息的运动规律来看,主要讨论如何产生信息、如何测量信息、如何传递信息、如何认识信息等问题。首先是如何测量信息的问题。申农在讨论信息的用途与功能后,把信息作为一个物理量进行测量,并给出了度量公式,从而用可操作的信息度量公式避免对信息进行正面的定义。申农关于信息量的公式主要从概率统计的角度,对信源信息的语法结构进行了定量。其次是关于如何传递信息的问题。那奎斯特(H.Nyquist)在 1924 年发表的《影响电报速度的某些因素》一文中,研究电报信息的传递问题,探讨电讯信号的传播速率与通信系统的信道频带宽度之间的关系。在信息传递方面也有不同的认识,有的认为信息是人与人之间的传递,有的认为信息可以在人与物之间传递。维纳认为"我们通常以为消息是在人与人之间传递的。其实完全不必这样。我早晨不起床,靠按电钮,打开自动加热器,关上窗户,把锅放到电炉盘上边,这时我就把消息传送到所有这些不同的工具上去了"。但是克劳斯认为维纳"任意地推广信息或消息概念",因为"信息的语义能够产生心理效果,只有在这个时候,我们才能说信息有语义。"例如"数学教员给他的学生讲数学课,是把理性知识阶段的信息传授给他们。"所以,克劳斯认为"什么是信息呢? 纯粹从物理学方面看,信息就是按一定方式排列起来的信号序列。但光说这一点还不足以构成一个定义。毋宁说,信息必须有一定的意义,必须是意义的载体。信息的意义或语义不可从狭义的语言表达或逻辑关系方面加以了解。……由此可见,信息是由物理载体与语义构成的统一整体。"克劳斯的这一思想与韦弗有相似之处。韦弗认为信息与你说的是什么没多大关系,而与你能说什么有关。关于如何产生信息的问题,1948 年,维纳在《控制论》一书中指出:"信息是我们适应外部世界,同外部世界进行交换的内容的名称。"1996 年出版的《企鹅分类词典·信息技术》(The Penguin Dictionary of Information Technology)也认为:介于原始事实和知识之间的数据,一旦被置于情境脉络之中,与某一个特定问题和决定结合起来,便成为信息。在这个基础上,信息可以被界定为"被赋予了某种意义的事实"。

在信息与物质、能量的关系问题上,维纳在《控制论》一书中指出:"信息就是信息,既非物质,也非能量。"这一思想也为克劳斯所发挥。克劳斯在论述控制论的基础时,明确承认"维纳的说法是正确的"。2008年出版的《传播学总论》则认为信息是人类的精神创造物。这种创造物是人的大脑收集、加工、处理的结果,它可以是内储形态的人的精神创造物,也可以是外化形态的人的精神创造物。具体而言,它既包括人向自我传播所用的材料,也包括外化出来的、用符号形态流通的消息、新闻、文献、资料、数据等。郭湛教授认为"物质的存在即包括质料、能量和信息三个方面"。归根到底,这些问题就是讨论信息是物质的还是精神的抑或是独立于物质和能量之外的第三种存在。

实质上,信息、物质、能量是既相互区别又相互联系的。一方面,信息、物质、能量是相互独立的研究对象。信息是反映事物属性的一种标识。但是,信息不是物质,并且仅靠信息也不能构成物质。此外,信息也不是能量。能量可以出现在不同的运动形式中,可以通过做功、传热等方式改变物质的运动。而信息本身不能改变物质运动。另一方面,信息、物质、能量之间是相互联系、密不可分的。从信息本身来说,信息、物质与能量三者在世界上都是客观存在的。因为所有有组织的结构都包含着信息,并且可能传递信息。例如,有机物世界中的DNA,或者无机物世界中的硅片。

物质是信息的载体,信息不能离开物质而单独存在。物质还产生了信息的物质载体,决没有无物质载体的信息,并且人类通过物质所反映出的信息得以认识物质。例如,物质能够反映出图像信息、声音信息和文字信息等不同种类的信息,而缺失任何一种信息都很可能导致我们不能完整地认识物质。同样,虽然信息本身不能改变物质,但信息可以通过它所携带的内容来影响物质,进而使物质向新的方向运动。例如,自然界中有些雌性动物便通过发出性激素的信息,使得雄性动物向其靠近;社会上发布的招聘信息能够吸引成千上万的人来参加应聘。这些便是信息通过其所携带的内容来改变物质,影响甚至改变主体的选择。

通过研究关于信息多领域、多学科、多角度的论述,有利于我们更加深入地理解信息的哲学内涵,把握信息的本质,并将关于信息的论述提高到哲学的高度。早在20世纪80年代,学界就激烈地讨论过信息是否属于哲学范畴的问题,比如查汝强的《自然辩证法范畴体系设想》和钟学富的《信息概念能作为哲学范畴吗?》,但未就此问题达成一致意见。比较有代表性的观点认为,信息只是一类特殊事物,是信息系统的特殊运动和联系方式,它只存在于信息系统之中,而信息系统由信源、信道和信宿构成;其中信宿是一个系统能否被称为信息系统的关键因素,信宿必须是具有目的和"价值观念"(广义的)的自组织系统(自复制系统等)。信息具有三大特征:目的性、系统性和动态性。信息的基本功能就是消除信宿关于信源的不确定性,这种不确定性至少包括统计、语义(内容)、语用(价值)等三个方面。因此,在把信息概念作推广时有一定限度。

笔者认为,在哲学层面上,我们研究信息的目的在于改造世界,改造人们的现实社会,因此信息的范围主要是人类社会中所传递的信息;在本质上,信息不仅是一个抽象的概念,更是一个具体的概念。在现实社会中,我们不能抽象地说什么是信息,就像不能用一个抽象的人的概念来概括具体的人一样。信息是事物属性标识的集合,并构成精神的基础单元。各种不同的信息形成人们的不同思想,构成人们的精神。精神不是僵化不变的、简单的信息积累,而是通过人脑对现有信息进行收集、加工、处理、传递,不断地生成新的信息,改变人们的思想。这些构成精神的信息,归根到底是源自客观存在的物质。因而,信息也构成精神的基础单元。

信息普遍存在于自然界、人类社会和思维领域中。根据不同的分类标准,从不同角度和不同层面,可以将其分为多种形式。根据信息本身的形态,可以将其分为动态信息和静态信息、直接信息和间接信息、语言信息与非语言信息;根据信息的不对称性,可以将其分为以信息表达的不对称为基础的信息;以物质性、能量性和信息性的不对称为基础的信息;以信源(输出自身的信息)、信道(将输入对方信息以自身的某种改变了的"痕迹"储存、载负起来)和信宿(输入对方传来的信息)的不对称为基础的信息;以信息分布、信息(物质、能量)密度分布、信息(密度)关联分布的不对称为基础的信息。

　　由于信息是自然界、人类社会和人本身所固有的，也是在自然界、人类社会之中，以及在自然、社会和人之间传递的，故将信息分为自然界信息和人类社会信息。自然界信息不仅指在宇宙空间中恒星不断发出的各种电磁波信息和行星通过反射发出的信息，形成了直接传播的信息和反射传播的信息，而且指地球上的生物为生存繁衍而表现出来的各种行动和形态，生物运动的各种信息以及无生命物质运动的信息。就像有些时候，当地震来临之时，人类还一无感知，而有些动物早已有一些反常行为，就因为这些动物接收到了自然界信息。人类社会信息是指人类在社会相互交往中，通过手势、眼神、语言、文字、图表、图形和图像等多种形式表达关于客观世界的信息，并交流各种不同的信息。"人的五官本质上就是人的信息接收器"这种观点本身也有一定的道理。人类社会信息的分类也是多种多样：按信息所涉及的领域可分为政治信息、经济信息、军事信息等；按信息的保密级别可分为绝密信息、机密信息、秘密信息和普通信息；按信息的形态可分为数字信息、文字信息、声音信息等；按信息的性质可分为语法信息、语义信息、语用信息；按信息的作用可分为有用信息、无用信息、干扰信息；按携带信息的信号形式可分为连续信息、离散信息、半连续信息等。

　　本文研究涉及的信息时代之信息以及下文提及的信息，主要指人类社会信息。原因如下：其一，虽然自然界信息对人们的生活也非常重要，但由于笔者专业以及能力所限，对此方面研究甚少，难以提出有价值的观点；其二，随着21世纪信息科学技术的发展，信息传递速度愈来愈快，传播范围愈来愈广。人们在现实生活中面对着各种各样的信息，信息也是无时无刻地影响着人们的实践。因此，研究人类社会信息无疑对深入理解信息时代的信息，把握信息的本质，指导信息时代下人们的实践活动，具有重要理论意义和现实意义。

二、信息的特征

　　随着21世纪计算机、通讯等科学技术的飞速发展，信息以前所未有的速度充斥着我们的生活。21世纪是信息的世纪，当今的时代是信息的时代。信息已成为一种价值，信息所具有的可识别性、可存储性、可传输性、时效性、可处理性等特征共同构成信息价值的基础。

1.可识别性

在信息交流中,只有可识别的信息对信息接受者才具有价值。这种可识别性不仅仅是简单地为人们所直接识别,而且包括人们利用各种测试手段和仪器等进行信息的间接识别。例如,人体的器官只能在一定的范围内接收信息,像眼睛除了能看见特定波长的可见光之外,不能看到红外线、紫外线等光线。但是通过各种测试手段和仪器等对信息间接识别,人们可以大大增加可识别的信息量,并在社会生活中创造更大的价值。总之,信息的可识别性是直接识别和间接识别的有机统一。

2.可存储性

信息是可以存储的。通过学习以往积累下来的各类信息,我们可以知道赤壁之战的大部分细节;可以了解第二次工业革命所带来的社会进步;还可以了解最近几年发生的奇闻异事。正是由于信息的可存储性,人类社会的信息能够不断地积累,成为人类社会一笔宝贵的财富。以史为鉴,可知兴亡。从一定角度来看,这句话中的"史"就可以理解为以往社会留下的所有信息的总和。此外,信息的存储还与信息存储方法的先进性、多样性有很大的关系。远古人通过石壁刻画来存储他们获得的信息,之后人们通过语言来交流存储消息,再后来使用竹简、毛皮、纸张进行文字记录,到现在通过计算机进行数据记录。由于科学技术的发展,信息得以以不同的方式存储在不同的介质中,从而更易于被人们所保存下来。

3.可传输性

虽然信息本身也具有价值,但是这种价值却需要通过不断地传递才能实现,并扩大其实现的范围和领域。虽然在有些情况下,垄断信息可以使主体获得最大的利益,但是总体而言,信息通过传递的方式提高其实现的总价值。一方面,信息的可传输性体现在信息是可重复利用的,信息内容一般不因传递次数的改变而改变。另一方面,信息的可传输性还体现在信息可以自由地转化形态。通常而言,信息有四种形态:数据、文本、声音、图像。这四种形态之间可以自由地变换,并进行信息传输。人们可以把图片信息扫描到计算机中变成数据信息,也可以通过整理录音把声音信息变成文字信息。信息形态之间的转换使得信息的传输更加方便,提高了信息的使用价值。

4.时效性

尽管信息内容对任何人都是一样的,但是有人会问:为什么同样一条信息,有人从中受益大,而有人则没有受益呢?其中很重要的一个原因就是信息具有时效性。就拿商店促销来说,打折的信息对于任何人都是一样,但由于商店的货物是有限的,所以这条信息的背后便隐藏着时效性,即在商店货物没有卖完前,这条消息是有效的。如果商店的货物卖完后再接收到这条信息,那么这条信息就成为没有价值的信息了。这样的例子数不胜数,比如你不能拿着上期的彩票来兑换这期的奖品等等。实际上,任何一条信息都是具有时效性的,不存在永恒的信息。信息的时效性少则几秒钟,多则上千年,但都有一个固定的值。因此,如何能在信息的时效性之内获得该信息,不仅成为信息时代的重要课题,而且成为信息社会发展的重要方面。

5.可处理性

在现实社会中,人们可以自由地处理所接收到的信息。如果有一个苹果砸到你的脑袋上,那么你接收到的信息很可能是疼或者是认为自己很背,但是牛顿正是通过对这条信息的处理,在1687年写出了科学界最伟大的著作——《自然哲学的数学原理》。信息的可处理性,使得有些难懂的信息经过专家的研究或翻译,使人们更容易理解,如古希腊文;很多琐碎的信息,经过按重要程度整理归纳后,可以使人们能够在有限的时间内找到更重要的信息,如报纸、书籍等;有些无用的信息甚至一些假消息,通过管理与筛选,可以使人们有效地找到所需信息,降低人们选择信息的难度。

信息处理后存在一个重要的问题:在信息传递过程中,一条信息经过多人处理后,信息内容通常会发生较大的改变,甚至出现诸如前言不搭后语等问题。之所以会出现这种问题,是因为在最开始的信息传递中,信息从第一个主体出发到其客体终止,在随后传递中,前一次的客体已经成为本次传递的主体,并向外继续传递信息,但是这条信息的内容已经是经过主观处理过的信息。人在信息传递过程中不仅仅是被动地接收,而且还具有主观能动性,能够在信息传递过程中按照主体自身的理解改造处理信息。处理后信息在内容上可能与之前的信息完全一样，也可能已经有所改动甚至面目全非了。如果一条信息经过多人多次处理后，那么就很难保证其内容没有任何改变。

有人会说：既然人传递信息会自觉或不自觉地处理信息，那我们用机器来传递信息不就可以了么，因为机器只会传递信息而决不会修改信息。其实机器传递信息也不能完全解决问题。首先，机器是由人创造出来的。有些机器在传递信息时，就能看到一些人为改造的影子，尤其是一些智能化的机器。其次，即使信息内容经机器传递后没有改变，不同主体却可以从不同角度来理解完全相同的信息。以竖大拇指为例：我们中国人认为这是一种夸奖或称赞，尼日利亚人则认为这是一种侮辱，而伊朗人则认为这是一种明显的挑衅行为，甚至可能会引起一番争斗。因此，无论是横向上还是纵向上，人类主观能动性的发挥使信息在传递过程中被自觉或不自觉地处理，从而或多或少地改变信息内容。在很大程度上，主体通过处理信息，能为主体的社会生活带来便利。但有时，由于在信息传递过程中改变了信息内容，这也会给主体带来一定程度的负面影响。为了解决这一问题，我们不能简单地仅在信息传递过程中减少主体的主观能动性，或者使绝大多数人对同一条信息的认识达成广泛的共识。实际上，实现这两点是相当困难的，也是不切实际的。笔者认为，解决这个问题应该改变信息传递的方式，例如用从一点到多点的传递方式来代替以前从甲到乙、从乙再到丙的直线传递，用双向传递代替以前的单向传递。

第二节　信息时代的生成

恩格斯在的《路德维希·费尔巴哈与德国古典哲学的终结》一书中，明确指出马克思创立的新世界观是"关于现实的人及其历史发展的科学"，并以此为基础把唯物主义的观点彻底地应用于历史领域，提出了社会形态的演进与发展。

一、社会形态的演进

马克思主义哲学认为社会形态是按照其本身特有的规律运动、变化、发展的,较低的社会形态必然被较高的社会形态所代替,人类社会的历史就是社会形态不断更替的历史。马克思从不同角度来分析人类社会的发展阶段与形态:根据社会阶级关系的状况,把人类社会历史划分为无阶级社会阶段——阶级社会阶段——再到无阶级社会阶段;根据社会财产关系的特征,把人类社会历史划分为原始公有制阶段——生产资料私有制阶段——共产主义生产资料公有制阶段;根据所有制状况,将人类社会划分为五种形态;根据人获得解放和自由的程度,将人类社会划分为三种形态。

"五形态说"最早出现在《德意志意识形态》一书中。在该书中,马克思第一次比较完整地提出了人类社会演进的模式,并以不同的所有制特征来区分人类历史上出现过的各种社会制度:部落所有制、古代公社所有制和国家所有制、封建的或等级的所有制、现代资产阶级私有制,最后是共产主义制度。随后马克思在《〈政治经济学批判〉序言》中,对社会发展形态作了如下概括:"大体说来,亚细亚的、古希腊罗马的、封建的和现代资产阶级的生产方式可以看做是经济的社会形态演进的几个时代。资产阶级的生产关系是社会生产过程的最后一个对抗形式,……在资产阶级社会的胎胞里发展的生产力,同时又创造着解决这种对抗的物质条件。因此,人类社会的史前时期就以这种社会形态而告终。"[①]至此,马克思基本形成了社会发展五形态理论,由低到高依次为原始社会、奴隶社会、封建社会、资本主义社会和共产主义社会。

"三形态说"源自《政治经济学批判(1857—1858 年草稿)》:"人的依赖关系(起初完全是自然发生的),是最初的社会形式,在这种形式下,人的生产能力只是在狭小的范围内和孤立的地点上发展着。以物的依赖性为基础的人的独立性,是第二大形式,在这种形式下,才形成普遍的社会物质变换、全面的关系、多方面的需要以及全面的能力的体系。建立在个人全面发展和他们共同的、社会的生产能力成为从属于他们的社会财富这一基础上的

---

① 《马克思恩格斯选集》第 2 卷,人民出版社 2012 年版,第 3 页。

自由个性,是第三个阶段。第二个阶段为第三个阶段创造条件。"①依据马克思关于人的依赖关系、物的依赖关系、个人全面发展这三大阶段的划分,我们可以把人类社会分为自然经济、市场经济和产品经济这三个阶段。

"三形态说"和"五形态说"是马克思和恩格斯对社会形态的主要划分方式,是以唯物史观为基础来分析社会形态演变,是从不同角度论述人类社会的发展阶段。"三形态说"是从人类社会必然经历的自然历史过程,即物质的、生产力的、经济的性质和状态来说的,而"五形态说"则是从由生产力所决定的生产关系和上层建筑的性质与状况,从社会制度的性质与状况来说的,但归根到底,"三形态说"和"五形态说"都是依据生产力发展性质与状况来判断的。因此,"三形态说"和"五形态说"是辩证统一的。

二、社会发展的机制

马克思在《德意志意识形态》中详细地阐述了唯物史观:"这种历史观就在于:从直接生活的物质生产出发阐述现实的生产过程,把同这种生产方式相联系的、它所产生的交往形式即各个不同阶段上的市民社会理解为整个历史的基础,从市民社会作为国家的活动描述市民社会,同时从市民社会出发阐明意识的所有各种不同的理论产物和形式,如宗教、哲学、道德等等,而且追溯它们产生的过程。……这种观点表明:历史不是作为'源于精神的精神'消融在'自我意识'中而告终的,历史的每一阶段都遇到一定的物质结果,一定的生产力总和,人对自然以及个人之间历史地形成的关系,都遇到前一代传给后一代的大量生产力、资金和环境,尽管一方面这些生产力、资金和环境为新的一代所改变,但另一方面,它们也预先规定新的一代本身的生活条件,使它得到一定的发展和具有特殊的性质。……一方面还没有一定的生产力,另一方面还没有形成不仅反抗旧社会的个别条件,而且反抗旧的'生活生产'本身、反抗旧社会所依据的'总和活动'的革命群众,那么,正如共产主义的历史所证明的,尽管这种变革的观念已经表述过千百

---

① 《马克思恩格斯全集》第30卷,人民出版社1995年版,第107—108页。

次,但这对于实际发展没有任何意义。"①

在这段文字中,马克思提出了生产力、生产关系(交往形式)、生产方式、经济基础(市民社会)及社会革命、人民群众等唯物史观的基本范畴,阐释了这些范畴之间的关系,并从现实的物质生产出发考察现实的整个生产过程,指出生产方式是生产力和生产关系(交往形式)在物质资料生产过程中的统一,发现了生产力决定生产关系、经济基础决定上层建筑等历史发展的客观规律。唯物史观通过批判地继承以往历史观的成果,发现社会发展的客观规律,认为社会发展的历史是客观规律与主体选择的辩证统一。这些理论使人们开始从现实的人出发来考察历史,从现实的物质基础分析人类社会的发展,发现隐藏在社会发展背后的规律,指导社会发展理论的具体研究。

(一)社会发展的动力——社会基本矛盾

社会发展的历史不是自发地从低级形态向高级形态的发展,而是有其内在的规律,凭借其内在的动力而不断地发展前进。恩格斯指出:"社会发展史却有一点是和自然发展史根本不同的。在自然界中(如果我们把人对自然界的反作用撇开不谈)全是没有意识的、盲目的动力,这些动力彼此发生作用,而一般规律就表现在这些动力的相互作用中。在所发生的任何事情中,无论在外表上看得出的无数表面的偶然性中,或者在可以证实这些偶然性内部的规律性的最终结果中,都没有任何事情是作为预期的自觉的目的发生的。相反,在社会历史领域内进行活动的,是具有意识的、经过思虑或凭激情行动的、追求某种目的的人;任何事情的发生都不是没有自觉的意图,没有预期的目的的。但是,不管这个差别对历史研究,尤其是对各个时代和各个事变的历史研究如何重要,它丝毫不能改变这样一个事实:历史进程是受内在的一般规律支配的。"②恩格斯透过历史中的偶然事件,发现了历史发展进步的规律。这一规律就是:社会基本矛盾即生产力和生产关系、经济基础和上层建筑的矛盾是社会发展的根本动力。

---

① 《马克思恩格斯选集》第 1 卷,人民出版社 2012 年版,第 171、173 页。
② 《马克思恩格斯选集》第 4 卷,人民出版社 2012 年版,第 253—254 页。

马克思在《〈政治经济学批判〉序言》中提出了关于社会矛盾对社会发展的经典性论述:"物质生活的生产方式制约着整个社会生活、政治生活和精神生活的过程。不是人们的意识决定人们的存在,相反,是人们的社会存在决定人们的意识。社会的物质生产力发展到一定阶段,便同它们一直在其中运动的现存生产关系或财产关系发生矛盾。于是这些关系便由生产力的发展形式变成生产力的桎梏。那时社会革命的时代就到来了。随着经济基础的变更,全部庞大的上层建筑也或慢或快地发生变革。"①

（二）社会发展的最终决定力量——生产力

唯物史观认为,社会基本矛盾是人类社会由低级向高级发展的动力,社会发展的最终决定力量是生产力的发展水平。马克思指出:"人们在自己生活的社会生产中发生一定的、必然的、不以他们的意志为转移的关系,即同他们的物质生产力的一定发展阶段相适合的生产关系。这些生产关系的总和构成社会的经济结构,即有法律的和政治的上层建筑竖立其上并有一定的社会意识形式与之相适应的现实基础。"②

从整个人类社会历史进程看,生产力始终是促进人类社会向前发展的最终决定性因素。人类社会各个不同的社会形态由低级向高级的更替和发展,新的社会形态总是有一个完善、发展以至最终走向灭亡的过程,这一切的一切,归根到底都是由生产力的发展水平决定的。无论怎样的生产关系和上层建筑,都必须适应生产力的发展,如果它们不能适应生产力发展的要求,那么他们就会成为生产力发展和社会进步的障碍,就必然会引发社会内部的调整和变革。由于生产力的发展决定着生产关系以及上层建筑的变化方向和发展趋势,从而最终决定着人类社会的整个历史发展进程。

由生产力决定的社会经济结构是区分人类历史上不同社会经济形态的尺度,在五种不同的社会发展形态中都存在其特有的经济结构,即原始公社制的社会经济结构、奴隶占有制的社会经济结构、封建制的社会经济结构、资本主义的社会经济结构和共产主义的社会经济结构。同时,社会经济结

① 《马克思恩格斯选集》第2卷,人民出版社2012年版,第2—3页。

② 《马克思恩格斯选集》第2卷,人民出版社2012年版,第2页。

构也是区分同一社会形态不同发展阶段的尺度。任何社会的发展和变化都不是瞬间完成的,而是通过在继承以往社会发展成果的基础上而逐步发展起来的。同一种社会经济结构发生部分质变后,就可以把一种社会经济形态区分为不同的发展阶段。如资本主义社会经济结构的部分质变,使资本主义社会区分为自由竞争的资本主义阶段与垄断的资本主义阶段;共产主义社会经济结构的发展中的部分质变,使共产主义社会区分为社会主义阶段和共产主义阶段。最后,在某个特定发展阶段的社会中,很难仅仅存在一种单一的社会经济结构,往往是几种不同的社会经济结构同时并存。在多种社会经济结构并存的社会中,占统治地位或占优势的社会经济结构就成为主要的社会经济结构。这种主要的社会经济结构就决定了当时社会发展的阶段。

三、信息时代的来临

物质生产是人类一切活动的物质基础。人类社会每一次重大变革,都与生产领域的变革密切相关,而生产领域的变革总是以关键科学技术的突破和广泛应用为前提。恩格斯曾经说过:"在马克思看来,科学是一种在历史上起推动作用的、革命的力量。任何一门理论科学中的每一个新发现——它的实际应用也许还根本无法预见——都使马克思感到衷心喜悦,而当他看到那种对工业、对一般历史发展立即产生革命性影响的发现的时候,他的喜悦就非同寻常了。"①

在一定历史阶段上作为科学物化的先进的生产工具,既是一定历史阶段生产力发展水平的重要标志,也可以成为区分不同的历史时期和经济形态的社会关系的标志。如石器、铁器、蒸汽机、电动机,以及以信息技术为代表的现代科技生产力,它们的发展演进和科技含量不断提高的过程,反映了生产力水平及相应社会形态由低向高发展的基本趋势和方向。人们在利用代表先进生产力的生产工具作用于自然并改造自然的同时,也改变了他们自身的自然——人类社会。从而人们在改造客观世界的过程中,使他们的

---

① 《马克思恩格斯全集》第25卷,人民出版社2001年版,第597页。

理论思维和科学素质不断提升,对宏观世界和微观世界的认识不断加深,使人们改造客观世界的能力不断增强,从而推动着人类社会不断向前发展。

人类在历史上先后经历了渔猎时代与农业时代。人类生产领域的第一次重大变革的出现,是以18世纪末蒸汽机的发明和应用为主要标志的第一次科技革命。第一次科技革命使生产力发生了革命性的变革,机器大工业代替工场手工业,人类进入蒸汽机时代。发生在19世纪中叶的第二次科技革命以电机的发明为起点,以电力的广泛应用为标志,不仅推动生产技术从机械化向电气化、自动化转变,而且改变了人们的生活方式,使人类进入电气时代。

当今时代的第三次科技革命是以原子能、电子计算机、航天技术和生物工程的发明和应用为主要标志,涉及信息技术、新能源技术和新材料技术等诸多领域的一场信息控制技术革命,这次科技革命在进一步推动生产力大幅提高的同时,也全面改变了人类社会。

美国未来学家阿尔温·托夫勒(Alvin Toffler)认为,当今社会已经进入了新时代,即在信息革命的推动下人类由工业社会走向信息社会,并把这种变化称为人类社会的第三次浪潮。尽管我们还没有清楚地认识它,但我们正在从头开始建设一个卓越的新文明。这就是第三次浪潮的含义。人类到现在已经经历了两次巨大的变革浪潮。这两次浪潮都淹没了早先的文明和文化,都是以前人所不能想象的生活方式,替代了原来的生活方式。第一次浪潮的变化,是历时数千年的农业革命。第二次浪潮的变革,是工业文明的兴起,至今不过是三百年。今天的历史发展甚至更快,第三次浪潮的变革可能只要几十年就会完成。我们正好生长在这急剧转变的时刻,因而在生活中感受到第三次浪潮的全面冲击。

信息革命的变革性作用得到了人们的普遍肯定和高度重视。美国国家情报委员会(NIC)在一份报告中指出:"信息革命产生了全方位的影响,是18世纪的工业革命以来最重要、最有意义的全球性变革。"在信息革命中,信息量、信息传播的速度、信息处理的速度以及应用信息的程度等都以几何级数的方式在增长,使得信息对整个社会的影响程度愈来愈提高到一种绝对重要的地位。

　　有人认为,衡量一个社会是否进入信息时代应该有一个明确的指标,通过网络覆盖率、知识利用率等数据来进行判断。联合国国际电信联盟秘书长哈玛德·图埃在 2011 年 1 月 26 日宣布,全球互联网用户总数已经达到 20 亿人,手机用户数量也达到了 50 亿人。目前全球总人口数已经超过 68 亿人,也就是说大约每 3 个人中就有 1 人为网民。而根据《第 31 次中国互联网络发展状况统计报告》,截至 2012 年 12 月底,我国网民人数达到 5.64 亿,互联网普及率攀升至 42.3%。伴随着 3G 网络的出现与应用,网络覆盖率也进一步提高,目前经济发达国家的网络覆盖率基本达到了 100%。

　　这一系列的数据成为判断人类是否进入信息时代的一个重要标志,但是同时我们还应看到,现在社会的发展呈现出以下趋势:知识创造的速度加快,世界知识的总量快速增加,知识与信息成为社会发展的最主要的资源;信息产业逐渐发展成为国民经济的主导产业,产品中的知识含量比例增加;信息技术带来社会生活全方位的改变;时空压缩带来全方位观念的改变。通过以上分析我们可以看到,与以往的社会形态相比,信息在当今社会发展中发挥着极为重要的作用,深刻影响着经济、政治、文化等社会发展的各个领域,人类社会业已进入了信息时代。

四、信息技术与互联网的发展

　　信息时代,航天技术、原子能技术、新材料技术、信息技术等各种高新技术的出现促进了人类社会的发展,但是对人类社会影响最大者,则是信息技术的出现与发展。

　　从 1945 年第一台计算机出现后,信息技术(Information Technology,简称 IT)就开始不断发展进步。信息技术主要是对管理和处理信息所采用的各种技术的总称。由于信息技术主要是应用计算机科学和通信技术来设计、开发、安装和实施信息系统及应用软件,所以它也常被称为信息和通信技术(Information and Communications Technology,简称 ICT)。以信息技术为代表的各种新技术日新月异的发展,使得 20 世纪 90 年代全球大变革在人类社会的各个领域展开,从物质和观念上深刻影响和改变着包括个人、民族、国家及其他各种组织和整个社会的存在方式。因此,信息技术的发展被认为是对人类社会的一种革命,这种信息技术革命至少和18世纪的工业革命一样,是一个重大历史事件,导致了经济、社会与文化等物质基础的不连续模式。信息技术的发展同时为航天技术、原子能技术、新材料技术等高新技术的发展提供了基础。而互联网的出现与应用,则改变了人们的生产方式、生活方式和思维方式,给人们的生活带来了深远的影响。

互联网的诞生源于美国和苏联之间的冷战。由于惧怕苏联导弹攻击可能导致美国军事指挥系统崩溃,美国政府提出要建立一个安全而分散的全国防御指挥系统。于是在1969年,美国国防部高级研究计划管理局着手建立了一个名为ARPAnet(阿帕网)的网络,用来连接美国的几个军事及研究用电脑主机。最初,阿帕网只联结了4台主机,且置于美国国防部高级机密的保护之下。直到1983年,美国国防部高级研究计划署和美国国防部通信局研制成功了用于异构网络的传输控制协议/因特网协议(TCP/IP协议),之后美国加州大学伯克利分校把该协议作为BSD Unix的一部分,使得该协议在社会上流行,从而诞生了互联网。

早在20世纪90年代,比尔·盖茨就提出了以下观点:通讯的成本将迅猛地下降,就像使用计算机的成本已经跌降的情形一样。当它的价格降得足够低并与其他技术进步结合起来时,"信息高速公路"就将不再只是那些热心此道的人和那些情绪激昂的政治家们使用的口头禅了。它将会像"电"这样实实在在、影响深远。经过了十余年的发展,果然如比尔·盖茨所料。国际电信联盟公布的数据显示,全世界网民总数在2010年超过20亿。

我们可以看到,互联网构成了一种人类信息交流与合作的新型平台,它正在逐步成为将不同的人汇集到一起协同工作和生活的桥梁。美国当代学者曼纽尔·卡斯特在《信息时代三部曲:经济、社会与文化》中认为,发展到2.0阶段的互联网已经形成了功能非常全面的虚拟社会。现在的互联网不仅仅是一个信息交换共享平台,还更多地介入人们的私人生活和情感世界,满足人们在现实社会无法实现或者较难实现的社会需求和情感需求。随着互联网的普及以及全方位的应用,网络发展这一课题在当前成为许多学科的研究对象,如网络政治、网络教育、网络文化、网络道德、网络交往等等。

众多学科从多角度来研究网络,揭示网络给人们带来的当前影响和长远影响。这不仅有利于丰富互联网的相关理论,解决互联网遇到的问题,而且有利于规范互联网的发展。

随着信息技术的不断发展,在互联网的基础上产生了全新的物联网。物联网是指通过各种信息传感设备,如传感器、射频识别(RFID)技术、全球定位系统、红外感应器等各种装置与技术,实时采集任何需要监控、连接、互动的物体或过程,采集各种需要的信息,与互联网结合,形成的一个巨大网络。物联网的出现实现了物与物之间、物与人之间、物品与互联网之间的连接。

物联网是以互联网为基础的、建立在互联网之上的网络,它通过互联网将物品发出的信号及时传递出去,由于物品数量巨大,物品之间的两两交流使得数据量呈几何级数增长,形成了海量的信息,只有通过互联网和不断发展的信息技术才能实现。物联网并不是简单的信号的接受与反馈,其中还包括系统本身的处理能力。物联网通过设计人员预设的程序,根据传感器带来的反馈,对物品实施操作。

物联网在社会各个方面广泛应用。物联网的建立提高了经济效益、节省了成本。在物流企业,全自动系统可以轻易地识别出物品的代码从而根据物品传递的目的地进行有效的自动分拣,使得传统的人工分拣方式逐渐被淘汰,从而提高了效率;人们在超市购物时,通过物联网可以选择自助结账方式,减少了排队时间。现在一些家庭中的各个电器之间也连成了一个小小的物联网,主人在离开家之后依然可以对各个电器进行操作。

在上海举办的世界博览会门票就让参观的游客体验了一次物联网的经历。由于门票里面采用了一片具有自主知识产权的感应器,使得参观者在检票入园时,无需专业检票人员,只要将票面与读卡器进行感应就可顺利通行。同时参观者参观路线信息也都被站台附近的感应器记录下来,从而成为主办方有效对园区进行调控管理的重要资料。

物联网在未来有广大的发展前景,未来可能会出现全自动的无人驾驶的车辆;可能会出现衣服代替人来操作洗衣机,进行水温与洗法的选择;可能会出现一个非常人性化的房间,一切操作都由物本身交流完成,不需要人的操作。通过物联网的建立和发展,人类社会可以更加有效率地运行,从而进入真正的智慧状态。

但是物联网的发展也面临着一定的问题。

第一，个人隐私保护问题。在物联网完全建立起来后，所有的物品都被打入了电子标签，也就是说所有的物品都在物联网的控制之下。任何一个标签，都会在任意地方被任意扫描，也就是说这一特点同样可以被用来追踪和定位某个物品。这样就使得人们的隐私保护受到极大的挑战，只要使用任何具有电子标签的产品，他们的行踪都可以被他人追踪。如果人们的日常用品如衣服等也被加入了电子标签的话，那人们为了保护自己的隐私，就只能恢复到原始树叶蔽体的时代了。同时，人们家里的所有产品都具有电子标签的话，每个人拥有多少财产、个人的偏好等等隐私问题也会公布于众。因此物联网发展的首要问题就是如何保证个人的隐私不被侵犯。

第二，规模的问题。物联网的发展是一个规模的发展过程。要想在全社会建立起一个相关的物联网，就要将所有的物品都纳入其中，就像我们现在最关注的交通问题。一个城市的智能交通系统，必须将所有的交通工具都打上电子标签，才能顺利运行，而一旦有其他城市的一辆没有电子标签车辆进入这一体系，都会严重威胁着这一体系的运行。因此，真正的物联网的运行，是一个世界范围内的网络。只有当整体物联网建立起来后，才能获得最大的收益。在大规模物联网建设过程中，资金的来源和收益都成了影响物联网发展的重要问题。

第三，技术的问题。互联网有统一的传输标准，世界各地的人们都可以方便地连接到互联网上，但物联网的发展至今没有一个统一的世界标准。在物联网的发展中，出现了许多新技术，如果彼此之间的兼容出现问题的话，那对物联网的发展极为不利。同时，物联网的技术大都是在低速运动中，如何在高速的运动中实现物联网的正常运行成为技术发展的方向。

第三节　虚拟实践及其作用

互联网的出现也深刻影响了人们的实践方式。唯物史观认为，社会生活在本质上是实践的,人类社会是在人的实践中形成和发展的。人们从事的各种实践活动,占有和创造物质财富和精神财富,建立和改变经济政治制度,都不过是手段和中介。人类社会发展的最根本的目的在于人及人类自身的生存与发展。从古到今,人类实践活动都受到其所处的环境的制约与限制。原始社会的人们,由于当时技术条件的限制,从事的实践活动主要是满足自身生存的生产实践活动,而生产关系也仅仅是在生产过程中产生的人与人的关系。伴随着劳动技术的发展与劳动工具的发明,生产实践活动的产品已经超过自身需求,随即出现了以交换商品而产生的人际交往关系。伴随着技术的进一步发展,由于日益重视科学技术的作用,出现了专门从事科学研究的人从事科学实践。随着科学技术的不断发展,实践活动也日趋复杂。蒸汽机的发明不单单带来的是工业革命,对于实践本身也是一个革命,带来了全新的机械化的实践。随着信息时代的到来,电脑与网络的产生与发展,也给人类社会带来了一个全新的实践类型——虚拟实践。虚拟实践正是信息时代与社会发展交汇的产物。

一、虚拟实践的产生

虚拟实践是主体按照一定的目的,在虚拟空间中通过数字化的中介手段进行的双向对象化的感性活动,是数字化时代中,人类虚拟活动和实践活动的进一步发展、延伸和升华。首先,虚拟实践是人类实践方式的一次具有重大历史意义的变革,它使人类的实践对象第一次突破了外部物质世界条件的局限,使数字化符号成为实践的全新的中介手段,使人类社会活动的信息通过计算机系统进行数字化处理与合成、转换,将主体置身于一个全新的实在的虚拟现实之中。实践手段的"数字化"方式,是虚拟实践突破以往实践的物质条件限制,崛起成为一种新型实践方式的基石和标志。作为全新的人类实践方式,虚拟实践正在强有力地改变着我们的生活与我们的时代,它使我们的生活空间呈现出数字化、虚拟化、全球化、个性化等特点。虚拟实践的崛起,是人类存在方式的重大变革。

虚拟实践是实践的一个新的类型,是在信息时代中,人们的一种新的实践方式。它和现实实践一样,具有实践主体、客体与中介。有学者认为,由于在数字化的虚拟空间内,人们不能单独地进行虚拟实践,必须以电脑为媒介,形成人与电脑互动的人机联合体,进而才能进行虚拟实践活动,因此虚拟实践的主体应该是人——机互动的共同体。但笔者认为,实践的主体是人,而不是包括机器在内的人机共同体。因为电脑是由人创造出来的,是为人们进行虚拟实践而服务的。即使电脑本身的性能再出色,再显得有头脑、有思维、有逻辑,但也只不过是它根据自身固有程序所计算出来的运算结果。因此,虚拟实践的主体归根结底还是人。而虚拟实践的客体也不再是我们通常所说的可以对象化的物质事物,而是在虚拟世界中被符号化了的事物。虚拟空间上就是一个数字化的空间。在这个数字化空间中,任何事物实际上都是由既非物质、也非能量、也非精神的比特(bit)这一基础单位所构成的信息客体,它表现为由"0、1"组成的或长或短、变幻无穷的比特流、数字串,而由比特的不同组合构成的虚拟形态,也就成为虚拟实践的客体。

虚拟实践具有虚拟性、复杂性、自由性和重复性等特征。

1.虚拟性

虚拟实践是在虚拟空间中进行的实践活动。虚拟空间的虚拟性,使其摆脱了传统实践中的种种束缚。

首先,虚拟实践超越了空间的束缚。传统的实践严格地受到空间的限制。在空间上,人作为实践的主体,他所进行的实践活动会受到地域和所处时期的影响。而虚拟空间中进行的虚拟实践则超越了空间的限制。由于互联网在空间上所具有的无国界性,使得人们可以自由地浏览原本是所谓外国的虚拟空间。其次,虚拟实践也超越了时间的束缚。人只能生活在一个特定的时期,理论上人的生命不可能超越这个时期。而在虚拟空间中,时光倒流这一不可能发生的事情,却是一件很简单的事情。虚拟实践可以完全模拟以前发生过的事件,如三国时期的故事在虚拟世界重现等,并且可以使浏览者身临其境。最后,虚拟实践还摆脱了物质条件的限制。在虚拟实践中缺乏的任何条件,都可以通过系统,由虚拟自动创造出来,从而使主体顺利地完成相关的实践。

2.复杂性

虚拟实践几乎包括了大部分的现实实践,如虚拟生产实践、虚拟人际关系实践、虚拟科学实践、虚拟种植、虚拟培养、虚拟驾驶、虚拟经营、虚拟银行、虚拟社区、虚拟手术、虚拟婚姻等等,甚至还出现了虚拟人生。从最开始的视觉、听觉的虚拟,到今天的触觉虚拟,人类的大部分实践活动都已经可以生动地出现在虚拟世界中。伴随着触觉模拟的发展以及嗅觉等其他感觉的全方位虚拟,相信在不久的未来,虚拟实践可以模拟人类的全部生活,它将是一种多样化、全方位的虚拟。

3.自由性

实践不仅仅是人作为主体改造客体的过程,同时也是创造人本身的生存方式与环境的最根本活动。人在实践中的创造性和对自身的超越性,无疑是推动实践进步的最根本动力。在虚拟实践中,正是由于虚拟性的存在,摆脱了外部因素的束缚,使得人能够充分发挥自身的主动性和创造性。在这个虚拟世界中,人们可以自由地创造任何自己想要创造的东西,而不需要担心失败而带来的经济影响或者其他影响。同时,由于多样性的存在,人也可以自由选择自己的实践方向,切实找到适合自己的实践方式,从而最大化地发挥自己的能力。

4.重复性

重复性是虚拟实践的又一重要特征。例如在一些人没有熟练地掌握驾驶技术的前提下,让他们驾驶汽车上路极有可能出现严重的交通事故甚至丧命,驾车这一实践行为会随着司机的消亡而终止。而在虚拟实践中,人们在虚拟中发生再严重交通事故,实践的主体都不会受到任何伤害,在提高主体实践水平的同时,还有效地保证了主体的安全。同样,这一可重复性在医学、核物理学等高危险研究中也起到了至关重要的作用。对于一些需要重复进行不断积累经验的实践行为,人们通过在虚拟环境中的重复操作,不但掌握了大量的经验,还能在实践中不断地完善实践的过程。虚拟实践的重复性这一特点有助于人们在实践中更好地达到实践的目的,节省了人力、物力和财力。

二、虚拟实践的作用

虚拟实践为我们的生活带来了全方位的改变。

虚拟实践的出现大大推动了生产力的发展。因特网的出现为社会发展提供了机遇。计算机技术、网络虚拟技术和通信技术的飞速发展,现代科技成果普遍进入千家万户,这使得社会生产率得以极大提高。网络的无边界性,使人们获取、处理和运用信息的能力大大加强。通过对大多数基础培训模拟的学习,就可以在短时间内,以相当低的代价培养出一批拥有相关技术的高级劳动者。虚拟实践通过在全球进行生产力的优化配置,使得原有的生产配置更加合理。虚拟领域的科学研究,大大推进了科学技术的发展,并成为现实生产力发展的重要手段。

同时,虚拟实践极大地提升了主体的认识能力和实践能力。在以数字技术为核心的虚拟实践中,人本身组成了一个高级的"人机系统"。计算机系统庞大的虚拟结构,大大增加了主体的能力。现实社会一些极难解决的问题,在虚拟实践上得到了相应的突破,如科学家们联合对人类基因组遗传密码的破译,就充分体现了虚拟实践超越了空间与时间的限制的特点,极大地发展了人们的创造力。同时,虚拟实践也呼唤、促进着人类生产方式、思维方式、日常生活方式以及价值观念的变革。

生产方式是在生产过程中形成的人与自然界之间和人与人之间的相互关系的体系。生产方式是生产力和生产关系两者在物质资料生产过程中的统一。虚拟实践的出现改变了传统的生产方式。

生产力的本质是生产过程中主体改造客体的能力,具体表现为人们利用什么样的劳动资料对劳动对象进行改造。虚拟实践使信息和生产力之间的联系更加紧密,信息产业作为一个新兴产业,逐渐被人们从传统的服务业中划分出来,成为社会的第四产业。信息产业的出现与发展是当今时代社会生产力发展的新特征。

生产关系是人们在物质资料生产过程中所结成的社会关系。生产关系的主要内容包括生产资料所有制形式、人们在生产中的地位及其相互关系和产品分配方式等。在虚拟实践中,信息成为一种全新的生产资料,它改变了人们在生产中的地位。传统意义上,资本占有的越多,在生产过程中,其地位就越高,但是在信息时代,这一方式逐渐被信息这一全新生产资料所改善。在现存的生产过程中,信息的地位正在超越资本的地位。而产品的分配方式等,也更多地受到掌握信息量多少的影响。

　　虚拟实践使得人们的思维方式从传统方式向虚拟方式发展,即通过数字化和虚拟技术等手段,在虚拟空间中把握对象的思维方式。因为任何思维方式都是社会实践活动方式在人脑中的内化,是人的存在方式的理性表达。虚拟实践成为一个人类崭新的实践方式,必然使得人类的思维方式发生变化并与之相适应。

　　虚拟实践改变了人们的日常生活方式,越来越多的人通过互联网进行虚拟实践来完成他们日常的工作与生活,网络化生存已经成为人们生活的全新生活方式。在这样的生活方式下,人们的价值观念也有所发展。传统的网友、网恋等全新的观念已经逐渐为人们所接受,一些人们将自己追求的价值也从现实世界转移到虚拟世界中,他们通过虚拟实践在互联网上实现了自己的人生价值。

第二章 信息时代的经济发展

马克思曾经指出:"各种经济时代的区别,不在于生产什么,而在于怎样生产,用什么劳动资料生产。劳动资料不仅是人类劳动力发展的测量器,而且是劳动借以进行的社会关系的指示器。"①信息网络是人类创造和发展的重要工具,进入劳动资料之中后,给社会经济发展带来重大而深远的变化。本章主要从经济发展的特点、金融(宏观)、企业(微观)三方面来讨论信息网络在经济发展方面带来的变化。

第一节 经济发展的新特点

进入信息时代以来,经济发展逐渐呈现出两大特点:一是电子商务的发展越来越快;二是科技创新成为经济发展的新出发点。电子商务是随着互联网的出现而产生的一种全新的经济形式。虽然科技创新早已在人们的生活中存在,但由于计算机和信息技术的出现和应用,科技创新的影响力才真正显现出来。

一、电子商务成为全新的商务形式

1997 年,IBM 公司提出电子商务(E-Business)的概念:电子商务通常是

① 《马克思恩格斯选集》第 2 卷,人民出版社 2012 年版,第 172 页。

指在全球各地广泛的商业贸易活动中,在因特网的网络环境下,基于浏览器/服务器的应用方式,买卖双方在不见面的情况下从事各种商贸活动,实现网上购物、网上交易和在线电子支付以及各种商务活动、交易活动、金融活动和相关综合服务活动的一种新型的商业运营模式。

(一)电子商务及其特点

人们可以从不同角度来区分电子商务。电子商务根据其主客体的不同,主要分为企业对企业、企业对消费者和消费者对消费者三种,有时也包括企业对政府在内。企业对企业、企业对消费者这两种形式是目前电子商务的主要形式。企业与企业之间的电子商务目前在电子商务业务中占有主导地位,约占电子商务总交易量的90%。目前来看,电子商务在供货、库存、运输、信息流通等方面大大提高了企业效率。对非生产领域的企业而言,电子商务活动基本可以覆盖整个企业的经营活动。通过电子商务,商贸企业可以更及时、更准确地获取消费者信息,从而准确订货、减少库存,并通过互联网促进销售,从而提高效率,降低成本,获取更大的利益。而这些电子商务活动的完成早已跨越了地域的限制。

目前,企业对消费者电子商务的数量比例还不高,主要因为包括网络消费者数量、信用制度和物流体系等在内的电子商务的基础还不完善。随着社会的发展进步,企业对消费者的电子商务将会占据重要地位。企业对消费者的电子商务主要以互联网为服务手段,为实现公众消费而提供服务并保证与其相关的付款方式的电子化。企业对消费者的电子商务形式是随着互联网的出现而迅速发展起来的,是一种电子化的零售。目前,互联网上存在各种类型的商业中心,如亚马逊等。人们可以轻松地从国外的购物网站买到小到胶条、大到汽车的各种商品。

电子商务将传统的经济活动电子化、数字化,用虚拟化代替现实的商务活动,减少大量的人力、物力,降低了成本,提高了经济效率。电子商务继承互联网突破时空限制的特点,并通过互联网把全球化的异地经济活动变成现实,为人们的生产生活提供便利。

在电子商务的交易过程中,流通模式被重新定义。作为中介的经销商不再成为流通环节必不可少的要素。电子商务为生产者与消费者之间的直接交易提供了可能,美国的生产者可以直接与中国的消费者通过互联网完成整个交易过程。这在一定程度上改变了以往经济运行的方式,也给予经济全球化一种新的途径。在生产者与消费者的关系上,传统意义上的单向关系变成了现在的双向关系,即消费者在获得产品的同时,也可以把自己的意见反映到生产者的网站,企业或者商家则根据消费者的反馈及时调查产品种类及服务品质,做到良性互动,有利于生产者了解区域间不同的需求,更好地为消费者服务,实现经济健康发展。

(二)电子商务与经济全球化

在马克思看来,全球化是生产力发展的必然过程,是以工业技术革命为代表的生产力自身运动的结果。"它首次开创了世界历史,因为它使每个文明国家以及这些国家中的每一个人的需要的满足都依赖于整个世界,因为它消灭了各国以往自然形成的闭关自守的状态。"①工业的出现必然引起广泛的社会分工,"由于机器和蒸汽的应用,分工的规模已使脱离了本国基地的大工业完全依赖于世界市场、国际交换和国际分工。"②而这种分工扩大了商品交换的范围,逐步扩展到世界范围而形成了世界市场,而世界市场使各个国家、民族打破以往的孤立状态,紧密地联系在一起。

全球化趋势最先体现在经济全球化上。因为生产力是社会发展的决定力量,所以生产力的变化最先体现在生产领域,体现在经济方面。从本质上来说,经济全球化是资本的无限增殖和扩张本性的外在表现,即"资本主义生产过程的动机和决定目的,是资本尽可能多地自行增殖,也就是尽可能多地生产剩余价值,因而也就是资本家尽可能多地剥削劳动力"③。"资产阶级,由于一切生产工具的迅速改进,由于交通的极其便利,把一切民族甚至最野蛮的民族都卷到文明中来了。它的商品的低廉价格,是它用来摧毁一切万里长城、征服野蛮人最顽强的仇外心理的重炮。它迫使一切民族——如果它们不想灭亡的话——采用资产阶级的生产方式;它迫使它们在自己那里推行所谓的文明,即变成资产者。一句话,它按照自己的面貌为自己创

---

① 《马克思恩格斯选集》第 1 卷,人民出版社 2012 年版,第 194 页。
② 《马克思恩格斯选集》第 1 卷,人民出版社 2012 年版,第 246 页。
③ 《马克思恩格斯全集》第 44 卷,人民出版社 2001 年版,第 384 页。

造出一个世界。"①资本最本质的特点就是其逐利性。正是由于资本家不断地追逐利润,追求剩余价值,从而把资本流动到世界各地,使一切国家的生产和消费都成为世界性的了。全球化的影响范围不仅仅局限于生产领域、经济领域,而且扩大到精神领域。"过去那种地方的和民族的自给自足和闭关自守状态,被各民族的各方面的互相往来和各方面的互相依赖所代替了。物质的生产是如此,精神的生产也是如此。各民族的精神产品成了公共的财产。民族的片面性和局限性日益成为不可能,于是由许多种民族的和地方的文学形成了一种世界的文学。"②

　　经济全球化又称为世界经济国际化,是生产力发展的必然结果,是生产力发展到一定程度引起生产要素在全球范围内流动,是不断寻找更有利的投资场所的过程。经济全球化已经成为经济发展的明显趋势。国际货币基金组织(IMF)在《世界经济展望 1997 年 5 月》中指出经济全球化是跨国商品与服务贸易及资本流动规模和形式的增加,以及技术的广泛迅速传播使世界各国经济的相互依赖性增强。经济全球化不断打破国家和地域的限制,使各国经济紧密联系在一起,形成一个共同体,而以互联网为基础的电子商务为经济发展提供了一个无国界的领域。电子商务的兴起,促进了电子金融(E-Finance)的形成与发展,进而加快金融全球化的进程。何谓电子金融? 实际上,电子金融又称网络金融。从狭义上讲,电子金融指国际互联网上开展的各种金融业务,包括网络银行、网络证券、网络保险、网络信托等金融服务及相关内容。从广义上讲,电子金融是以网络技术为支撑在全球范围内的所有金融活动的总称。它不同于传统的金融活动,存在于电子空间中的金融活动,是现实金融活动的延伸和发展。

　　电子商务的发展促进了经济全球化。

　　1.电子商务有利于强化国际分工

　　大卫·李嘉图在 1817 年的《政治经济学及赋税原理》中提出了比较成

---

① 《马克思恩格斯选集》第 1 卷,人民出版社 2012 年版,第 404 页。
② 《马克思恩格斯选集》第 1 卷,人民出版社 2012 年版,第 404 页。

本贸易理论(后人称为"比较优势贸易理论")。该理论指出,国际贸易的基础是生产技术的相对差别,以及由此产生的相对成本的差别。比较优势贸易理论在更普遍的基础上解释了贸易产生的基础和贸易的好处,丰富和发展了绝对优势贸易理论。

绝对优势理论是由亚当·斯密提出的,指当两个国家生产同种商品,使用一种生产要素——劳动时,如果刚好 A 国家在一种商品上劳动生产率高,B 国家在这种商品上劳动生产率低,那么 A 国在该商品的生产上具有绝对优势。在国际贸易中,各国往往根据各自的绝对优势进行专业分工并参与国际贸易。如果一个国家在所有商品的生产上与另一个国家相比都处于绝对劣势,那么按照斯密的理论,便无法进行国际分工和贸易,这显然与现实的经济发展状况不符。因而产生了相对优势的概念。如果一个国家在本国生产一种产品的机会成本(用其他产品来衡量)低于在其他国家生产该产品的机会成本的话,那么这个国家在生产该种产品上就拥有比较优势。也就是说,虽然 A 国在各个领域生产都明显优于 B 国,但是 A 国会把更多的时间用于生产利润更高的产品,因而 A 国就会进口 B 国生产的其他的产品,这样 A 国和 B 国就进行了贸易。比较优势理论更好地描述两个国家之间的贸易状况,成为国际贸易的理论基础和核心,也是一些发展中国家制定对外经济贸易战略的理论依据。

在信息时代,电子商务的出现使资本、技术等生产要素加速流动,国际分工日趋明显,使科技密集型企业集中于经济发达国家,而劳动密集型企业则聚集于经济欠发达国家。随着生产力不断发展,市场规模不断扩大,国际分工格局也愈演愈烈。根据比较优势理论和规模经济理论,各国应该着重生产其具有比较优势的产品,并扩大生产规模,获得更大效益,从而在一定程度上弥补各国资本、技术等生产要素的不足。在这种国际分工下,各国还应积极地参与到经济全球化中,不断改进管理经验,提高劳动生产率,积极开发新产品,提高自身的国际竞争力。

2.电子商务有利于扩大企业规模

规模经济最初来源于亚当·斯密的《国民财富的性质和原因的研究》(《国富论》):"劳动生产上最大的增进,以及运用劳动时所表现的更大的熟练、技巧和判断力,似乎都是分工的结果。"①斯密通过比较制针业的联合生产与个人生产,提出由于分工不同而导致整体生产效率不同的最初规模经济理论。现在规模经济理论指在特定时期内,企业产品绝对量增加时,其单位成本下降,即扩大经营规模可以降低平均成本,提高利润水平。单位成本下降主要源自四个方面:一是分工专业化。从亚当·斯密提出分工概念开始,人们发现科学合理的分工可以有效地提高效率。通常而言,规模越大的企业,分工愈详细。二是单位费用减少。随着产品数量的增加,每个单个产品分担的费用减少。三是市场占有大。市场占有率越高,在市场上的影响力就越大,在市场交易中往往处于优势地位。四是风险回避。企业规模增大,能够应付需求量突然的增长或减少以及各地需求的不同,做出相应的调整。

电子商务有利于扩大小型企业的规模。随着信息和互联网的发展,企业的规模已经不能简单地用人数来衡量,数十人就可能组成一个跨国经营的企业。目前,小型企业在一定程度上可以与大型企业进行竞争。电子商务带来的信息是全新的,大小企业在获得公共信息上是平等的,可以在一个全新的平台上开展全新的业务竞争。

3.电子商务促进了交易成本的降低

交易成本(Transaction Costs)又称交易费用。交易成本理论是由诺贝尔经济学奖得主罗纳德·科斯(Ronald Harry Coase)所提出的。他在《企业的性质》一文中认为交易成本是通过价格机制组织生产的,最明显的成本,就是所有发现相对价格的成本。在《社会成本问题》一文中,科斯对交易成本的概念又作了如下进一步阐述:"为了进行市场交易,有必要发现谁希望进行交易,有必要告诉人们交易的愿望和方式,以及通过讨价还价的谈判缔结契约,督促契约条款的严格履行,等等"②及利用价格机制存在其他方面的成本。实际上,自人类有交往互换活动以来,就存在交易成本。

电子商务首先降低搜索成本。在互联网上,信息量是极其巨大的,但基

---

① [英]亚当·斯密:《国富论》,唐日松等译,华夏出版社2005年版,第7页。

② [美]科斯:《企业、市场和法律》,盛洪、陈郁等译,上海三联书店1990年版,第91页。

本可以搜索到绝大多数想要的信息。因此,搜索成本大幅降低。毕竟现在上网的费用相对于公司的经营费用已经可以忽略不计了。其次降低协商和契约成本。由于中间环节的减少,协商和契约成本也大幅降低,无纸化的办公模式也相应地减少了交易成本。最后,电子商务的交易模式减少了交易成本,尤其是企业与企业的之间的交易。电子商务的这种交易模式,不仅有利于消费者在互联网上了解不同企业生产出来的产品信息,扩大选择的范围,而且有利于企业了解市场信息,快速、准确地掌握互联网上的供给信息和需求信息,减少库存,节约成本。随着交易成本减少、交易数量增加、交易范围扩大,各国之间的贸易往来更为紧密,经济全球化的步伐加快。

（三）电子商务的问题

1.比较优势陷阱

比较优势陷阱是指一国(尤其是发展中国家)完全按照比较优势,生产并出口初级产品和劳动密集型产品,在与技术和资本密集型产品出口为主的经济发达国家的国际贸易中,虽然能获得利益,但总是处于不利地位。在这种情况下,发展中国家运用劳动力资源和自然资源参与到经济国际化中,只能获得相对较低的利润。通过运用比较优势战略,发展中国家在分工形式中永远处于这种劣势的环境中。

随着电子商务的到来,经济全球化的进程进一步加快,资源、劳动力、资本等生产要素可以在全球自由地流动。随着技术的进步、劳动力素质的提高、对劳动者需求量的减少,发展中国家的人力和自然资源就不再拥有垄断优势来维系比较优势。而不断发展的电子商务使陷入这个陷阱的国家越陷越深。在全球化的过程中,比较优势理论不但不能缩短发展中国家与发达国家之间的差距,而且在一步步地不断拉大这一差距。因此,发展中国家应该改变自身的发展模式,既要考虑全球化,也要考虑电子商务等新兴网络经济的因素。发展中国家需要对自身的产业结构进行调整,以技术进步和产业创新为核心,加强本国企业的国际竞争力。电子商务作为发展模式的重要部分,已经成为国家发展的重要要素。

2.安全问题

电子商务的安全问题主要有三个方面:一是互联网本身的安全问题,二是电子商务的安全问题,三是电子商务的管理问题。

首先,互联网是一个公开的领域。互联网作为电子商务运行的平台,如何保证其传输的数据的安全,已成为电子商务的核心问题。与其他网络行为不同,电子商务与现实的经济紧密联系,任何电子商务相关数据的丢失都可能造成人们在现实中经济的损失。在从事电子商务活动结账时,一般都需要留下用户的信用卡信息。由于信用卡可以透支消费,信息丢失后用户会承担更大的风险,所以有相当一部分人因此放弃电子商务。互联网本身的安全问题成为电子商务发展的巨大障碍。

其次,是电子商务本身的安全问题。在电子商务中,电子合同取代以前的书面合同。由于电子合同的电子化等特点,很容易被修改甚至伪造,从而使判定电子合同本身的真实性存在一定的难度。同时,在法律上,电子合同的数字化印章也不能与纸质合同的签名完全等同。电子合同方面相关的法律尚处于初步阶段,这也使电子商务的发展缺乏法律上的保障。

最后,电子商务的管理也存在一定的问题。作为一个新兴的行业,电子商务本身管理体系并不完善。2011年淘宝商城升级建立"商家违约责任保证金"制度,将向商家收取的年费从现行的每年6000元调整到3万元和6万元两档,作为大部分商家服务信誉押金的消费者保证金将从现行的1万元调整到1万元至15万元不等,引发了数千"中小卖家"对网站的恶意攻击。由此可见电子商务管理体系还有待于进一步合理完善。

3.税务问题

税务(包括关税和税收)是一个国家重要的财政来源。从国家的角度来看,税收主要有以下三种重要职能:一是组织财政收入。绝大部分国家的财政收入来自税收。二是进行再分配。通过税收的收入国家进行财富的再分配。三是监管社会经济活动。国家通过税收情况可以了解社会经济运行情况,及时采取有效措施监管和管理社会经济运行。

1998年,美国通过《互联网免税法案》。2003年,美国国会对税收进行测算,认为美国的财政收入因此损失约120亿美元。为了电子商务的发展,美国继续停征税政策。但是,由于电子商务的交易活动不同于以往交易活动,是在没有固定场所的国际信息网络环境下进行的,这就造成国家难以控制和收取电子商务的税金。即使国家真正计划对电子商务征税,也存在一定的困难。因为很难判定交易发生的确切时间和地点,无法进行征税。即使可以判定交易发生的时间和地点,对于企业与企业以及企业与个人之间的电子商务,由于企业已经在工商部门注册的原因,对其征税难度稍低。但是对于个人与个人的交易,像淘宝网的交易方式,由于判定交易成功与否存在相当大的困难,因此税务部门很难对其征税。

二、科技创新成为新的经济增长点

互联网的出现使科学技术和生产力更加紧密地结合在一起,成为当今时代社会经济发展的新特征,因而使科技创新成为当前经济发展的内在要求。

(一)科技与科技创新

科学一词,英文为 science,源于拉丁文的 scio,后演变为 scientin,最后形成今天的写法。科学的本意是"知识"、"学问"。清朝末期,"science"被译为"格致",日本著名科学启蒙大师福泽谕吉把"science"译为"科学"。1893 年,康有为引进并使用"科学"一词,严复在翻译《天演论》等科学著作时,也使用"科学"一词。此后,"科学"一词便在中国广泛运用。技术一词在汉语中历史久远。早在《史记·货殖列传》中就出现了"技术"一词,意为"技艺方术"。直到宋朝之前,中国的技术水平曾长期处于世界前列。英文"技术"一词是 technology,是由希腊文 techne(工艺、技能)和 logos(词,讲话)构成,意为对工艺、技能的论述。这个词最早出现在英文中是 17 世纪,当时仅指各种应用工艺。到 20 世纪初,技术的含义逐渐扩大,涉及工具、机器及其使用方法。科技是科学技术的简称,科学在词义上偏重人们在劳动过程中所积累的对于自然界认识的知识体系,而技术更偏重于人类的实践经验与科学原理相结合,发展成为可被大多数人所使用、有利于人类存在和发展的产品。科学和技术二者是辩证统一的整体:科学以技术为手段实现自身的价值,技术以科学为基础发展自身。

科学的发展经历了一个漫长的过程。17 世纪初哥白尼提出的"日心说",标志着近代科学的形成;艾萨克·牛顿于 1687 年完成了《自然哲学的数学原理》,奠定了第一次科学革命的基础。从此,科学在社会各个方面的发展过程中起到了重要作用。人们常用的电子计算机就与物理学有着密切的关系。以量子力学为基础发展起来的固体物理的能带理论,构成半导体物理的基础。正是以半导体物理为基础人们才研发出来大规模的集成电路,最终创造了电脑。由于科学理论的技术化,电脑成为人们生活不可缺少的部分。我们可以看到,科学技术改变了人们的生活。马克思也多次强调科学技术对促进生产力发展的巨大作用:"劳动生产力是随着科学和技术的不断进步而不断发展的"[①];"自然因素的应用……是同科学作为生产过程的独立因素的发展相一致的。生产过程成了科学的应用,而科学反过来成了生产过程的因素即所谓职能"[②]。

18世纪,美国科学家本杰明·富兰克林曾说过:"人类的知识将会大大的增长,今天,我们想不到的新发明将会屡屡出现。我有时几乎后悔我出生得过早,不能知道将要发生的一些事情。"互联网的普及使得先进科学技术的研发能力跨越现实的国界,联合研发使科技发展的速度越来越快。科学技术的进步已经为人类创造了巨大的物质财富。随着信息时代的到来,科学技术永无止境的发展及其无限的创造力,必定会继续为人类的经济发展做出更大的贡献。因此,科技的不断创新成为信息时代经济发展的新基点。1955年4月11日,爱因斯坦在逝世前一周签署的《罗素——爱因斯坦宣言》中写道:"我们必须学会用新的方法来思考。"即我们不能把脚步停留在现有的成果上,而需要不断地进行创新。

科技创新是科学创新和技术创新的总称,是指创造或应用新知识、新技术和新工艺,采用新的生产方式和经营管理模式,开发新产品,提高产品质量,提供新服务的过程。科技创新主要可以分成三种类型:知识创新、技术创新和现代科技引领的管理创新。

知识创新指通过科学研究,包括基础研究和应用研究,获得新的基础科学和技术科学知识的过程。知识创新的目的是追求新发现、探索新规律、创

---

① 马克思:《资本论》第1卷,人民出版社2004年版,第698页。
② 《马克思恩格斯全集》第47卷,人民出版社1979年版,第570页。

立新学说、创造新方法、积累新知识。知识创新是技术创新的基础,是新技术和新发明的源泉,是促进科技进步和经济增长的革命性力量。知识创新为人类认识世界、改造世界提供新理论和新方法,为社会发展和人类解放提供不竭动力。由于此类创新成果一般是新理论或者全新的技术,一旦完成对经济影响很大,但是由于其难度较大,研究时间相对较长,因此影响反而相对较小。

技术创新最早源自熊彼特1912年完成的《经济发展理论》一书。技术创新指把一种从来没有过的关于生产要素的"新组合"引入生产体系。这种"新组合"包括引进新产品;引用新技术,采用一种新的生产方法;开辟新市场(以前不曾进入);控制原材料新的来源,不管这种来源是否已经存在,还是第一次创造出来;实现任何一种工业新的组织,例如生成一种垄断地位或打破一种垄断地位。狭义的技术创新是指企业针对潜在市场,通过研究开发活动,创造新产品、新工艺等,建立其更优秀的生产经营的过程;而广义的技术创新是在狭义的基础上增加新技术的研究、开发、获得和掌握。进入21世纪,科学界进一步深化对技术创新的认识。科技创新是各创新主体、创新要素交互复杂作用下的一种现象,是技术进步与应用创新的"双螺旋结构"共同演进的产物。技术创新的影响遍布社会的方方面面,如多核的中央处理器、全新的TB传输量的光纤网络、高品质的液晶显示器等等。技术创新成为影响经济发展的重要因素。

管理创新指组织形成创造性思想并将其转换为有用的产品、服务或作业方法的过程,实际上是管理理念和方式的创新与突破。管理创新主要是创造出新的管理方法、管理模式等并将其运用在组织上,激发企业创新的动力。这种方式间接地促进和推动科技创新。

(二)互联网对科技创新的影响

技术创新是社会发展的强大动力,而互联网的出现与发展极大地推动了科技创新与发展。

1.人们更加重视知识的作用

信息经济时代是知识经济时代,信息技术的发展促进知识社会的形成,知识的作用逐渐被世界所关注。知识已经成为继土地、资本和人之后最重要的生产要素。

据统计,一个人所掌握的知识半衰期在 18 世纪为 80~90 年,19 世纪为 30 年,20 世纪 60 年代为 15 年,80 年代为 5 年左右。同时人类的科技知识却是不断地增加。19 世纪是每 50 年增加一倍,20 世纪中叶是每 10 年增加一倍,当前则是 3 年至 5 年增加一倍。

作为知识的基础,教育被放在社会发展的重要位置。传统教育业迅速发展。许多国家开始加强对大学建设的投入,获得大学教育的人数逐年增加,各种新兴的教育产业也蓬勃发展。

各国加大对科研的投入。国家对其自身研究和开发能力的投入是衡量该国研究力量的一个重要指标。当前,大多数发达国家的科研费通常占到国家 GDP 的 1.5%到 3%。据经济合作与发展组织(OECD)统计,仅次于以色列居世界第二位的瑞典的科研经费超过 4%。印度负责地球科学事务的部长表示,印度将进一步提高科研经费支出,从科学研究与发展的经费只占国内生产总值的 1%的比例迅速提高到 2%。中国国务院新闻办公室 2005 年发表的《中国的和平发展道路》白皮书也指出,中国力争到 2020 年使科技研发经费占国内生产总值的比例由 2004 年的 1.44%增长到 2.5%左右。

知识和技术的创新与发展已经不仅仅局限于国家层面,现在大量企业和学校也积极参与其中。在大多数发达国家中,企业已经接替政府,承担主要的科研经费。同时由学校与企业所组成的高技术区域也成为科技创新的新温床。美国的硅谷等实证研究表明,科学创新可能成功的重要条件,是具备良好的区域创新环境。在这一稳定的环境中,企业和大学之间相互联系与协作。通过这种组织的构筑,企业获得大学强大的科研能力,增强了自身的竞争力。例如,硅谷不仅仅是惠普、网景、雅虎、英特尔公司等几十个成功大公司的诞生地,而且正在逐渐变成一种概念——科技创新的概念。

2.科研成果的增加

互联网技术的广泛应用,加快了技术研发和更新的速度,迅速提高了科技成果的质量,增加了科技成果的数量,对经济的发展发挥了巨大的推动作用。

随着企业与高校结合共同研发这一趋势的发展,科研周期较以前大大缩短。以药品的生命周期为例。药品生命周期从 50 年前的 24 年变为现在的 8 年。这就意味着,如果在 8 年内研发不出新产品,该药品在市场上就会被其他药品取代。在某种程度上,这也体现出科研速度大大加快。信息时代各种程序与软件的出现也使得科研速度不断加快。通用集团通过使用产品全生命周期管理软件(PLM),把分布在六大洲的 19 个设计中心连在了一起,并成功利用该系统设计了最新的凯迪拉克汽车。而通用集团通过该软件的使用,使得研发一个全新车型的时间由过去的 4 年缩短为 2 年。

　　与此同时,每年科研成果的数量也大量增加。1998 年中国科研人员共发表约 2 万篇科研论文,到 2008 年这一数字剧增至 11.2 万篇。而同期美国科研人员的论文数量由 26.5 万篇增至 34 万篇。在专利数量上也体现着科研成果的增加。作为现在世界上经济总量最大的发达国家,美国专利局在 2003 年受理的专利申请总量是 355418 件,其中发明专利的数量是 331729 件。而到了 2010 年,专利申请数量增加到了 522407 件,其中发明专利申请的数量为 478649 件。据国家知识产权局的数据,中国的专利申请数量在 1995 年仅为 41773 件,1996 年首次突破 10 万件,在 2001 年超过 20 万件,2006 年越过 50 万件的门槛,2010 年迈上 100 万件的新台阶,大体呈现 5 年翻一番的高增长趋势。

　　3.科技创新的技术转化加快

　　技术创新可以由企业单独完成,也可以由高校、科研院所和企业协同完成。但是,技术创新的完成是以产品的市场成功为主要标志的。如果只是空有科学理论,而没有对经济发展发挥作用,那么也不能算作技术创新。因此,创新产品的问世是衡量技术创新的重要标准。

　　首先,科技创新依赖于互联网的发展。互联网的发展使得使用者和生产者的沟通渠道被打开,生产者可以真正做到以使用者为中心,置身使用者的环境,使之作为自己科技创新的基础,并且通过研发人员与使用者的互动挖掘需求,通过用户的参与获得的新的创意,为科学技术的研发提供新的方向,而这个方向正好同时也满足用户的需求。通过互联网的发展,使用者不断参与科技创新的过程中。通过建立畅通高效的沟通机制,技术与产品研发能够提供最贴近市场和用户需求的信息,进一步加快技术进步的动力,解决科技创新的方向问题,相对容易地转化科技成果。然而,仅仅有市场导向还是不够的。信息技术发展的摩尔定律告诉我们:集成电路上可容纳的晶体管数目,约每隔18个月便会增加一倍,性能也将提升一倍。随着电脑运算速度和网络传输速度的不断加快,各种模拟、测试软件也相应地出现在人们的视线中,大大降低了技术转化的难度。同时,由于资本的国际化,大量的资本在全球范围内寻找可以投资的产品。资金曾作为传统意义上资本主义发展的最大障碍,但在信息时代,这已经不再是一个难题,好的项目可以轻易地募集到大量的资金,使得科技成果的转化速度大大增加。

(三)科技创新对经济发展的影响

科技创新的进步推动了经济的发展。

1.成为经济发展的重要手段

当今信息技术产业继续充当经济发展火车头的角色。科技对于经济的影响可以用全要素生产率来表示。全要素生产率是指"生产活动在一定时间内的效率",是衡量单位总投入的总产量的生产率指标。即总产量与全部要素投入量之比。全要素生产率的增长率常常被视为科技进步的指标。早在80年代,美国的经济增长中,全要素生产率的贡献就高达50%,而其资本贡献仅为20%。在当时西德,全要素生产率的贡献高达87%。而发展中国家的经济发展主要来源于资本贡献(65%),全要素生产率贡献仅为14%。伴随着科技创新的不断发展,科技对于经济发展的贡献率不断增加,当今,科技发达国家的科学和技术对经济增长的贡献普遍超过70%,大大超过劳动和资本对经济增长贡献的总和。同时,也由于科技的发展,新经济的概念被提出。新经济即以高技术产业为支柱,以智力资源为主要依托,摆脱了以往以传统工业为支柱产业、以自然资源为主要依托的经济模式。这种新经济模式有如下特点:经济总量持续增长;失业率稳步下降;物价增幅保持在较低水平;出口贸易增长势头强劲;政府财政赤字逐年减少。虽然现在对于新经济的概念还有争议,但这无疑是科技创新带给经济发展的一种新模式。

2.增加了就业岗位

失业率一直是衡量一个国家经济发展的重要指标,能否维持着较为合理的就业率成为经济发展的一个重要问题。

虽然由于科技创新产生的高科技行业不同于以往的劳动密集型企业，但由于新兴产业和行业的出现，依旧创造了大量的就业机会。由于计算机技术的发展，产生了软件业和相关硬件配套等大量企业；由于数据传输技术的突破，除了本行业人员外，也大大增加了通讯行业的就业量；生物技术的突破，使得生物制药等企业如雨后春笋般出现。2001 年日本《劳动经济白皮书》显示，从 1990 至 1999 年的 10 年间，日本信息技术产业创造出 200 万个就业岗位。美国市场研究公司 IDC 和微软联合发布的报告显示，IT 行业将在未来 4 年内创造 580 万个新的就业岗位以及 7.5 万个新企业。而在 2009 年，IBM 与华盛顿的智囊机构"信息技术创新基金会"合作分析宽带、医疗信息技术和提高电力效率的"智能电网"技术这三个领域的就业增长可能性。其研究显示，如果投资 100 亿美元发展宽带网络，向需要的地区提供高速网络接入，一年可创造 498000 个新工作岗位；如果投资 100 亿美元进行健康档案、电子化和其他相关信息技术，可创造 212000 个岗位。

3.增强了企业竞争力

科技创新使得企业获得了新的竞争力，让市场满意的全新的产品成为企业生存的关键。伴随着科技不断发展，后发优势也逐渐显示出它的作用。

后发优势是指相对于行业中先期进入的企业，后进入者由于较晚进入行业，可以通过学习先进入企业的经验，来减少自身面临的不确定性，获得先进入企业不能获得的优势，从而占领市场。这种后发优势也体现在不同的方面。在一些新兴行业里，由于前景模糊，往往出现这样一种情况，就是在开拓期，遍布着各种规模的公司，每个公司都按照自己对于市场的认识进行科技创新。随着新兴行业的前景逐渐明朗，其他企业就会逐渐进入这个行业。由于老企业在之前的开发中，使用了大量的资本和精力，在成本尚未回收等问题下，不可能立刻进行创新。而新进入的企业通过聚集的大量资本，利用已经获得的信息进行科技创新，制造出更好的产品，占据更大的市场份额。这就是利用了后发优势。还有一些行业，由于专利有一定时限，在专利保护期过后，大量其他企业就可以合法利用某些专利技术，并以此为基础发展自己的科研，这就使得一些后来者享受到了后发优势。而不管使用哪种后发优势,科技创新的发展都导致了企业间的竞争更加激烈,从而促进了经济的发展。

4.科技创新的负效应

科学进展是悲喜交集的福音,很少例外。科技创新对于促进经济发展具有重要作用,但也给经济发展带来了一些问题。

由于科技创新对于经济发展的重要作用,使得一些人盲目追求科技的发展,认为科学技术发展得越高端,生产的产品就会越来越有市场,就会获得高效益。确实,在同等条件下,肯定是科技程度越高的产品市场需求会更大,价格也会更高。但是考虑到高科技带来的高成本、高售价带来的消费群体的减少,高科技并不一定是经济发展的最佳途径。改变人们生活方式的电子邮件,其实也只不过是一个并不太高级的技术。因此盲目追求科技的发展并不是效益最大化的手段,尤其是在科技本身不具备领先状态的国家里。

科技带动下的经济发展为我们带来的第二个问题,就是伦理问题。科技与伦理之争由来已久,转基因产品虽然在很多指标上都超越了同类非转基因产品,但是各国对于转基因食品的接受程度还很有限。早在上世纪70年代初,基因重组技术的开拓者之一、美国斯坦福大学教授保尔·伯格就敏锐地觉察到,有可能重组出抗抗生素的"超级细菌",从而危害人类。于是他果断建议暂停基因重组实验。但是在2010年,英国媒体爆出已经在南亚发现了超级病菌。因此,在未来,科技与伦理之争还会持续下去。

第二节　互联网对金融的影响

进入信息时代,整个社会经济的发展遇到了前所未有的机遇和挑战,金融业也不例外。21世纪经济的全球化很大程度体现在金融全球化上。这种全球化引发了整个金融机构的经营管理模式、金融市场结构、金融业的运作机制等方面的重大变革。

一、金融及其特点

金融是基于信用而形成的。马克思认为信用就表现为贷和借的运动,即货币或商品的只是有条件的让渡的这种独特形式的运动。他把信用定义为:"信用,在它的最简单的表现上,是一种适当的或不适当的信任,它使一个人把一定的资本额,以货币形式或以估计为一定货币价值的商品形式,委托给另一个人,这个资本额到期后一定要偿还。"①马克思认为资本家之间的信用是信用制度的基础,信用为单个资本家或被当作资本家的人,提供在一定界限内绝对支配别人的资本,别人的财产,从而别人的劳动的权利。马克思在论述信用危机时指出:"在再生产过程的全部联系都是以信用为基础的生产制度中,只要信用突然停止,只有现金支付才有效,危机显然就会发生。"②

金融是信用货币出现以后形成的一个经济范畴,金融是货币流通和信用活动以及与之相联系的经济活动的总称。金融有广义和狭义之分。广义的金融是指一切与信用货币的发行、保管、兑换、结算、融通有关的经济活动,甚至包括金银的买卖;狭义的金融专指信用货币的融通。在本文中我们研究的是狭义的金融。

简单来说,金融就是资金的融通。金融出现的基础虽然是信用,但是它和信用还有所不同:第一、金融只包括货币资本的流通,人们既可以借贷货币,也可以发行股票,但是金融不包括实物的借贷。第二、对于货币的范畴来说,信用泛指一切货币的借贷,而金融只是信用货币的借贷。金融是信用与货币流通这两个经济过程结合而产生和发展出来的。

金融的内容可概括为货币的发行与回笼、存款的吸收与付出、贷款的发放与回收、有价证券的发行与转让以及保险、信托,国内、国际的货币结算等。从事金融活动的机构主要有银行、信托投资公司、保险公司、证券公司、金融资产管理公司等。在这些机构中,银行因为其可以依靠自己的信用创造和消减货币,因此银行信用也就被公认为是金融的核心。

① 《马克思恩格斯全集》第46卷,人民出版社2003年版,第452页。
② 《马克思恩格斯选集》第2卷,人民出版社2012年版,第588页。

金融成为信用货币的市场,这个市场有三个主要特点。

(一)非实物化

金融市场最大的特点就是非物质化。金融产品之间的买卖,大部分并不涉及实物的交易。例如人们在交易所购买了大量的股票,但是这些股票并不会显示在人们的手中,而是体现在交易所相关的账户上的证券数量和现金额的变动。在很多市场上,这种非实物化使得人们可以进行卖空和买空的活动,虽然我们知道这种行为在一定程度上加大了金融市场的风险,但是它也促进了金融产品的交易流动。而这正是金融市场的强大生命力之所在。

(二)是一个信息市场

在金融市场中,信息的及时获取具有至关重要的作用。任何一条信息的发布、收集、处理,都成为在金融市场上的人们的重要工作。因为在金融市场中,信息就代表利益。人们热衷于收集过去的信息,通过对信息的分析来获得对于现在情况的了解和判断,人们也热衷收集现在发生的信息,因为即使是对于微小信息的疏忽,都会带来经济上的损失。

(三)杠杆性

金融杠杆作为一种工具,可以放大投资的效果,无论最后的结果是盈利还是损失,都会按照之前的杠杆率的倍数增加。这正是金融市场的魅力之一。虽然可能遭遇风险,但是巨大收益的诱惑力还是非常大的。但是使用金融杠杆这个工具的时候,必须要具有大量的现金,因为一旦资金链断裂,虽然最后的结果可以是巨大的收益,但是很可能还没有等到结局的到来就被市场红牌罚下了。

目前由于经济的发展,金融呈现出全球化的趋势,即金融活动跨越国界,日益与国际间的金融活动融合在一起,即资金的筹集、分配和运用,超越国家疆界,在全球范围内进行。现在出现了各种各样的区域性、全球性金融组织,为各国融资提供了方便,提高了各国金融服务的质量和效率,降低了筹资成本。这就大大促进了金融的发展,同时也留下了诸如如何建立国际金融市场的法制化等问题。

二、电子金融的产生与发展

21世纪的今天,信息革命正悄然融入世界的每一个角落,信息网络化所带来的震撼和冲击更加深刻地改变着整个社会既有的一切规则和结构。金融交易的非实物化,使得金融业与互联网具有很大的相似性。信息网络的扩张存在梅特卡夫法则,即网络价值以用户数量的平方的速度增长。以计算机网络技术为核心的信息技术革命,使得互联网用户数量倍增,也使得电子金融作为21世纪金融业的一场革命,在短短的几年间得到了迅速发展。微软总裁比尔·盖茨曾指出:传统银行将是21世纪灭绝的一群恐龙。

电子金融不同于传统的金融活动,它是存在于电子空间中的金融活动,是现实金融活动的延伸和发展。它是信息网络技术与现代金融相结合的产物,是对以网络技术为支撑的、可以在全球范围内展开的金融活动的总称。从狭义上讲是在国际互联网上开展的金融业务,包括网络银行、网络证券、网络保险、网络信托等金融服务及相关内容。从广义上讲,就是以网络技术为支撑在全球范围内的所有金融活动的总称。电子金融包括电子金融机构、电子金融交易、电子金融市场等。

电子金融具有以下几个特征:1.服务过程电子化。电子金融的整个交易过程完全在互联网这个平台上完成。2.服务时间全时化。电子金融的交易可以在任何时间提出,比如网上付费、网上交易等。虽然有些交易本身必须在营业时间内完成,但也大大扩展了交易的时间。同时世界各主要金融市场在时间上相互接续、价格上相互联动,几秒钟内就能完成上千万亿美元的交易。3.服务方式便捷化。电子金融本身的服务不受任何地理环境的限制,只要你有一台能接入互联网的终端,你就可以完成电子金融的交易。

电子金融的发展体现在金融行业的电子化上,这主要体现在银行电子化和证券电子化上。

美国的银行界早在20世纪40年代末50年代初就已经开始将电子计算机技术应用于银行业的研究。到了90年代,互联网技术显示了巨大的发展潜力,各主要银行机构都开始利用这一全新的资源,着手建立自己的网站。但是在网站建立初期,其最主要的工作是广告和宣传,这主要是因为技术的问题。1997年6月1日,由万事达和维萨联合网景和微软等公司推出了安全电子交易协议（Secure Electronic Transaction），这一协议成为目前公认信用卡网上交易的国际标准，它也促进了电子银行的形成与完善。

1992 年，路透社与芝加哥商品交易所共同推出了全球期货交易系统（GLOBEX）。该系统工作得非常出色，上市之初每天就可以办理几万件合同交易，大大增加了证券的交易额。由于本身并不是实体，股票和其他金融债券只是记录在账面上的数字，因而它们都是很容易数字化的产品。在信息技术和网络技术的发展下，证券的数字化推动了证券业电子化的进程。

电子金融的出现，也扩大了信用货币的概念，产生了全新的信用货币。

电子现金是经银行数字签名的表示现金的加密序列数，它是以盲签名技术（blind signature）为基础的一种数字化货币，它可以用来表示现实中各种金额的币值，它适合于在因特网上进行小额实时支付。数字现金作为银行发行的一种电子货币，它与传统纸币的职能相同，使用者可以使用数字现钞去商场购物，同时商家也可以将其到银行兑换成现实货币。

电子支票是纸质支票的电子替代物，它与纸制支票一样是用于交易支付的手段，它使用数字签名和自动验证技术来确定其合法性。电子支票具有与纸质支票相同的功能特征，即保留了纸质支票的基本特征和灵活性，又加强了纸质支票的功能，而且由于电子支票的签发者可以通过使用银行的公共密钥对自己的账号进行加密，从而使电子支票比纸质支票具有更好的安全性。

电子商务活动中使用的信用卡是电子信用卡，电子信用卡通过互联网直接支付。电子信用卡具有快捷、方便的特点。而且在交易过程中，买方可以了解到持卡人的信用度，避免了传统信用卡由于信用度低带来的损失。

电子金融不但扩展了金融的领域，同时也给金融带来了新的竞争。由于信息技术对于金融的巨大影响，一些在信息领域具有技术优势的公司也进入了金融领域。我们可以看到，各种各样的购物卡已经随处可见，这些购物卡的发行，都是以信用货币来代替现实货币。而发卡的公司已经不仅仅是银行等金融企业，零售业等在信息技术的带领下已成为信用货币新的发行者。信息部门与金融机构相互竞争、相互融合的趋势不断加强。同时，信息技术也在自身的发展中促进了电子金融的发展。这主要表现在三个方面:第一,互联网安全保密技术的发展为电子金融的发展提供了保障。有关专家正在研究如何把量子力学的基本原理运用到加密技术中,产生一种在理论上完全不可能被破译的加密算法,使得电子金融的发展更加安全。第二,信息技术的发展带来的高速传递,切实保障了电子金融交易的渠道和平台。第三,信息技术的发展创造出大量的模拟程序。在这种程序中,人们可以按照自己的操作来对虚拟的资本进行更虚拟的实践,增加了人们电子金融交易的经验。

同样,电子金融在促进金融发展的同时,也带来了更大的风险。因为电子金融除了具有传统金融的一切风险外,还有其特有的风险,如技术风险、法律风险等。

首先,电子金融的发展使得金融市场风险的影响范围扩大。以互联网为基础的电子金融真正是一个无国界的领域,这种无国界的性质将各国的金融行业紧密联系起来。这就使得金融市场无论出现正面或者负面的因素,其影响都是国际性的。各国的股市都有很大的关联性,美国股市的涨跌就会影响到全球其他股市的涨跌。就像美国的次贷危机,一个房屋贷款的金融问题,却成为波及世界范围的一场金融浩劫。高效的金融网络使得危机的传播速度加快,使得金融市场更加脆弱。任何一个小小的信息,都通过互联网这一平台,以光的速度在国际市场上流入流出,电子金融已经把全球金融融为一体。现在金融行业也呈现出了牵一发而动全身的格局。

其次,电子金融的发展加大了金融的管理难度。正是由于电子金融,使得世界形成了一个完整的金融市场。首先,它增强了资金的流动性,资金的流动必然流向收益更高的地方,因此单个国家对于金融的态度就决定了资金的流向,过于严格的监管,都会使得本国金融市场的发展受到影响。现在,很多金融公司每时每刻都对货币或股市做出评估并公诸于世,这些金融机构的评论也对资金的流向起到了重要作用。在这种情况下,任何一个国家都不太可能有自己足够的储备来较长时间地控制本国的汇率。同时,由于国际金融日益形成一个整体,但是没有一个相应的国际联合政府,而仅有一些金融机构和组织来完成金融管理等工作,必然使管理效率大打折扣。

最后,电子金融的发展使得人们对于未来金融市场的预测能力下降。

互联网上拥有海量的金融信息,这些信息的交互使得人与人之间对于未来市场的预测各有不同,人们更难在预测上达成共识。而且由于个人很难将全部信息收集齐全,所以预测的准确性也会受到影响。同时,在互联网上的信息并不能保证一定都是真实的,很多人把虚假的信息当做真实的信息并据此作出预测,结果必然不会是客观的。现在出现了一种趋势,就是人们尤其是专家对于信息的看法的重要性超过了信息本身所具有的内容。这是金融行业的特点,人们不仅要注意信息本身的内容,更要考虑到这个信息会给其他人带来什么样的影响,因此这种复杂性使得人们对金融市场的未来预测能力下降。

总之,电子金融既为金融的发展提供了效率,又使得金融的风险增大。

三、金融衍生品的双重效用

随着20世纪70年代布雷顿森林体系的瓦解,金融市场的管制也相对放松,美元与黄金挂钩、其他国家货币与美元挂钩的国际货币体系的崩溃,以及在1973年与1979年出现的两次重大的石油危机,大大增加了金融市场的不确定性和风险。为了规避和减少给企业带来的风险,产生了金融衍生产品。

在2004年中国银行业监督管理委员会出台的《金融机构衍生产品交易业务管理暂行办法》中,认为金融衍生产品是"一种金融合约,其价值取决于一种或多种基础资产或指数,合约的基本种类包括远期、期货、掉期(互换)和期权。衍生产品还包括具有远期、期货、掉期(互换)和期权中一种或多种特征的结构化金融工具"。2002年,美联储主席格林斯潘在伦敦发表了题为《世界金融和风险管理》的演讲,高度评价了金融衍生品在风险管理中的积极作用。他认为在过去的15年间,金融衍生品以超乎寻常的速度发展,期货及其他衍生品的概念得到深化,加上计算机和网络技术的进步,对冲风险的成本显著降低,金融系统也因此发展得比以前更加灵活、有效,世界经济对那些真正的金融危机的抵御则更具有弹性。

金融衍生产品怎样能减少企业风险呢?那就是它具有套期保值功能。套期保值是指把期货市场当作转移价格风险的场所,利用期货合约作为将来在现货市场上买卖商品的临时替代物,对其现在买进准备以后售出的商品或对将来需要买进的商品的价格进行保险的交易活动。简单地说,就是你现在拥有一些数量的货物,你预测你手里的现货价格会上涨,那么你在期货市场就买等量的预测价格下跌的货物。这样,如果未来现货涨价或者降价,由于你在市场上既买了涨,也买了跌,因此总体来说你最后是实现了保值。对于同一个人来说,套期保值收益理论是零,同时对于整个金融衍生品市场来说,无论个人收益如何,这个市场的总和也是零。也就是说这个人赚走的钱就是另外一个人赔掉的钱。因此金融衍生产品的交易是一种"零和博弈",即这项活动有人赢就有人输,输与赢的数值相等,总成绩永远是零。金融衍生产品的诞生并不会在根本上让风险消失,因此金融市场的总体风险是不会改变的,金融衍生产品规避的风险是靠另外一个途径——分担风险。在市场上,风险就意味着收益,因此有一些人追求稳定的收益而有意识地规避风险,也有一些人非常热衷于风险高的投资。因此,金融衍生产品实际上是将金融市场宏观的风险不断进行分解,然后重新将风险分配下去。使得承担风险的基数变大,也使得喜好低风险的人承担的风险降低,喜欢高风险的人承担的风险增加。总的来说金融衍生产品最大的作用就是转移风险。

金融衍生产品有几大特点:(1)虚拟之虚拟性。如上文所说,金融具有非实物化特点,也就相当于具有虚拟性。而金融还是建立在现实的实物基础上。无论金融衍生工具的形式多么复杂,都是以某种或某几种金融现货作为基础。金融现货的价格支配着金融衍生工具价格的变化,因此可以说是虚拟的产品。因此我们说它具有虚拟之虚拟性。(2)杠杆性。金融的杠杆性主要体现在金融衍生产品上。因为他们以基础金融产品的价格为基础,在交易时只需要按照一定比例缴纳保证金,就可以获得拥有相关产品的权利。在10%的保证金的前提下,你可以用手中的资金控制比其多出10倍的财产。(3)复杂性。金融衍生产品可以分为货币衍生产品、利率衍生产品、股权类产品的衍生产品等。金融衍生工具的价格受到利率、汇率和股价的影响,上面说过,我们无法掌握所有可能发生的情况,因此预测金融产品的变动趋势是相当复杂的。同时金融衍生产品本身也可以是货币和利率衍生品的混合物,这更增大了预测的复杂性。

随着信息时代的到来,金融衍生产品也有了很大的发展。据统计,自从1972年芝加哥商业交易所的国际货币市场开始第一批金融期货交易以来,在目前国际金融市场上进行交易的金融衍生工具多达1200余种,由它们衍生出来的各种复杂的产品组合更是不计其数。1984年时,金融衍生市场的交易量只有1.88亿份合约,到2004年,这一数字已经增长到了89亿份,年平均增长21%。根据美国期货业协会对可统计的58家衍生品交易所的最新统计,2006年,全球期货交易量达到52.8亿张,同比增长30.85%;2007年全球金融衍生品场外交易量达到950万亿美元,场内交易量达到400万亿美元。过去10年中,金融衍生工具场外交易量年增长超过20倍。芝加哥交易所是世界上最大的期货交易所,2007年平均日交易量达到640万手。2005年我国开放了国债远期交易市场、股票权证市场、人民币远期交易市场以及抵押债券市场。同时,上海期货交易所也建成了以利率期货、股票指数期货为突破口,以金融衍生工具为主的综合性期货交易所。

如前所述,电子金融的发展带来了巨大的风险,因此金融衍生产品的广泛出现看似分担了单个企业的风险,但是由于总体风险的增大和金融衍生产品的另外一个功能,使得金融市场越发的危险。

这另外一个功能就是投机获利功能。金融衍生产品确实使得期望低风险的人们得到了他们想要的结果,但是另外一个结果确实使得另一些期待高风险的人得到了满足。它为这种热爱高风险的投机者提供了新的平台。在金融衍生产品这个市场上,投机者根据自己对于未来的预期进行决策,如果觉得价格会上涨,那他们会建立多头,就是现在先买入趁着价格走高再卖出,如果预期价格会下跌,那么他们就建立空头,即先卖出等价格下跌再买入。因此金融风险实际主要被投机者所承担。在相当多的情况下,投机者由于个人预期和信息的差异,在市场上会形成一种平衡,而也正是由于他们的存在,使得金融衍生产品可以获得交流和流动。

随着技术的进步,基础商品、利率、汇率、期限等复合出来的各种金融衍生品多种多样,有部分产品甚至连一些专业的金融从业人员也不是很清楚。但正是这些产品导致了当今金融资本在市场的流动。当今的国际贸易量才

8 万亿美元,而金融市场的规模却高达 400 万亿美元,金融市场的资本和实际物品的比例达到 50：1,资本严重脱离了实物,出现了严重的泡沫化,也为金融危机埋下了隐患。

2007 年爆发的全球金融危机就是来源于美国的次级贷款。美国抵押贷款市场将信用人的信用条件分为次级和优惠级。因为美国相当重视个人的信用,因此评级为次级的个人无法申请优惠的贷款,而只能进入次级市场去寻找贷款,但是次级贷款的利率一般都会比优惠贷款高 2%～4%。当时的背景是房价的涨幅速度大大超过了银行的利率,因此,次级贷款的发放机构认为只要是用于购买房地产的贷款都可以得到更高的收益,所以大量放贷。在这种情况下,如果能够放出更多的贷款,那么获得的收入也就越多,这就导致一些金融机构铤而走险,将很多贷款发放给不符合标准、不具备偿还能力的客户。因为在房价持续上涨时,贷得越多收得越多。同时为了回避风险,他们将这些债务打包交给负责证券发售的公司进行管理,通过代理减少其风险(即金融衍生工具的分担风险功能),但是管理债务本身也需要相当的成本。同时存在一些并不客观的评级机构。在当时情况下,对财务困难的金融企业给予不符合实际的评价。这就完整地构成了一个可以导致金融危机的炸弹,而它只缺一个导火索,那就是房价停止上涨甚至下跌。随着房屋价格的下跌,虽然金融机构已经把风险分担出去,但是作为最后一个分担者,如果他不能承担风险,就会导致多米诺骨牌一样的连锁效应。一份合同的价值经过多次过手,已大大偏离了其实际价值,在签订最初的合同时,市场违约率一般预测都不会太高,但是当房价下跌时,大量贷款者不再继续偿还贷款,使得违约率大增,超越了最后承担者的风险承受能力。而这偏离实际价格的损失是这条链子上任何一个公司都无法承担的,于是他们会因为资金问题相继陷入困境甚至破产,最后导致美国次贷危机进而引发全球金融危机。

四、金融危机的社会影响

金融危机最早的萌芽可以追溯到 1637 年。当年荷兰种植的郁金香价格暴涨,与上一年相比,价格上涨了近 60 倍,有一些特殊的品种甚至涨了上千倍,一朵稀有的郁金香品种居然可以换当时城区的一座豪宅。这一事件被称为世界上最早的泡沫事件。随着这一泡沫的破裂,成千上万的人倾家荡产。随后发生的 18 世纪南海公司股票泡沫,1929 年股市大崩溃造成的全球大萧条,让我们看到了金融危机的严重后果。随着互联网的出现与发展,金融危机呈现出传播速度快、波及范围广、破坏力强等新特点。无论是 1997 年东南亚因为汇率骤变带来的金融危机,还是 2007 年由美国次贷危机引发的席卷全球的金融危机,造成的危害远远大于之前发生的任何一次金融危机,严重地影响了整个世界经济的发展。

有人认为,美国居民消费严重超过居民收入,无节制的负债,无管制的市场,无限制的衍生金融工具,无限制的投机,无限制的高额利润和高收入,是爆发金融危机的重要原因。笔者认为,总体而言,2007 年美国金融危机主要存在以下几个方面的问题。

在制度层面上,新自由主义认为,市场应该是完全自由竞争的。市场的自动调节是最完善的机制,通过市场进行自由竞争,是实现资源最佳配置的唯一途径。它认为由国家来计划经济、调节分配破坏了经济自由,扼杀了"经济人"的积极性,因此不应存在其他的政府干预。它在市场中倡导个人主义,即强调每个人的经济行为以利己为最主要的目的。

美国的消费习惯是此次金融危机的隐患。在美国,尤其是青年人,消费的主要习惯是使用信用卡交易,从本质来说就是消费将来的钱。这与美国的经济体制有一定的关系,因为如果在一个地方长期生存的话,生活成本增加幅度很小,但是收入随着年龄的增长会有显著的增加。因此存在着年轻时想花钱却没钱、年老了有钱却没处花钱的情景。同时,美国的父母和中国的父母不同,子女一般成年后独立生活,这种独立也包括了经济独立,即父母一般不会再给予子女明显的资金支持,导致了信用消费成为美国人的主要消费习惯。同时也带来了另一隐患,就是美国的储蓄率相当低。

美国经济环境的改变是导致金融危机的重要原因。2000 年,高科技泡沫破裂后,美国连续降息,从 6.5% 降到 1%,使得本已不多的银行储蓄转移进入金融市场,这虽然遏制了经济的下滑,但也造就了美国房地产价格的持续上涨,为次贷危机埋下了伏笔。而信贷机构的随意放款就成为金融危机的直接导火索。

导致此次金融危机的爆发虽然有多种原因，但是，最本质的原因还是资本的逐利性。马克思早在100多年前就已经做出了经典的论述："一旦有适当的利润，资本就胆大起来。如果有百分之十的利润，它就保证被到处使用；有百分之二十的利润，它就活跃起来；有百分之五十的利润，它就铤而走险；为了百分之一百的利润，它就敢践踏一切人间法律；有百分之三百的利润，它就敢犯任何罪行，甚至冒着绞首的危险。"①因为"资本来到世间，从头到脚，每个毛孔都滴着血和肮脏的东西"。② 我们是不可能渴望资本放弃自身的增殖的，因为追求自身的增殖是资本不能改变的本质。"资本是货币，资本是商品，它不断地采取货币形式和商品形式来改变自己的量，作为剩余价值同作为原始价值的自身分离出来，自行增殖着。既然它生出的剩余价值的运动是它自身的运动，它的增殖也是自行增殖，它所以获得创造价值的奇能，是因为它是价值，它会产仔，它至少会生金蛋。"③而金融危机的形成正是因为"它再生产出了一种新的金融贵族，一种新的寄生虫，——发起人、创业人和徒有其名的董事；并在创立公司、发行股票和进行股票交易方面再生产出了一整套投机和欺诈活动"。④ 因此我们看到，金融危机从萌芽发展到最后的爆发，在资本主义社会都是不可避免的。

正是商品所内含的劳动二重性矛盾决定了价值和使用价值的二重性矛盾的进一步发展。它首先表现为商品与货币的对立，经过金融的发展表现为实体经济和虚拟经济的对立形式。实体经济是虚拟经济的基础，而虚拟经济为实体经济进行资源配置。在现时代，虚拟经济发展的速度大大快于实体经济，虚拟经济严重背离了实体经济，最终形成泡沫，导致金融危机。而由于资本的本性是逐利的，而金融衍生产品不能减少风险的增加，因此资本主义制度不能从根本上消灭金融危机，金融危机仍然会像幽灵一样陪伴着资本主义的发展。这也为我国金融市场的发展提供了可以吸取的经验教

① 《马克思恩格斯全集》第23卷，人民出版社1972年版，第829页。
② 《马克思恩格斯全集》第23卷，人民出版社1972年版，第829页。
③ 马克思：《资本论》第1卷，人民出版社1973年版，第176页。
④ 《马克思恩格斯全集》第46卷，人民出版社2003年版，第497页。

训,有利于我国金融市场的规范、健康、可持续发展。

第三节　互联网对企业的影响

企业是从事生产、运输、贸易等经济活动的部门,是经济发展中最基本的经济单位。在现代社会,企业的竞争力在很大程度上代表了国家的竞争力,企业发展的好坏也就成为国家发展程度的重要标志。因为,首先企业是市场经济运行和发展的基础。企业被认为是市场经济的细胞,正是由于一个个的单独企业的运动构成了统一的市场,企业经营状况的好坏直接关系着整个市场经济发展的好坏;企业是人们社会活动的基础,离开了企业,就会使得商品的生产、流通、交换都受到影响甚至停滞,严重影响人们的日常生活。因此,企业发展的好坏决定着人们生活水平的状况,决定着国家的经济竞争力。企业的发展表现在规模上,而且也表现在不断发展的先进的技术和工具上,通过它们不断提高自己的竞争力。随着企业的发展壮大,跨国企业的规模也日益庞大。因此,公司也成为国家经济发展的核心竞争力。

由于信息产业的发展,人们逐渐把信息产业称为农业、工业、服务业之外的第四产业。而这第四产业的发展,也带来了一些全新的企业,包括软件、数据库、各种无线通信服务和在线信息服务等全新的公司,既发展了传统企业的概念,又为企业的管理带来了新的挑战。

一、互联网与企业管理

在信息时代,互联网的出现改变了传统企业的结构,带来了企业管理的现代化——学习型组织的诞生。

管理幅度理论认为,由于受管理者精力、知识、经验的限制,所能管理的下属人数是有限的。随着下属人数的增加,信息量和管理难度将呈指数增加。当下属人数增加到一定程度,就超越了管理者所能有效管理的范围。当一个组织的人数确定后,由于有效管理幅度的限制,就必须增加管理层次。企业就形成了一个金字塔状的组织结构。最高决策者位于金字塔顶,他们的指令通过一级一级的管理层最终传达到执行者;基层信息通过一层一层的筛选、过滤,最后上达最高决策者。这样组织的机构,信息不但传递速度缓慢,而且传递过程中的信息失真非常大。

当今的企业中,尤其是跨国公司,组织和规模一般都相对比较庞大,这样企业创新问题就显得更加严重。信息时代下,各种各样的商业信息在互联网上飞速传递,很多信息都是转瞬即逝。因此,对于信息的选择和反应的速度都必须加快,只有这样才能加强企业的创新能力。同时,由于科技创新已经成为经济发展的新特点,而旧有的公司结构很难面对这一新特点,因而学习型组织应运而生。学习型组织是指那些有意识激励组织学习,是学习能力不断增强而实现自我超越的群体。作为有利于创新的组织类型,学习型组织是一个能熟练地创造、获取和传递知识的组织,同时也要善于修正自身的行为,以适应新的知识和见解。学习型企业是不同于等级权力控制型企业的全新类型。

20世纪90年代美国管理学家哈默和钱皮提出以业务作业流程为中心、打破金字塔状的组织结构、建立横宽纵短的扁平化柔性管理体系,使企业能够适应信息社会的高效率和快节奏,适应企业员工参与企业管理,以实现企业内部上下左右的有效沟通,以使企业组织具有较强的应变能力和较大的灵活性。这种结构即保证了组织内客户的重要信息、市场的有关动态等信息能在企业迅速交流,同时使得企业内部形成互相学习交流、整体互动思考、密切协调合作的氛围,使得企业在更有利于创新的结构下发展。

这种扁平化结构的学习型组织为现代企业的发展带来了几大好处:

首先,增加了决策的速度。企业运营最大的成本是决策成本,对于企业发展影响最大的也是决策。在宝塔结构的组织中,一个站在塔顶的人每天要进行很多决策,由于精力与时间有限,在完成很多工作后,很难有时间去认真分析和讨论下属部门的一个优秀的构思,使之很可能被放在不太重要的位置上而耽误了最佳的发展时间。在扁平化的学习型组织内,权力下放,一个部门自身就可以进行很多讨论和决策,而且随着一线部门的加入使得这种讨论更贴近市场,更易做出正确的决定。

其次,增加了组织内部的协调性。传统的企业结构是一种控制结构,即所有的指令都是由上向下的。在这种机构下，高层最主要的工作是根据情况进行决策，而下级最主要的工作是执行。在这样的结构中，下属各部门都是隶属于最高级部门，各部门都有各部门单独的任务，这就割裂了同级部门之间的联系，而合作的主要目的也是被动地完成任务。在这种结构上，一旦出现问题，责任很难划清，部门之间相互抱怨、相互不信任习以为常。在扁平化的学习型组织中，各部门之间的联系和合作具有一定的自发性。因为各部门自己的工作任务明确，相互之间纠纷就会减少，各部门之间信任增加，合作趋势也相应加强。如设计部门会主动与市场调查部进行设计方面的咨询与合作等等，同时在这种组织中，由于各部门摆脱了传统的干多干少都一样的模式，自己干得越好利益就越大，而这也直接增加了总体的利益，这种双赢模式使得企业各部门之间更加协调。

最后，知识领袖代替了权力领袖。在传统体制下，权力是真正的领袖。组织职位权力的重要性，决定了其在企业中所起到的作用。在这种模式下，权力领袖最大的工作就是决策，下属只需要接受领导的决定和意图而不可以进行改变，这在很大程度上限制了个人知识的发展。也就是说，整个企业更像是完成一个任务。在扁平化的学习型组织中，企业关注的中心已经不再仅仅是职务，而是知识。在这样的组织中，谁拥有知识、谁能有好的创意、谁能使公司获得更大的效益，便成为组织关心的重点。职务的权力已经让位于知识的作用，缺乏知识的人，即便有个高职位的身份，在组织中依然不会成为核心，而企业真正的核心是知识领袖。

二、互联网与企业供应链

互联网还影响着企业的供应链。供应链的概念是从扩大的生产概念发展来的，它将企业的生产活动进行了前伸和后延。企业最大的功能就是能够提供商品或者服务，也正是因为推出了产品或服务，才使得企业能够赢得利润。一般的供应链即是商品从企业进入消费者手中会经历的设计、生产、推广（宣传）、物流、销售五部分。之前已经讨论过互联网的互动设计与生产的全球化，在此，我们讨论营销即推广、物流和销售的现代化。

互联网对产品推广的影响。1.渠道的扩展。互联网的出现带来了信息的高速传递,传统的产品推广,大都停留在电视媒体或者街面的实体广告上,互联网的出现使得广告的推广渠道大大增加,而且伴随着互联网对信息的高速传递,一个小小的广告在世界上可以瞬间成为人们瞩目的焦点。2.概念的改变。公司的产品如果是香皂,那么推广的目的不是让别人知道香皂是什么,而是想办法让人们使用香皂。在信息技术发展的初期,人们需求的目标是为了更快的电脑,但现在小型上网本的出现颠覆了这一概念,也促使人们重新考虑推广的概念问题。3.推广方式多样化。以往广告的手段单一,基本使用画面和语音来作为主要手段。随着互联网的发展,全新的手段也不断出现。杜蕾斯公司经过调查,发现本公司产品推广的最大问题不是竞争对手的挑战,而是人们生活习惯的问题。在大部分情况下,其实人们更担心怀孕而不在意其他问题。因此,杜蕾斯公司在苹果手机上设计了一款免费软件,这个软件的内容本质就是一个电子宠物,模拟新出生儿童的日常生活。这一软件的出现和使用,改变了很多人的生活态度,也带来了杜蕾斯公司销售的增长。在图书类的销售上,现在一些书籍推广不是简单介绍作者的名气和图书的内容,而是直接采用了试读的手段。通过试读使读者更容易选择到自己喜爱的读物,既增加了读者的满意度,也增加了销售者的收入。

　　互联网对物流的影响。物流就是将物品从一地到另一地的运输过程。传统意义上的物流主要考虑在销售过程的货物运输,即以保障物品销售的运输即为物流。现在物流的意义更为广泛,不仅仅包括商品的物流,也包括了原材料供货商对于厂商的原材料的运输以及在大型跨地域企业内部的企业之间的产品与原材料的运输等等。互联网以及信息技术的发展对物流最直接的影响就是减少了成本。互联网的出现使得各地的物流可以统一管理,在运货出发的时候就可以提前通过互联网协调好返程的货物,改变了以往由于信息不足而导致的返程的空驶运输,同时通过互联网对于货物的合理配置,使得每个运输单位的运输效率都大大提高,因此对于企业来讲互联网的出现削减了成本。同时,由于互联网的出现使得物流已经不再是简简单单的货物配送,而是作为一个成熟的行业广泛出现在现在的经济发展中。传统意义上的物流企业,就是拥有运输工具、充当运输的企业。而现在的物流企业,是一个涵盖仓储、分配、运输等服务的综合型企业,有一部分企业由于其运输的便利性,成为著名企业的维修服务中心,这一特点也与国外企业的特点有关。在美国,如果笔记本电脑出现问题,很难像国内一样拿到维修点去进行维修,而一般都是通过用户邮寄到指定地点进行维修后再寄回给用户。由于几个州的电脑都要统一到一个地点进行维修,因此物流部门也就有成为售后服务部门的天生的优势。同时电子商务的发展是与物流的发展紧密结合的,我们熟悉的网上商城,最核心的服务就在于物流。商品从销售者交到物流的手中,物流的速度、物流对于商品的损坏都直接影响着商城的信誉。相信如果你在一个商城购物后,一个月才收到本来三天就应该收到的货物,那么这个商场的信誉在你心目中一定会跌到零点。因此,在信息时代物流也是电子商务发展的重要支持。

互联网对销售的影响。首先,互联网的出现增加了销售的渠道。传统的销售模式无外乎固定店面销售或者函购,函购由于先付款后交货的方式使得大部分人不愿承担因此带来的风险。网络购物已经在一定程度上取代了传统的购物方式。人们坐在电脑前面轻点鼠标,就可以享受免费的送货上门服务(虽然有运费,但是大部分时候会因为购物到一定金额而免去)和货到付款的方式,解决了人们必须去商店购物的一些困难,如节假日商场人多、交通拥堵等问题。随着这几年网络购物的发展,一些经营较好的网站逐渐树立了自己的形象,改变了人们对于网络购物这一新生事物的看法,成功地占据了相当的市场。从最开始的卖书,发展到百货,最后到零食和饮料,网络购物的商品也逐渐涵盖了人们日常生活的方方面面。其次,互联网改变了企业与个体销售的模式。传统意义上的消费者,其实还是个体的消费,无论是在现实商店购物还是在网络商城购物中,他们总会以零售价购买商品,而企业是以批发价买入而通过经营获得利润,但网络团购的出现改变了这一模式。这一新兴的购物模式马上得到了广泛的流行,它将众多的个体组成一个团体,通过团体的优惠价使得商家和消费者取得了共赢,虽然目前团购的发展没有网络商城成熟,但是这一发展的趋势还是不容小视,团购的发展必然是网上购物企业发展的新趋势。最后,网络购物改变了销售的思路。传统的销售就是销售商品,靠商品盈利,但是部分网络商城却改变了这一思路。曾经的一个网上商城，它的商品零售价格基本等于出厂价再加上物流的费用，有时候甚至比批发价还要低一些，这样的商城一出现，就在市场上引起了轩然大波，大量消费者涌入购买，购买之余大家都在考虑一个问题，企业绝对不等于慈善机构，怎么会有不盈利的企业呢？企业是盈利的，但是不靠卖商品赚钱。商场不靠卖商品赚钱，听起来匪夷所思，但其实奥秘就在于，它是依靠广大慕名而来的人们带来的浏览量，通过互联网上的广告赚钱的。这一模式在互联网上也不少见，商场是副业、物流是主业的企业也有不少，还有一些以卖商品为辅、卖服务为主，因此互联网改变了人们以往销售的思路。

刚才讨论了互联网对供应链的各个分支的影响，但对于整个供应链来讲，互联网也给它带来了巨大的影响——加速了供应链的运转。由于各方面效率的提高以及互联网带来的中间环节的减少，供应链的速度大大加快了。大部分产品的生产周期大大缩短了，最典型的应当数服装行业了。从最开始的一年更新一次的服装，发展到现在每周更新款式，速度提高了近50 倍。这样的高速度加剧了企业的竞争，也加速了弱势企业的淘汰，使得更能适应这种新环境的企业获得了更大的生命力。

三、互联网与企业发展趋势

（一）信息化趋势

互联网带来的最直接的影响就是增强了信息对于企业的影响。在信息时代，信息的获取与正确运用对于企业的发展起到了至关重要的作用。很难想象一个生产产品的厂家的收益会不如一个装配工厂，但是在信息时代这是可能的，这就是信息的力量。戴尔公司正是信息化最大的受益者。在1999 年，戴尔取代康柏电脑成为美国第一大个人电脑销售商。放在众多企业中最核心的问题就是市场的需求量是多少，生产规模应该是多少。预测市场需求量这一近乎不可能完成的任务，在信息化时代被戴尔公司非常完美地完成了，答案很简单也很不可思议——戴尔公司根本不预测市场需求量。戴尔的经营模式很简单，不需要额外的营销部门，消费者直接与厂商接触，购买后交费然后公司承诺几天后送货上门。在几天内通过从用户收到的款去购买零件进行装配,然后在指定的日期送货上门。这一行为真正做到了按照需求生产的最优化理论,而这一行为的核心是企业对消费者需求信息的掌握。同样,生产信息、原材料成本信息、市场条件信息等等,对于任一信息的忽视,都可能对于企业造成致命的伤害。在这一信息大量涌现的时代,信息对于企业发展的重要性具有至关重要的意义

(二)专业化趋势

传统意义上的企业,包括从设计加工到销售一条龙服务。信息时代的企业发展却不同,现在意义上的专业化企业相对于传统意义的兼容并包型企业有更大的生命力。信息时代的出现,改变了企业以往的整体做大的思路,而突出了专业化的意义,因为现在只有在某种技术领先的企业才能获得更大的利润。耐克是我们熟悉的运动品牌,但是这个我们非常熟悉的品牌,却自己根本不生产任何产品,它的核心工作就是进行设计和营销,生产则完全是根据设计图纸外包给生产厂家生产。它通过设计全新概念及推广这些概念而获得了成功,并且它继续投入巨资进入研发和宣传领域使他在这两个方面更加专业化。同样,在很多公司,管理也以外包的形式成为虚拟管理,如北京外企人力资源服务有限公司就负责了大部分在京外企的人事管理。丽兹卡尔顿公司也因其管理酒店能力出众而成为世界知名企业,世界各大城市都能看到其管理的酒店,但是这个公司没有大多数酒店的产权。信息时代的到来,使得企业的发展方向更加明确,专业化成为企业发展的方向。

(三)合作化趋势

在企业层面,由于社会分工,导致了生产的合作化。我们所熟悉的波音飞机的零件,就是由世界各地近百家不同厂商生产出来的。单独企业的运作与研究也越来越依赖其他的企业,企业之间的合作必不可少。信息行业与制造业的合作、信息产业与金融企业的合作等都屡见不鲜,随着互联网的发展,这一合作化趋势最明显体现在技术开发上。合作化在网络时代的发展源于两个方面。第一,现实之间行业合作的最大障碍就是担心自己的技术流失,而互联网的出现使得这一合作成为可能。互联网使得企业与企业之间的合作空间增大了。针对企业的专业化,网络化将每一个总目标分解

为若干小目标,然后将每一个小目标分配到具有相对研究优势的企业,最后运用计算机将各种研究成果整合完成总目标。这既增加了企业之间将最大的资源用于总目标的开发上,同时也不会担心自己的核心技术流失,将资源利用最大化。第二,合作不是企业最优的选择,因为合作的成果虽然可以获得科技最优化,但是由于合作大部分是临时的,不确定风险也很大。但在互联网发展的时候,很多企业由于资金、技术等问题都无法依靠自身的实力来进行研发,因此也促使了合作趋势的发展。如 2003 年出现的 IBM 和 AMD 的联合开发微处理器就是最好的例子。虽然这两家企业也具有相当的规模,但当他们分别研发都无法超越他们的对手英特尔公司的时候,他们选择了联合开发。在信息时代,全新技术的开发往往耗费较大,即使单个企业具有一定的实力,但出于风险原因的考虑,这种合作化也有相当的益处。

(四)创意化趋势

在信息时代,科技在企业发展中起着最核心的作用,而好的创意则是企业生存发展的关键。企业不单创造产品,还需要创意去让人们来购买商品。往往一个好的创意就可以使得企业扭亏为盈。在信息时代,由于互联网的出现,使得创意通过互联网这个平台被放大了不知道多少倍,也使得获得好的创意成为企业发展的关键。

任天堂公司是有名的游戏机生产厂商,但是自打索尼公司的 PS3 和微软的 Xbox 进入市场后,传统的格局被打破,这两家大公司不断地追求着的细致画面,并为此投入了巨额资金,在显示技术上,说任天堂公司落后两代都不过分。在大家都认为任天堂会就此退出这个舞台的时候,Wii 上市了,这真的是一个画面二流、游戏情节甚至不入流的游戏机,但是它成功了。自从 2006 年推出后,销售量一直力压另外两款游戏机,原因就是一个创意。这个创意就是把汽车安全气囊的监测器加入到游戏手柄,通过感应使得人在游戏时动起来,这一举摆脱了以往游戏机的模式,第一次将健康和游戏联系起来,也正是这一创意使得任天堂公司成功翻身。同时也正是这一个并不起眼的创意,为企业的发展起到了至关重要的作用。

(五)品牌化趋势

商品是企业发展的关键,但是商品在具有其自然属性(使用价值)的同时,又具有社会属性(价值)。在网络时代,这种社会属性的发展日益离开了自然属性。换言之,就是价格远远背离了使用价值。品牌作为一种价值逐渐成为商品定价最主要的因素,而这一主要因素就是互联网的出现和应用。互联网的出现使得品牌这一概念广为普及,20 年前的大部分青年人知道的名牌还仅限于耐克、可口可乐等国内市场出现的产品,而现在的青年人对于世界名牌基本如数家珍。互联网作为媒体,广泛地推广了品牌的概念,并且品牌的概念深深地改变了人们的消费观念。一件世界名牌的西服价值数万元,而完全相同面料的一般品牌只有几千元,从衣服的使用价值来看,名牌就会比一般品牌好吗? 不一定。但是穿上名牌赋予了人更多的社会意义,即富有、身份等。同时各种概念也蜂拥而至。用苹果手机就是时尚、开奔驰就是成功人士等。品牌化发展为企业带来了发展的新目标。

第三章 信息时代的政治发展

　　一个大型文档泄露及分析网站——维基解密网站曝光了关于突尼斯的一批文件,这批文件披露的内容包括该国总统的家族在实际上控制着整个国家的经济;总统女婿的豪宅里遍布罗马时期的文物;在国内,只要是总统家族成员看上的,无论现金、土地、房屋甚至游艇,最终都得落入他们的手中等等。全球最大的社交网站脸谱(Facebook)随之将这些信息传遍全球。最后的结果使得统治突尼斯国家23年之久的总统本·阿里政权垮台,总统本人也被迫逃到国外。虽然突尼斯存在失业率高、食品价格较高等问题,但突尼斯总体经济水平在非洲国家中还是比较高的。突尼斯这次革命性变革的发生,维基解密网站在很大程度上起到了催化剂的作用。一个小小的网站居然不费一枪一炮就摧毁了执政23年之久的政权,可见互联网对政治发展的影响是多么巨大。

第一节　互联网与民主政治

　　民主一词源于希腊字"demos",意为人民。民主最核心的目的就是大多数人能够共同管理国家事务,人民拥有最高级别的权力。这种形式既包括全体公民直接行使权力,也包括通过人民选出代表来行使权力。民主保护公众利益,因此民主是政治发展的趋势。

一、互联网与民主传播

互联网技术的发展为政治信息的传播提供了全新的途径。

（一）互联网使政治信息的获得便捷化

民主发展的一个重要因素就是增加民众的知情权。只有公民能够充分了解到政策信息和相关背景，以及政策实行之后可能带来的结果，才能做出正确的决策，行使自己享有的公民权利。如果公民对于政治信息缺乏足够的了解，那么就算他可以行使公民的权利，那也是不民主的。在互联网出现之前，人们通过报纸、广播、电视等传统媒体获得自己需要的政治信息，保证了自己的政治参与。

互联网的出现增加了政治信息传播的速度。在新闻报道上，传统媒体由于其自身结构与功能的限制，在播报的速度上已经远远不如互联网。很多最新的新闻都是首先出现在互联网上，尤其是在微博和手机互联网的普及后，很多新闻都能在极短的时间内就可以在互联网上流传，而且一些重要政治会议的决议也都会在第一时间上网，互联网逐渐成为新闻播报的主体，而传统媒体在更多的情况下起到了官方报道和评议评论的作用。

互联网的出现增加政治信息传递的准确性。传统媒体的政治信息报道大都经过多次信息传递，在信息传递过程中，每一次的传递都附加了传播者的主观因素，因此在政治信息传播到最后的接受者的时候，就很有可能使得信息面目全非。而互联网的发展改变了这一传播方法，信息技术的发展使得互联网的传播更加直接化，减少很多中间层次，在一定程度上提高政治信息传递的准确性。

互联网的出现与普及减少了获取政治信息的成本。通过报纸、广播、电视等传统媒体传递的政治信息都有一定的时效性，即在一段时间进行充分的报道。如果你想了解一些以前的政治信息，就需要寻找当时报道该信息的报纸和录像等等，在很多时候费时费力还无功而返。而随着互联网的不断发展和信息共享理念的影响，我们在互联网上只需要敲出简单的几个关键词，就可以搜索到大部分我们需要的信息，省时省力。

互联网的出现增大了控制政治信息流动的成本。传统的政府管理中，信息管理是政治控制的有效手段。因为通过对于信息的垄断，任何政治行为都处在受控制的范围内,外界甚至是国际社会对这些政治行为无法获得及时的了解,因此就无法进行评论或者干涉。但是在互联网上进行某一政治信息的控制,难度是相当大的。因为只要电脑和互联网相连,任何使用电脑的人不仅可以接收这个信息,还可以变成发布此信息的主体。因此政府只能在不长的一段时间进行信息的控制,而想根本控制住信息的传播,只有断开互联网,而这个成本是任何政府都无法承担的。因此,在另一个方面保证了民众可以获得其关注的政治信息。

(二)互联网使政治信息的来源多元化

传统媒体一般都是由国家主导,因此政治信息发出的主体一般都是政府,而接受者接收的大部分政治信息也是来自于政府的声音。由于传统媒体政治信息传递的方向是单向的,在这一情况下,政府可以较容易通过控制媒体来控制舆论。因此,政治信息的传播一般都是相对有利于政府的。而互联网的发展带来了政治信息来源的多元化。这种来源的多元化体现在互联网媒体的出现上。

伴随着互联网的发展,互联网作为一个全新的媒体继承了以往传统媒体的优点,并成为独立于传统媒体之外的更有影响力的媒体。互联网媒体由于其信息传递方向是双向的,因此人们在主动接受信息后,可以通过自身的理解与认识,将得到的新信息反馈到互联网上。这与传统媒体生成的信息有所不同,因为大部分这样的政治信息都是代表信息发布者个人或者一部分人的意见。我们经常可以看到人们通过互联网投票选举、评论政府工作、监督政府官员等等,都是这样的政治信息。因此,现在政治信息不仅仅是来自于政府,还来自于社会各阶层的人们,政治信息的来源逐渐多元化。

这种来源的多元化是一种逐渐去中心化的多元化。随着政治信息来源的多元化,政府对于政治信息的控制逐渐呈现一种去中心化的趋势,这体现在政府公布的政治信息不再是唯一的声音。维基解密网站传出来的声音不仅仅造成了突尼斯政局的动荡,还威胁到了如美国在内的众多发达资本主义国家政局的稳定;在互联网上,图片上的一包小小的天价香烟,就成为一个重大的贪污案件的引子;蒙受不白之冤的人可以通过互联网这一平台发出自己的声音来改变自己的命运。社会各阶层人民政治信息的声音正在逐渐变大,但是去中心化并不是说政府完全失去了发布政治信息的中心地位,只不过是因为现在出现了多个中心,政府的中心地位失去了绝对强势的位置,而变为相对的强势,即从高度集中控制转为分布控制。

这样的去中心化的政治信息的多元化,对民主政治的发展起到了推动作用。因为在传统的单向信息传递渠道中,政府是通过间接的途径了解公众的想法。随着互联网的发展,民众意愿可以通过互联网这个媒体表达出来,这样的公众声音的大量出现,有利于政府直接了解公众的政治诉求。这种了解的不断加深,可以使得政府更好地为公众服务。同时,公众在互联网中也可以根据自身对于政府和政治发展的理解,提出一些对于政府发展有利的对策和建议,增加了政府发展与完善自身的政治信息渠道,促进服务型政府的形成,促进了民主政治的发展。

(三)互联网使政治信息的交流国际化

传统的信息传递方式中,国外的一些政治信息尤其是那些不涉及国家大事的信息,很难通过这些媒体传递到人们的身边。而互联网的出现改变了这种情况。互联网的特点就是打破了传统的地域限制,使得国界的概念在互联网上逐渐模糊。人们在互联网上获得的信息已经不仅仅是各国政要出访、政策的颁布、政局的变换等等,世界上任何一个地方的人只要有意愿并且能够连接上互联网,就可以发表自己的政治观点,而且这一观点在理论上可以被世界上任何上网的人获知,因此互联网使得政治信息的交流国际化。

信息技术和互联网技术的发展使得世界在时空上的距离变小了,这种国家交往的模式对各国政治的发展非常有利。政治信息在互联网上自由传递,这也使得民主、平等这样的政治发展观念在全球范围内流行。在互联网上,政治发展具有模范性,即任何一个国家成功的政治发展都会给其他国家的政治发展带来一定的积极影响。在其他国家成功的政府执政模式,也会为本国政治的发展带来新的机遇和思考。当然,一个国家失败的政治发展也会给其他国家带来一定的警戒作用。如之前提到的突尼斯执政者的垮台,也使得其附近的非洲国家和阿拉伯国家重新审视自己的执政方针。

政治信息网络化的发展趋势在一定程度上促进了民主化进程。现在,在世界上任何一个国家如果发生了限制民主发展的情况,这个国家的政府不仅会受到来自国内的舆论压力,由于此信息通过互联网可以迅速传递到世界各地,同时它还会受到来自世界的压力。这来自四面八方的如潮水般的议论,对于防止专制政府的形成,保障人们的基本权益,发挥了一定的作用。

来自世界各地的政治信息也不简单是监督与谴责,这里面还有很大一部分是对于民主发展的认识与见解。现在世界各国政治体制各不相同,有君主立宪制、共和制、总统制、独裁制等等。目前还没有一个公认的最好的政治体制,每一种政治体制既有其优点,又有不可避免的弊端。现在,人们可以轻易地从互联网上了解到各个国家政治制度发展的具体情况。他们可以通过得到的政治信息,对于其他国家的政治体制发展进行分析和比较,探索一种适合自身社会政治发展的途径,促进了本国政治发展的民主化进程。

二、互联网与政治参与

民主的广度是社会成员是否可以普遍参与政治发展的决策,而民主的深度则是参与者是否充分的参与其中。互联网的发展很好地解决了这两方面的问题,既使得更广大的公民参与到政治发展中来,又使得人们对政治发展的探讨向更深层次发展,这体现在公众平等性和网民数量性两方面上。

(一)互联网的虚拟性带来公民的平等性

在互联网上使用主体的身份是虚拟的,这带来了公民参政议政的平等性。这种平等体现在三个方面。

1.身份的虚拟化。在互联网上,使用者的主体虽然还是现实中实实在在的人,但是由于匿名性的存在,互联网上个体的名字可能仅仅是几个字母或者是几个数字,也可能今天是一个名字而明天又换了另一个,因此谁也不能完整地把握对方的现实身份,这在一定程度上避免了等级制度带来的人们参政议政的风险。这使得人们可以完全按照自己的想法去发布政治信息,充分调动了公众政治参与的热情,为公民的政治参与提供了保障。

2.获得信息的平等性。互联网为个体提供了信息的平等。互联网这种全新的信息传递方式改变了只有少数人完全掌握信息的情况。所有的政治信息,只要被发布到互联网,无论你在何地,只要有一台能连到互联网的电脑,就可以全部了解。伴随着民主进程的发展,除了少数有关于国家安全的政治信息,绝大部分政治信息基本都已经在互联网上发布,因此自己能获取多少政治信息取决于自己的意愿和对该信息的把握。因此,所有人能获得的政治信息在一定意义上都是平等的,为人们提供了政治信息获取的平等权。

3.政治参与的平等性。互联网改变了人类社会现实生存的不平等性,它淡化了人与人之间的差距,如年龄差距、社会地位、职业、性别甚至学历等限制人们交往的、不平等的东西,为民众参政议政提供了平等的平台。我们看到在互联网上针对某一话题而展开的自由讨论中,社会名流、专家教授、在校学生、工人农民都可以在一个平等的环境内,通过自由抒发自己的意见来进行交流和讨论。同时,个体可以通过互联网,一改以往的逐层传递、逐层筛选的信息传递方法。社会成员不仅可以把信息发送给有关主要管理者或部门,甚至还可以直接发送给国家领导人或国家最高权力机关,这就为人们参政议政创造了良好的平等的条件。

(二)互联网的普及带来网民数量的增加

民主发展进程中有一个很重要的数据,就是公民参与数量。公民广泛参与存在很大的困难,这之间存在信息传递方面的问题,也存在诸如交通、住宿等等很实在的问题。如果组织一个上千人的民主讨论会,没有一定时间的筹备是很难完成的。而互联网的出现,使得上万人共同讨论一个话题变成了并不困难的事情,同时它还大大增加了网民本身的数量。伴随着手机互联网的出现,网民的数量飞速增长。

截至 2012 年底,我国网民规模突破 5.6 亿大关,达到 5.64 亿,互联网普及率攀升至 42.1%。互联网的普及在带来网民数量增加的同时,还带来了网民年龄结构的改变。互联网最初是作为高新科技产品出现的,在最先接触互联网的民众中,青年人因接受新事物能力强而占据了很大的比例。因此在互联网中的政治倾向明显偏向青年人,出现了一些有建设性的观点,但是也出现了一些偏激的观点,而且仅仅是青年人的观点并不能完全代表民众的政治诉求。现在基本上各个年龄段的人都已经接受了互联网,互联网已经不仅仅是青年人的舞台。数据显示,30岁以上各年龄段网民占比均有所上升,整体从2009年底的38.6%攀升至目前的41.8%。随着互联网的发展,各年龄段的网民比例应该呈现出趋同的趋势。在这种情况下,大家共同参与政治发展的讨论,不但有利于各年龄段人们之间不同政治诉求的交流和探讨,也使得互联网民主的发展更具有代表性。

三、互联网与社会结构

互联网促进了新中产阶级的诞生和意见领袖的形成。

(一)新中产阶级的诞生

教育对于政治的发展起到至关重要的作用。民主政治的发展更离不开教育,民主发展的进程和一个国家教育的普及程度以及教育发展的程度有直接的关系。只有拥有了高素质的公民,才有政治民主的发展。只有通过教育,才能使人们知道自己的权利以及如何去使用这些权利;只有通过教育,才能使人们能够了解民主的实质,而不是一般地、抽象地讲民主;只有通过教育,才能使人们正确认识到本国政治发展的现状,为发展献计献策。20世纪80年代,韩国进行的民主化进程中,高学历、高素质的人口结构被认为是最主要的条件之一。

互联网时代强调了知识的重要性,大大促进了教育的发展。计算机技术和通讯技术的普及应用,使得教育事业的发展有了技术的保障,教育已经不仅仅局限于传统的形式,各种各样的新式教育方式应运而生。远程教育的应用,使得偏远山区的孩子可以与城市中名校的孩子享受同样的教育资源,使教育的普及化大大增加。同时,这种发展方式也使得教育资源得到了整合,跨越了国与国之间、学校与学校之间的界限,使得某学科或者某领域最好的专家可以直接面对受教育者传授他们的最新成果。这样教育的结果使得人们素质提高,并且积极参与到社会的政治生活中,同时也促进了社会阶层的改变。

在信息时代,教育结构的改变直接带来了就业结构的改变。随着知识经济的不断发展,知识对经济发展的影响越来越大。传统的第一产业和第二产业的就业人数随着技术的发展,在总就业人数中的比重呈现出不断下降的趋势,而作为高新技术产业的信息行业,其从业者的数量和比例都不断增加。一个新的阶层正在慢慢形成,这个阶层不能简单地以拥有多少财产来划分,而是应该以教育背景来划分。这个阶层主要是由从事非体力劳动和受教育程度较高的人组成。高级白领、信息行业从业者、高校教师和学生等是这个阶层的组成部分。这个阶层的人们对于社会政治生活的需求较为迫切,会更加主动地发挥自己的能力,表达自身的政治诉求。这个全新的阶层,也通过自身学习过程中不断地吸收着新知识,提高自身的素质,成为新时代政治民主化发展的主力军。

伴随着全新阶层的出现,使得国家与社会之间的力量趋于平衡,减少了国家集权的可能;新阶层的发展由于其自身的特点,可以完成政府不能完成的工作,这在很大程度上与国家政治民主的发展形成互补之势;同时,新阶层还可以对政府的发展起到一定的监督作用。

(二)意见领袖的形成

信息时代促进了新阶级的形成,伴随着新阶级的发展,具有相同或者类似观点的人们逐渐形成一个个讨论群体。在群体与群体的交流中,意见领袖这一独特角色也随之出现。意见领袖是指那些在互联网上获得信息、并通过自己的分析和加工、经常为他人提供消息并对他人进行影响的人。伴随着社会的发展,意见领袖已经不再是一个陌生的词语,他们成为群体意见的代言人。

意见领袖是一个很特别的人群,他们影响他人一般不依靠传统的权力和地位,甚至是与之相反的,有一部分意见领袖生活在社会最底层。他们影响他人的手段比较多样,有的是依靠同事、亲属这样的亲密关系,有的是依靠他们本身分析的客观性,也有的是依靠个人魅力。意见领袖分布在社会的各个层面上,我们可以看到影响国家层面决策的意见领袖,也可以看到仅仅影响几个人的意见领袖。一般来说,能成为意见领袖需要有两个必要条件:第一,在相关方面拥有比较多的信息来源,能及时将自己的见解传播给受众;第二,在相关方面具有一定的知识能力,单纯的胡说八道是不能成为意见领袖的。用简单的话来说,只要你想说而且还有人想听,那你就可以成为意见领袖。在这两个条件之外,一般意见领袖还具有一定的社会地位、人际交往能力和责任感。这里所说的社会地位并不是绝对的社会地位,而是相对于他活动的圈子所占据的位置。一般来讲,社会地位相对高的人容易获得更多的观众,同时也更容易获得信息源。而良好的与人沟通协调的能力和同情心、责任感也都是一个团队领袖应该具备的素质。

在信息时代,意见领袖通过自身不断的发展,影响力逐渐增大,这表现在两个方面:一是影响范围广。随着时间的推移,意见领袖呈现出集中化的趋势,即在某一领域内,意见领袖的数量不断减少,但是每个意见领袖能够影响的人数却在不断地增多,有一些比较著名的意见领袖,他们的网页都会被上万甚至更多的人关注。很多情况下,网民如果想深入了解某一问题,他们更倾向于听取意见领袖的意见,从而去浏览他们的网页。同时,这种浏览不仅仅是简单的浏览,还有相当一部分人会将这一意见继续转载。因此,意见领袖真正的影响范围难以估计。二是支配能力强。意见领袖每天都会对其关注的信息进行整理,并及时地将自己的意见发布在网页上。意见领袖的观点之所以会被关注,原因还在于当前个人面对众多信息时,由于本身能力和其他限制,自己将选择信息和处理信息的过程交给了相关行业的专业人士——意见领袖。意见领袖的意见在一定程度上支配着关注者的行为,自身分析问题能力越弱的人,越容易被意见领袖所支配。这带来了另一个问题,就是意见领袖对于事件的干扰能力。如果某信息不符合该意见领袖的利益,意见领袖做出了负面的评价或者直接攻击该观点的话,对于这一观点的顺利实行也会造成一定的障碍。

因此,在政治民主发展的进程中,我们要积极倾听来自意见领袖的声音,努力发挥其积极的作用,避免其消极作用。

四、互联网对民主发展的负面影响

信息技术的发展极大地推动了政治民主的进程,但是也带来了一些隐患。

(一)数字鸿沟问题

数字鸿沟是指信息富有者和信息贫困者之间的鸿沟。信息富有者是指那些可以使用最新、最好的信息技术而获得丰富信息的人。而与之相对的,就是无法获得丰富信息的人。数字鸿沟作为一道屏障将他们分开,不幸站在信息贫困者这边的人们,由于拥有信息数量较少,因此很少能够参与到信息技术带来的变化中去。最明显的就是发达国家与发展中国家之间的数字鸿沟。发达国家由于其经济实力的原因,在信息技术的发展上占据了明显的优势,互联网生活已经成为绝大多数发达国家居民的一种全新的生活方式,但是有一部分发展中国家的居民甚至还没有使用过电话。信息技术的发展速度很快,发达国家与发展中国家的数字鸿沟存在着逐渐加深的趋势,这一趋势体现在经济等很多方面,不利于民主政治的发展。政治发展是需要建立在经济发展基础上的,但是发达国家和发展中国家的经济差距却在逐渐地被拉大,这会导致发展中国家对于信息化发展的担忧,不利于各国政治发展的合作与交流。同时,在一个国家内也存在着数字鸿沟。美国作为世界上信息技术最发达的国家,有超过九成的中央处理器(CPU)产于美国,视窗(WINDOWS)系统至今还占据着操作系统的绝对霸主地位,但是就是这样的一个国家,也存在着信息鸿沟的问题。至今,还有很多生活在贫困线以下的人们没有自己的电脑,无法负担得起并不高的上网费用。这就使得他们无法享受信息技术发展的益处,也无法行使自己的民主权利。因此,解决数字鸿沟问题成为信息时代政治发展的主要问题。

(二)技术极权统治

信息技术的发展造福于人类,人们可以通过互联网自由地表达自己的政治见解,但是其中绝大多数人只是停留在了解如何使用互联网这一工具的层面,他们处于信息技术金字塔的最底端。随着信息技术的发展越来越专业化和复杂化,只有少数技术精英能够站在金字塔的顶端,这些人的行为也影响着政治的发展。

首先,现在很多决策者需要利用收集到的信息来进行决策,而收集信息的程序或者技术正是由这些技术精英创造的。他们可以在互联网上根据自己的意愿改变或者设计某个程序,对于民意调查等进行一定的影响,使得结果有利于他们的支持者。在现在的选举中,电子投票被大量应用,确实提供了便利,但是也带来了隐患。在投票中多次出现黑客制造的木马程序盗取用户账户密码从而影响投票结果的事情。这样的情况严重干扰了政治的正常发展。

其次,传统的信息传递方式便于管控,而互联网这样的传递方式由于本身的特点,很难用传统方式管理。但是,技术精英的出现在一定程度上解决了管理的问题。他们可以通过其掌握的技术优势,使得一些信息在互联网上的传递受到限制。这种限制一方面是政府由于政治等原因而采取的,另一方面是技术精英本身限制对于其不利的言论。除了涉及国家安全和社会稳定等问题的信息外,不宜对政治信息的限制扩大化,否则不利于政治民主的发展。

最后,技术精英由于熟练运用了信息工具,其本身的影响力远远大于一般的公众,因此技术精英的意见在一定程度上影响了公众的意见。如果技术精英不代表公众的利益,转而与政府相结合组成新型的技术独裁政府,那对政治民主发展是一种灾难性的影响。如何避免技术极权的统治,成为新时期政治民主发展的重要问题。

（三）法制功能的弱化

目前,在国家范围内,政府的统治地位逐渐减弱,而社会自身管理的地位在逐渐上升。伴随这种情况出现的,是人们自由地发出自己的政治言论,积极地为政治民主的发展出谋献策,这是政治民主发展的体现。但是,并不是所有的人都以国家利益、民族利益为重,有为数不少的人利用互联网这个平台追求自身的不正当利益,有的甚至损害了国家和民族的利益,但是现有的法律很难对这种情况进行有效的治理,将肇事者绳之以法。

在传统意义上,犯罪嫌疑人的身份易于确认,确认后也有相应的法条对其惩戒。即使是跨国犯罪的罪犯,也可以通过引渡等手段将其绳之以法。互联网的出现为司法出了大大的难题。第一,网民的身份是虚拟的,虽然这有利于网民直言自己的诉求,但是这也使得一部分网民在虚拟身份的掩护下肆意传播非法信息。虽然我们可以根据 IP 地址来定位当事人上网时使用的电脑来进行查找,但是由于成本、技术等原因,只能对一些严重的行为进行处理,而对一些危害比较小的行为也无能为力。第二,在互联网上,存在着很多利用外国服务器对于第三国或地区进行的违法犯罪活动,这里面涉及司法管辖权的问题,到底应该哪个国家来进行管理,用什么法律来进行管理,都是目前的法律尚无法有效解决的问题。第三,互联网上信息的传递速度非常快,一条信息可能在几分钟内被转载数百次。这样庞大的信息量也使得我们很难判定谁是这条信息的始作俑者,从而增大了管理的难度。

目前,由于互联网法制管理不健全的问题,存在着一些严重的隐患。一些反政府宣传品在互联网上广为流传;毒品、武器等交易也因互联网而更加猖獗;甚至恐怖主义也利用互联网来组织其犯罪行为。正是由于互联网本身的一些特点,使得互联网犯罪成为建立法治社会面临的新难题。政治民主的发展是建立在法制基础之上的,解决了互联网的法制问题,是新时期政治民主发展的根本问题。

第二节　网络媒体与电子政务

1998 年 5 月,时任联合国秘书长的安南在联合国新闻委员会上提出,应当利用最先进的第四媒体,即网络媒体来进行信息的传播。它是继以纸为媒介的第一媒体、以电波为媒介的第二媒体、基于电视图像传播的第三媒体之后的全新媒体。而信息技术的发展也冲击着政府的治理模式,电子政务也成为政府在信息时代执政的新形式。

一、网络媒体及其形式

网络媒体以互联网为基础,同报纸、广播、电视等新闻媒介一起承担起了信息传递的功能,它在吸收传统媒体的优点、整合以往所有媒体功能的同时,又加强了它自身的功能和影响力。网络媒体的内容可以分为两个部分,一部分是传统媒体的网络化、数字化,比如报纸和电视新闻等节目都直接上网让网民浏览;另一部分是由互联网诞生的全新的媒体,这些媒体成为政治民主发展的推动力,影响力最大的包括论坛、聊天工具、博客和微博等。

论坛是最早出现的网络媒体形式,也就是一般意义上所说的电子公告板(BBS)。早期的论坛更像是一个互联网上的公告板,功能与校园等地区的公告板相似,主要是发布通知、传达信息的单向信息传递。当个人计算机普及之后,论坛这一概念才逐渐形成。现在的电子公告板更像是一个没有界限的咖啡厅,人们可以在这里自由地交流自己的想法。在这里,人们可以发布任何类别的话题,这些主题既可以是网站上刊登的一些新闻,也可以是人们身边正在发生的事情。在这里,各种各样的政治观点都可以自由讨论,左倾或者右倾的政治观点在这个平台上自由交锋。与论坛功能类似的还有网络社区,人们可以在社区内浏览或者发表言论。论坛具有公开性、自由性、广泛性特点。首先,论坛的内容是公开的。虽然很多论坛和社区都需要用户注册,但是注册非常简单,而且注册后就可以浏览绝大部分页面。其次,论坛的生活非常自由。登陆后的用户可以自由地发言,除非涉及一些违法言论,一般不会被禁止发言。最后,论坛和社区注册用户人数众多。在这里,一个热点问题经常会有数以百万计的关注。2010年10月发生的小悦悦事件,在不到一个月的时间内小悦悦原帖的点击率已经超过4600万次,回复数量已达到10.5万多条。著名的交友网站脸谱(FACEBOOK)的注册用户已经超过5亿。正是由于这些特点,使得论坛成为网络媒体的基础。

聊天工具又称为即时通讯工具,是一种可以让公众在互联网上聊天、交流的软件,通过这种软件可以使地球任何地方的两个人跨越时间和空间,利用互联网进行即时交流。随着传输带宽的增加,这样的交流已经不仅仅限于声音的交流,还包括了图像的交流,使得即时通讯工具摆脱了传统意义上廉价的电话的概念。它为人们提供了更简便的沟通方式,增强了他们信息共享和沟通能力。伴随着聊天工具的发展,传统的一对一的聊天方式逐渐变为群体聊天的方式。这种群体的组成方式多种多样,既包括对于某一问题具有相同或相似见解的人们可以组成针对这一问题的讨论群体,也包括现实中亲属或者同学之间组成便于联络的生活群体,还包括很多其他各种各样的群体。这种群体讨论具有与论坛讨论不同的特点。第一,即时性。论坛的讨论经常会持续一段时间,少则几天多则数月,每天都会有不同的人们对同一帖子进行讨论。而讨论群体最大的特点就是即时性,因为所有关心这一话题的人在短时间内都会发表自己的意见,因此这样的讨论更像现实中的会议。这一方式便于在短时间内解决问题,特别是一些比较紧迫的问题。第二,不公开性。不同于论坛,这样的讨论群体一般都会有一个或者多个管理员来对群体内的成员进行管理,新成员的加入需要获得他们的批准。而针对某一话题的讨论,一般内容仅限于群体成员之间,不会被非群体成员获得,具有一定的隐蔽性。第三,深入性。论坛的讨论一般都停留在表面层次,而群体的讨论比较深入。因为一些群体成员在现实中都是朋友或者相互认识,因此对于某一问题更敢于发表自己的观点,同时群体成员一般都具有相同或相似的教育经历和知识背景,也使得对于问题的讨论更易深入。

论坛和聊天工具组成的网络媒体属于非中心化的以讨论为主的媒体,而博客和微博则是一种以信息发布为主的媒体。

博客(BLOG),又称为网络日志,是一种由个人管理、不定期张贴新的文章的网页。博客最初的出现在一定程度上取代了传统的日记,人们在博客上记录了一天或者几天的经历以及自己的一些看法,当时博客最主要的功能还是自由表达自己的见闻。随着博客的发展,其内容也从个人日记逐渐发展到照片、诗歌、散文、小说以及对现实的评论与分析等等。博客已经逐渐成为家庭、朋友、同事之间越来越盛行的沟通工具。博客相对于论坛和聊天工具具有以下优点:第一,直接性。在论坛、讨论群体上由于有很多的信息回复者,很可能造成部分发言者的内容被讨论者忽略,而博客是信息发布者的空间,其他浏览者可以通过浏览该页面直接了解到信息发布者的观点。第二,主体性。论坛、讨论群组的讨论是一种没有中心的平等讨论,在很多情况下并没有一种居支配地位的观点,而博客上的信息发布者直接写出他自己对于一些问题的看法与建议,虽然会有很多正面或者负面的评论,但是并不会直接影响到内容的主体性。同时,博客还具有和论坛一样的公开性,人们可以发表自己的博客,也可以阅读别人的博客,这实际上是一种知识、观点在互联网上的交融,通过对各种不同看法的了解,加深自己对问题的深入理解。目前,博客更像是一个热情好客的主人家的客厅,已经成为深度交流沟通的一种新方式。

微博实际上就是微型博客,它是可以通过手机或者其他IM(即时通讯)软件发送的微型信息系统,其内容一般不超过140个字符。随着手机3G网络的流行,由于微博自身的特点,它已成为当今时代影响力最大的网络媒体。第一，微博的使用具有便捷性。博客的写作大都需要在电脑上进行，而微博的写作既可以通过电脑，也可以通过手机等其他方式来进行。这使得人们在上班的途中、工作的间隙便可以自由地发布微博客，摆脱了以往的限制。第二，微博对于使用者的要求降低。传统的博客版面一般来说都有数百字，有的甚至上千字，这对于普通网民来说有一定的难度，而微博本身限定了140字的上限，对用户的文字素质要求大大降低，大量的原创小段在微博上流传，这在一定范围内，使得普通百姓与著名作家处在了同一起跑线。第三，微博是一种主动的关注。博客的关注属于一种被动的关注，即博客写出来之后，关注人数只有通过观看者的数量来决定。而微博却不同，在微博界面有一个明显的数字就是关注量是多少，这个关注量说明了有多少人关注你的微博。当一个人发布一条新的微博信息时，这条信息也会同时发布在关注者的微博中，使其了解到被关注者的最新信息。微博的出现还大大增加了新闻的传播速度，因为当事者可以用手机在第一时间将信息传递到互联网上。在无图无真相的网络媒体中，手机照相和视频等功能都使得新闻的可信度大增，也给政府应对突发事件增大了难度。

二、网络媒体与民主发展

（一）网络媒体对民主发展的积极影响

网络媒体对于民主的发展一直存在一定的争议。有人认为网络媒体推动了民主的发展，而有的人则认为网络媒体仅仅是一种技术手段而已。笔者认为，网络媒体在电子化、信息化的基础上，在一定程度上促进了民主的发展。

"强国论坛"、"天涯社区"都成为人们讨论国家如何繁荣富强的重要阵地；各种各样的意见领袖都利用博客发表自己的观点，引导着人们民主思想的进步；微博的出现更是在第一时间报道社会出现的问题，让人们以最快的时间了解事件发展的具体情况。网络媒体的出现，大大激发了公民表达自己政治观点的愿望。网民可以通过它们直接表达自己对公共事务的看法，网民参政议政的热情不断高涨，而网络媒体也成为公众实现知情权、参与权、监督权的重要渠道。

　　网络媒体增加了公众的参与度。网络媒体的出现一改以往传统媒体的被动参与形式,无论是想表达自己的观点,还是想倾听别人的意见,或者是想对某一问题进行讨论,在网络媒体上都能很容易得到满足。同时网络媒体具有传统媒体所不具备的海量信息,在这里你几乎可以找到想关注的任何问题。最重要的是,信息技术带来的信息获取成本大大缩小,激发了人们获取信息的热情,为网络公民参与提供了重要条件。

　　网络媒体确保了公众的话语权。现在大部分网民了解新闻还是会选择主流新闻网站。但是这类网站并不是唯一的选择,他们还可以从其他的领域获得信息。这些信息不一定是政府公布的信息,也可能是每个人根据自己的见解发布的消息。在美国大选期间,总统候选人都会在各州进行造势拉票。在这期间,还有很多非官方人员,他们用自己的相机、摄像机等设备,把和选举相关的一幕一幕记录下来,按照自己的观点和思路,将这些信息公布在互联网上,以影响选民的最终选择。由于这些信息大部分都是客观和有说服力的,在一定程度上会影响选民的选择。

　　网络媒体增大了公众的影响力。网络媒体的出现加大了人与人之间的联系,对于一个问题可以在短时间内获得数量极大的意见,对政治的发展起到了重要的作用。伊拉克发生的虐囚事件已有数年之久,但直到著名的维基解密网站向全世界公布了一份美军虐囚的文件,才使得这一问题真正获得了重视,而这一切正是因为全世界人民的关注与影响。现在我们也经常可以看到,一些受到了不公平待遇的人们,把自己的经历放在网络媒体上,从而获得了大量网民的支持,最终摆脱了困境。

　　(二)网络媒体对民主发展的消极影响

　　(1)网络推手与网络打手的出现。网络推手其实就是互联网上的策划师,是能使某人或某企业在互联网上出名的人。网络打手,通常是一些被雇佣人员,用各种片面、偏激的文字来诋毁竞争对手的人。这两种人的出现对互联网上民主的发展带来了消极的影响。无论是网络推手还是网络打手,他们工作的目的都不是为民主服务,而是为资本服务,也就是说他们更像是一个雇佣劳动者,拿雇主的钱为雇主办事。这种以金钱为上的态度,严重影响了民主的发展。只要付一定数量的金钱就可以通过网络推手将其变成网络名人,而对于侵害了他们利益的一些正确的评论和批评却被网络打手攻击、污蔑。网络推手和网络打手的各种炒作对于大众有很大的迷惑性和干扰性,使大量网民辨不清真相,从而在错误言论的引导下越走越偏离民主的方向。

(2)过度自由化。人们的自由都是相对的,是在法律和道德的基础之上的。而由于技术等原因,法律和道德在网络媒体上缺乏控制力,导致了人们在互联网上过度自由化。人们通过网络媒体自由地获得信息的同时,也会遭到黑客的侵袭、电脑病毒的侵害、隐私的被侵犯。我们看到很多网络维权实际上是变相侵犯了别人的权利,比如轰动一时的艳照门事件,人们谴责的对象都是当事者的恶劣做法,对于揭露他们隐私的人们,不仅没受到谴责,反而还有人将其称为敢于揭露黑幕的自由斗士。同时,在互联网上,个人的喜好也被无限放大,很多个人都用个人的喜好作为事件评论的根本标准,一旦事件没有得到其预想的结局,就在互联网上恶意攻击本来客观公正的事情。更有极端的自由主义者甚至宣传无政府主义,认为政府任何的管制都是对民主的干涉。这实际上都是在干扰民主的正常发展。

(3)网络民主的表面化。在互联网上,网络反腐的作用相当明显,南京某局长因为一句将查处低于成本价卖房的开发商,而被网民人肉搜索,随后查出该局长贪污腐败,最后该局长因受贿罪被判处11年有期徒刑。就本次事件来说,网络反腐作用确实很大,但是随后出现了一个奇怪的现象,作为曝光该局长的天价香烟并没有因此而失去市场,反而因为其天价的标签在当年脱销,成为送礼的全新身份象征,同时其他高档香烟的销量也都明显增加。这个现象确实让人咋舌,但也反映出网络反腐的表面化。如果该局长不发表那句不当言论,就可能不会被人关注并被人肉搜索,也就不会锒铛入狱。而且在互联网上真心反腐的网民还属于少数,大量网民还是属于跟风和围观,他们有的甚至不了解具体情况就发表自己的言论。而且网络反腐更多的是就事论事,热衷于抓出贪官,而不热衷于思考如何从制度上根治腐败。不单单在反腐败上,在其他网络监督的领域也存在这样的情况。因此,网络民主的作用大打折扣。

（三）网络媒体如何发挥积极作用

（1）提高网民的素质。网络媒体是一种全新的技术工具和信息传播方式，网络媒体的发展本身与民主没有必然的联系。互联网本身不具备价值判断能力，不能辨别什么是对、什么是错，真正起决定作用的还是网民。民主的产生与发展是有一定前提的，首要前提就是理性。人们要充分了解自己的需求，并理性地表达自身的诉求。而当前互联网上，各种非理性的要求层出不穷，很多要求完全是无稽之谈，还有很多要求是损人而不利己的。在这种背景下，政府自然不能根据这样的要求制定政策，网络民主的作用也大打折扣。最根本的问题，还是传播主体之间素质的良莠不齐。只要识字的人基本上都可以变成网络媒体的使用者。政治民主的发展需要高素质的人。如果一个人连民主是什么都说不清楚，又谈何民主发展呢？但是互联网上有很多大谈民主发展的人并不知道真正的民主为何物。同时，互联网的自由性导致党同伐异的现象很常见。很多讨论并不是理性的，而是为了否定而否定的攻击。网络虽然大大促进了民主的发展，但是教育和人们素质的提升却没有跟上互联网发展的速度，因此只有提升网民素质，才能更好地发挥网络媒体的作用。

（2）重视政府的作用。网络媒体虽然大大推动了民主进程，但是也应该看到，网络媒体最主要的功能是监督，在大多数时间内它只是起到了导火索的作用。网络反腐等虽然体现了网络媒体的作用，但只是局限于发现问题和关注后续进展的层面。最关键的步骤，即对当事人的调查取证、拘捕和判刑都是由政府部门进行的。现在，很多人刻意夸大网络媒体的作用，肆意运用网络媒体中的各种便利，妄图替代政府对目标进行制裁，江湖追杀令等等的名词应运而生。在很多情况下，这些行为都是在道德的掩盖下进行的非道德行为，如公布个人隐私、电话骚扰等，甚至还有少数居心叵测的人进行敲诈等非法行为。由于没有法律的约束，很多行为对当事人造成了极大影响，甚至谈网色变。这些现象极大地阻碍了网络民主的发展。网络媒体应该充分发挥其监督优势，而将执行交给政法部门。即使有一些判决不公的情况出现，网络媒体也可以充分发挥其监督作用，将广大网民的意见充分反映给相关部门。只有与政府部门充分合作，才能更好地发挥网络媒体的监督作用。

三、电子政务的出现与影响

伴随着互联网的不断发展,公众对于政府的网络化要求不断增强,信息技术的发展也冲击着政府的治理模式,呼唤着电子政务的出现。

(一)电子政务出现的必要性

(1)电子政务的发展是迎接信息时代挑战的需要。经济的发展决定着政治的发展,随着信息时代的到来,信息与信息技术成为促进生产力发展的重要要素。信息时代给传统政府治理方式与手段也带来了极大的挑战。传统的政府结构呈现金字塔状,信息无法顺畅地进行传达,政府的决策都是由高层人士决定,公众无法了解具体的决策过程,也无法提出自己对于决策的意见与建议,政府和公众不能进行有效的交流。随着网络媒体与网络民主的不断发展,对于政府信息公开的呼声越来越高。同时,政府也希望能与公众进行即时沟通与交流。因此,政府的信息公开、政务公开是大势所趋,电子政务的发展已经成为目前政府发展的重要手段。

(2)电子政务加强了政府与公众的联系。电子政务为政府与公众的沟通提供了基础。电子政务的出现是政府管理的一种全新方式,通过把先进的信息技术和管理技术运用在政府管理中,扩大了政府工作的内容,带给政府一种全新的开放式的管理模式,促进了政府结构的扁平化进程,使得中间层次明显减少,并把政府部门的人员构成、职务分析、业务流程、法律法规等大量信息公布在互联网上,从而使得政府的透明度增加,也使得公众对于政府的了解不断增加,便于政府部门与公众的沟通。

电子政务使政府和公众沟通更加便捷。现在,各级政府部门基本都拥有自己的网站,在网站内不仅公布政务信息,还有专门的平台用于和公众的交流。在这里,可以组织网上的民意调查,可以组织听证会,也可以征求对于未来工作的意见。这就使得政府与公众的信息交流更加直接,也为公众开辟了参政议政的新渠道。同时,政府网站一般还会公布相关领导的电子邮箱,可以直接听取公众对政府工作的评价,一改以往严格的逐级上报制度。同时,主流网站也纷纷邀请政府官员做客,与网友进行面对面的交流。

电子政务使得公众与政府真正做到了没有中间环节的直接的平等的对话。

（3）电子政务的出现增强了政府的执政能力。一方面，政府通过发展电子政务，不断促进着经济的发展。在信息时代，政府已经不仅仅关注经济在量的方面的增长，而更加关注经济在质的方面的改变。同时电子政务使得政府的工作更加细致、谨慎。电子政务的出现，使得网络媒体的监督作用得到了充分的发挥。任何一个新的政策，从设计、公示到最后的颁布，都充分得到了公众的讨论，任何一个不合理的地方，都会遭到来自互联网各处的压力。而且，电子政务的监督不仅仅来自于国内，还有来自国外的舆论。在很多情况下，一些明显违背民主的规章制度的制定，在本国公众的舆论意见不起作用时，外国的舆论也会加入声讨的行列。这在一定程度上促进了民主的发展。

（二）电子政务的内容与特点

电子政务的出现是信息时代政府发展的必然产物。对于电子政务，有多种说法。联合国经济社会理事会将电子政务定义为政府通过信息通信技术手段的密集性和战略性应用组织公共管理的方式，旨在提高效率，增强政府的透明度，改善财政约束，改进公共政策的质量和决策的科学性，建立良好的政府之间、政府与社会、社区以及政府与公民之间的关系，提高公共服务的质量，赢得广泛的社会参与度。世界银行认为电子政务主要关注的是政府机构使用信息技术，赋予政府部门以独特的能力，转变其与公民、企业、政府部门之间的关系。这些技术可以服务于不同的目的：向公民提供更加有效的政府服务，改进政府与企业和产业界的关系，通过利用信息更好地履行公民权，以及增加政府管理的效能等。

电子政务实际上是由办公自动化与政府信息网络化组成的。办公自动化是指利用计算机技术、通讯技术等，完成数量庞大的工作。办公自动化是信息技术第一次用在政府部门的内部，在提高其工作效率的同时，也为电子政务提供了基础。政府网络化是以克林顿政府的"信息高速公路"计划为开端的。通过政府在互联网上的信息共享，美国于1993年在全世界率先使用了电子政务。之后的布什政府也颁布了电子政府战略计划，把电子政务打造成一个以公民为中心的政府服务模式，现在电子政务已经是各国政治发展的趋势。

电子政务按照其工作内容来划分，可以分为政府间电子政务、政府与商业机构间电子政务、政府与公民间电子政务以及政府与雇员间电子政务。

电子政务与传统政府工作方式相比具有以下特点：

电子政务摆脱了以往政府工作的现实平台，是建立在互联网这个平台上的虚拟的政府管理方式。电子政务首先带来了平等性，这种平等首先是官员和公众的平等。在传统政府中，或多或少都会存在一点官僚作风。而在互联网这个平台上，官员与公众都处在一个平等的地位上。还有一种平等就是公众之间的平等。现实中存在种种这样那样的关系，导致两个不同背景的人去政府办理同样一件事情受到不平等的对待。而在互联网中，人和人之间由于现实身份的消失带来了相对的平等，他们可以同时在互联网上提出相同的诉求，并获得平等的对待，同时他们还可以获得同等的资源。

电子政务由于以互联网为基础，利用互联网的一切优点，利用信息技术的发展，使政府办公现代化的进程不断加快，提高了政府的工作效率。同时，电子政务真正做到了全天候为人们提供服务，公众可以在任何时候浏览政府工作信息，并随时随地提出自己的见解。

电子政府摆脱了以往政府金字塔式的组织结构，形成了一个独特的扁平化结构，从而大大减少了政府的中间环节。它使得人们可以直接发表个人见解，提出自己的意见，甚至直接参与一些问题的决策。同时，由于少数人就可以完成以前多数人的工作，因此大大节省了政务开支。同时，网上采购、民意测评等全新方法的出现，也大大减少了人力与物力支出。

电子政务比传统政务更加开放。电子政务通过互联网，打破了交往的限制，将政府与政府、政府与企业、政府与公民紧密结合在一起，提高了政府的沟通效率。通过政府信息的公开化，使政府工作更加透明，使民众更容易对政府进行监督。

（三）电子政务对民主发展的重要作用

（1）加快政治民主化。邓小平曾经指出，没有民主就没有社会主义，就没有社会主义现代化。因此，民主是政治发展的重要方向，电子政务促进了政治的民主化。

电子政务为政治的发展创造了一个公平开放的环境。在这个环境中，人人都是平等的，在这里无论观点多么的特立独行，都可以有自己的一席之地，这里为人们提供了自由发挥政治智慧的舞台。

电子政务的出现大大增加了民众参与政治的热情。一个较为规范的讨论环境逐渐形成。在电子政务中，肆意打压他人意见的情况在一定程度上得到了抑制，从而点燃了人们参政议政的热情，利用各种可以参与的机会，积极表达自己的观点；同时也让人们获得了一种信念，即他们的努力确实能够影响到国家和政府的发展。这让人们积极参与到监督政府政策执行和电子民意调查等工作中去，实现了公众对于政治发展的广泛参与，促进了民主的发展。

（2）促进政治清廉化。政府是否清廉是衡量政治发展的一个重要指标，腐败严重的政府一定是不民主的政府。而电子政务的出现促进了政治清廉化。

政治的腐败大都源于政府工作人员滥用手中的权力。在传统政府结构中，公众不能完全得知工作人员的权利范围，因此无法从根本上解决腐败问题。电子政府的一个重要标志就是将政府工作人员的所有权利告知公众，这既有利于公众监督政府工作人员，又有利于遏制腐败情况的发生。

电子政务大大简化了以往的办事手续，并通过严格的规章制度规范了工作人员的权力，很多地方都出现了一站式服务，即以往需要多个部门解决的问题，现在在一个办事窗口就可以统一解决。以往办事都要经过人与人的多次交流才能办成，现在改为人机交流后，大大减少了暗箱操作的可能，封堵了腐败滋生的渠道。同时，电子监控摄像头的广泛使用，也在一定程度上遏制了腐败的滋生。

电子政务的出现，使得人们可以自由评论政府工作人员。由于网络媒体监督的存在，工作人员会给予公众更良好的服务，因为一旦出现办事拖拉的情况，就会被网民在互联网上将其公示，这使得政府效率进一步提高。同时电子政务可以及时地追踪诸如腐败等群众关心的大案要案，通过对腐败问题的追踪报道，既体现了政府与腐败作斗争的决心，也增强了人们对政府的信心。

（3）推动政治科学化。进入信息时代，政治的发展必须与科学相结合，因此政治科学化势在必行。

政治科学化首要的问题就是政治决策的科学化。电子政务为决策的科学化提供了大量鲜活的一手信息，即网民们的直接意见，通过对这些意见的分析，可以使政府决策更加科学；电子政务使得决策过程科学化，它一改传统的领导说了算的模式，使政府管理者、专家学者和公众共同参与决策；电子政务带来了工具的科学化。现在的决策需要大量数据和运算，因此先进的工具也起到了重要的基础。

政治科学化还带来了政府职能的科学化。传统意义上的政府就像一个大管家，管理着整个社会的运行。在信息技术广为发展的今天，在全球化浪潮的冲击下，政府的目的已经从管理社会运行转化为如何更好地为人民服务。电子政务由于其便捷、直接、公平等特点，使得政府能够顺利地从管理者向服务者转型。

（4）实现政治法治化。如何推进法治化进程是政治发展的重要难题，电子政务的出现促进了政治法治化的发展。

电子政务促进了相关法律法规的制定。为保证互联网上的言论自由，美国通过了《1996 年电信法案》，明确反对法律不当限制言论自由，但同时宣称不放任不正当言论。2000 年，克林顿总统以电子签名方式签署了《电子签名法案》，该法案的确立使得电子签名第一次在美国获得了和书面签名同等的法律地位。为了保护未成年人免受互联网的伤害，法国出台了《未成年人保护法》，从重处罚利用互联网腐蚀青少年的行为。日本出台了《交友类网站限制法》，要求父母必须尽到监督子女的义务。我国也相继出台了《计算机信息网络国际联网安全保护办法》与《互联网电子公告服务管理规定》等法规。

电子政务也体现了依法执政的理念。由于电子政务在创立之时就已经明确了政府工作人员的权利和义务，使得政务工作程序化、规范化、制度化，工作人员只能按照规定进行办理，不符合规定的信息是无法通过电子系统的，这就使得政府的工作减少了人为因素的干扰。同时，电子政务的出现也完善了检查、审计等政府自律部门，实现了政府的法治化发展。

第三节　互联网与政府治理方式

互联网在中国已经蓬勃发展了 20 年,也使得网络媒体得到了发展和完善。在网站的建设上,既有以政府部门为背景的人民网、新华网等,也有纯商业运作的新浪网、搜狐网等,还有一大批具有一定影响力的中小型网站。在论坛社区方面,既有大型综合网站类的社区,如网易社区、新浪社区等,又有全新的大型网络社交平台,如天涯社区、人人网等,还有中国选举与治理网等一批专业讨论某一方面问题的论坛。腾讯 QQ、UTALK、YY 等即时通讯工具成为人们交流的新方式。博客在 2000 年就已经进入了中国,但起初业绩平平。直到 2004 年,博客上出现的木子美事件,才让中国民众了解到了博客的作用,并逐渐开始使用博客。次年,原本并不看好博客业务的各门户网站,纷纷加入博客的阵营,使得博客在国内迅速流行起来。这些网络媒体的发展,为广大民众参政议政提供了新的渠道,大大增强了人们参政议政的积极性,也大大促进了政治民主的发展。

一、网络媒体在中国的发展

网络媒体在中国的发展已近 20 年,出现了论坛、社区、博客等网络媒体形式。随着 3G 网络的应用,微博这一全新网络媒体形式逐渐被人们所了解和应用。由于微博使用的便捷性,在较短的时间内就成为具有巨大影响力的网络媒体之一。关于论坛、社区、博客等网络媒体此前论述较多,这里主要对微博这一全新网络媒体的发展作些分析。

(一)微博在中国的出现

微博最早出现的形式是"推特"(Twitter),是即时信息的一个变种。它不仅使用户将自己的最新动态和想法以短信息的形式发送给个人,还能将之发送到网站上。推特对美航飞机坠河事件的报道,超越了美国著名媒体《纽约时报》,第一次让世人了解到了微博的作用。美国一位叫做 Krums 的推特用户在飞机坠河时就在事发地附近,于是他立刻拍照并将照片和报道发到了网上，随后其他推特用户也不断更新消息。直到 15 分钟之后，纽约时报才做出了报道。微博的出现，极大地促进了信息文化的共享。

在中国，第一批有影响力的微博网站中除了"推特"，就要数"饭否"了。与"推特"相比，"饭否"为大多数不习惯用英文的中国用户提供了更好的选择。微博在中国登陆之初，就让我们看到了其巨大的影响力。

（二）微博在中国的发展与作用

继新浪微博上线之后，搜狐、网易、腾讯等网站也已经开始了微博的内测运行。《中国微博元年市场白皮书》指出，至 2010 年 6 月，国内微博用户的月覆盖人数已经达到了 10307 万。微博现在被网友称为"围脖"，"今天你'围脖'了吗"已经悄然成为一句流行的问候语。微博通过手机传播信息，与传统方式相比具有传播更迅速的特点，同时其本身对传递者素质要求的降低，使得大量非专业媒体人员在应对突发事件的时候采用了微博的形式。

作为网络媒体的新形式，微博在扩大人们社会关系、使人们关注其内容的同时，在对重大事件的报道以及为人们排忧解难方面发挥着重要作用。玉树地震，微博在第一时间传递了震区现场信息及地震的相关信息，包括救援进展情况、震区所缺棉衣等生活必需品、专家对震情的分析等等。这些信息借助微博这一平台不断发出，经网友转发，迅速传播。人们根据微博上的信息，不仅了解到玉树的震情，而且根据相关信息制定抢险措施，极大地提高了抗震救灾的效率。此外，微博不仅能够在社会重大事件中发挥重要作用，而且对个体也能发挥重要作用。例如，当浙江师范大学外国语学院一位老师在分娩时，血小板降低，急需 AB 型血小板，通过常规渠道无法在数天内获得所需血小板。于是该校老师通过微博发布了这条救命信息。信息一经发出，便在当地引发巨大反响，仅仅过了 4 个小时，就找到了与之相配对的血小板，挽救了两条生命。

微博在扩大人们社会关系范围的同时，还对一些事件的产生和发展发挥着巨大的影响。这种影响力并不是微博本身所具有的，而是通过它将每个人的力量集合起来，从而形成的一股巨大的合力。

《凤凰周刊》记者邓飞在新浪微博上转发南昌昌北机场围堵上访事件之前，钟如九还只是一个不知名的人物，她的职业是南昌地区的一个服装销售员。大家对她的了解,也只是一个因为家人以自焚方式抗议拆迁而要去北京上访的普通人。在新浪微博的直播报道下,钟如九迅速成为人们关注的焦点。中青在线法治频道联手人民网舆情监测室和天涯社区发布了2010年的年度微博人物,钟如九被授予了维护权益奖。由《潇湘晨报》记者杨抒怀拍摄的江西宜黄拆迁自焚事件受害姊妹在医院的照片,被评为人民摄影"金镜头"2010年度新闻摄影作品年度最佳照片。

作为网络媒体的新形式,微博还具有极强的时效性。2010年9月26日,钟如九在新浪微博上发布母亲病危的求救信息。某网民发现这一求救信息,并向解放军总医院烧伤整形医院(原304医院烧伤整形外科)传递求助信息。解放军总医院烧伤整形医院收到求助信息,表示医院愿意全力配合。次日凌晨,媒体人"邓飞"在寻找专家之际,在微博上全程"直播"了此次"联合救援"。在另一位阅读此微博求救信息的网民的帮助下,北京市红十字会表示,用于急救转运的专用飞机随时可以承担转运任务。但是会诊的邀请函无法在深夜及时发送,网友经过各种努力,终于在深夜联系上相关负责人并在一早发出邀请函。27日下午,解放军总医院烧伤整形医院的烧伤科专家柴主任就登上去往南昌的飞机。28日,钟如九的母亲通过会诊建议,顺利转入304医院,接受最好的烧伤治疗。

作为一种网络媒体的新形式,微博已经成为全新的平台,我们无法忽视这个平台带来的巨大影响。微博在有限的时间内以一种全新的方式将人们联系在一起,扩大了人们的社会关系,对社会重大事件和个体事件都发挥着前所未有的影响力,为人们广泛地参与政治提供了平台。当然,我们也要辩证地看待微博的巨大影响力。一方面,微博的出现极大地提高了效率,对社会发展具有积极的意义;另一方面,在一些事件的发展中,微博也起到了一些消极的作用。同时,由于微博的即时性,对政府治理方式的转变提出了挑战。因此,我们需要一种全新的方式合理地治理微博,趋利避害,切实发挥这一最新网络媒体的积极作用。

二、网络媒体发展对公众的影响

随着网络媒体的发展,公众对于政治民主发展呈现出以下三个特点:

（一）网民参政议政热情增加

现在,网民参政议政的热情很高,参与的政治事件数量不断增加,网民在积极参与政府组织的各项政治活动中,发挥着自己的能力,监督着政治民主的发展。从南京天价香烟引发的贪污案到内蒙古贫困县女检察长的豪车问题,都体现出了网民是称职的监督者。2011年新年胡锦涛前往朝阳区某廉租房考察的时候,77元的房租引起了网民的热议。有些人质疑77元的房租这一内容本身,认为在北京不可能有这样低价的廉租房;有些人质疑房主的身份,认为一般人不可能获得如此的待遇。在这种怀疑声中,各种各样真真假假的消息遍布网上。后经过澄清与调查,发现是某些别有用心的人造谣。虽然带给了当事人一定的不便,但是最后还是还给了当事人一个公平。同时这对于我国的民主进程是有一定好处的。网民这样的监督首先反映了他们自身的诉求,即追求合理与公平,这有利于政府了解人们心中的想法。同时,由于事件的发生,使得网民能够真正了解到廉租房的政策,切实相信这类产品的存在,也从另一个侧面宣传了政府的行为,便于政府与民众之间的相互理解。由于网民参政议政的热情,在一些事件上,政府也会主动邀请网民参与,如在云南省玉溪市红塔区发生的"躲猫猫"事件被网民广为关注,云南省委宣传部就向社会公开征集网民和社会各界人士代表参与调查,作为网络时代"公民政治参与方式"的全新尝试。这是网民参政议政的新方式,也是从制度层面推动民主政治的新尝试。

（二）从网上围观到现实介入

第二个明显的趋势就是网民已经不仅仅局限于在网上进行围观、评论,而是走下互联网实实在在地影响和改变事件发展的进程。在邓玉娇案中,网民已经不仅仅局限于在互联网上进行声援。在2009年5月16日,也就是案件发生的6天之后,网民"屠夫"就到达巴东县见到了邓玉娇的亲属,并在第二天下午陪同邓玉娇父母带着网友们的支持和鲜花到优抚医院探望邓玉娇,并将消息向外界发布,让大家知道了邓玉娇的近况。

（三）非理性因素不断增加

随着网络媒体的发展,我国网民在对待问题的时候非理性因素不断增加。在哈尔滨林松岭案中,当第一时间报道的消息称死亡人员是因与六名警务人员互殴致死时,网上的舆论完全一边倒地支持死者,谴责警务人员滥用职权;当有人在互联网上宣传死者生前是某领导的儿子、平时就飞扬跋扈时,舆论又倒向了同情警务人员的一边。虽然这件事情早已结束,但是我们看到了网民不理性的一面。现在有一部分网民存在仇官、仇富的倾向,在公职人员和普通民众之间发生冲突时,公职人员的合理执法被宣传成暴力执法,一些民众的非法阻挠和无理要求却被认为是合理自卫,完全不顾及事实的真相。还有很多的网络宣传,本身就构建在非法的基础上。对此,我们应该在承认网络媒体正面作用的同时,也需要进行一定的管理。

三、政府治理的问题与求解之道

目前政府治理方式存在一些不足之处。

（一）电子政务工作相对落后

电子政务的概念在上世纪90年代提出后,至今已经成为政府发展的主流。1993年,国务院信息化工作领导小组拟定了《国家信息化"九五"规划和2010年远景目标》,要求当时的电子部与有关部委大力协调,抓好几项重大的信息工程,这一要求被看作中国电子政务的雏形。随后,中央政府和各级政府开始全力建设电子政务,现在大部分都已经建立了相应的网站,同时在主流媒体上,政府也加强了电子政务的建设。如在人民网上的地方领导留言板就直接开辟了网民与领导交流的平台。在王帅案中,河南省副省长、省公安厅厅长秦玉海做客人民网,在谈到王帅因网上发帖被抓捕一案时,承认公安机关在此事中执法是有过错的。这对此案的最终解决起到了至关重要的作用。电子政务的发展对政治民主的发展具有重要意义。但是,我们也看到,我国的电子政务还比较落后。第一,一些政府网站,尤其是地方政府的网站,在建立之后很久都不更新一次内容,使得政府网站成了摆设。第二,政府网站开设的收集意见的途径形同虚设。一些为政府建言献策的电子邮件自发出之后就如石沉大海,除了固定的自动回复外,没有专门的回复,一些政府热线也存在无人接听的问题。

（二）政府反应速度跟不上网络媒体报道速度

信息发布及时与否决定了事件的不同走向。政府应提高应对媒体的速度和能力。人民网舆情监测室黄金4小时原则,体现新闻发布的及时性,第一时间(不超过四小时)发声,第一时间处理问题,做突发事件的"第一定义者"。

在印刷时代,一般认为政府需要在24小时内对发生的事情做出及时的反应就可以。而进入网络媒体时代,这一时间缩短到4小时。随着微博的出现,这个时间将被进一步缩减,政府的反应时间将会被压缩到1小时左右,这确实对政府的管理提出很高的要求。但是如果政府不能在这个时间内作出及时的回应,未来在处理整个事件时就会陷入被动。因为手机功能和3G网络的流行,使得任何突发事件都会在很短的时间内被公布在互联网上,在30分钟之内就可以传遍全国。人们对于事件本身会有不同角度的看法,主要取决于他们能够接触到的第一定义,如果政府不能及时做出的话,就会让其他的声音占领舆论的制高点。多数情况下,人们会习惯于接受最先听到的声音,也就是所谓的"先入为主",一旦政府不能做出让群众满意的合理的解释,不但会影响政府在人们心目中的形象,还会影响到主流媒体的宣传地位。

(三)部门之间权限交叉

部门之间权限交叉这一问题在电子政务出现之前就存在已久。这样的交叉既来自于不同部门,也来自于同一部门的不同办事机构。互联网的出现更加剧了这一现象,因为网络管理本身涉及的内容极为广泛,经济、文化、政治、社会生活等等都可以在互联网上找到原型,因此很难有一个部门能够彻底地管理网络。关于《魔兽世界》的审批问题,就是互联网上部门管理权限交叉的最典型的案例。2009年11月2日,新闻出版总署发出通知,终止《魔兽世界》(燃烧的远征)审批,退回关于引进出版《魔兽世界》的申请。通知要求,网之易公司立即停止违规行为,纠正错误,停止收费和新账号注册。第二天,文化部文化市场司司长李雄表示,新闻出版总署日前发布的终止网易《魔兽世界》审批的通知,是不符合三定规定的,明显属于越权行为。随后游戏服务器照常运行,但是由于游戏没有通过审批,只能继续原有的游戏内容,使得大量玩家流失到台湾的服务器。

(四)治理理念相对落后

传统政府治理对付不良信息的主要方法是封堵,这是因为当时媒体的信息传递方式都是单向的。信息时代的网络传递方式已经改变,但是我们依然经常会看到封和堵的治理方式。很多在头一天还被网民热烈讨论的话题,第二天就已经不能再在互联网上搜索到了。很多的删帖公司也应运而生,他们的唯一作用就是将在互联网上流行的指定信息删除。这样的办法确实起到了一定的作用,但是其负面作用也相当明显。在网络传递的很多消息是无法完全被封锁的。因为首先,同样的意思有多种表达方法,互联网上各种简称和特有称呼千差万别,因此封堵困难极大。其次,网民对于某一信息的传递完全出于各自的喜好,一旦对于某一帖子进行封杀,反而会激起网民对这一信息的兴趣,删帖的人员再多,也比不过数量众多的网民。最后,就算在相当一段时间内对一个消息进行了完全的封杀,但是也只能限定在一定的时间段内,在互联网上绝不可能永远进行封锁。因此,与其封堵,不如加以疏导。我们应该充分相信网民的理解能力,在教育背景和素质逐渐提高的今天,网民不会因为某一条信息的出现就产生疯狂的举动。长时间对信息进行封堵,也会增加人们对政府的不信任感,因此,我们应该给予网民鉴别信息、选择信息的权利。

(五)部分治理手段超越了治理底线

治理的底线应该是人们的生存权,政府进行管理应当恪守这一底线。

印度在 2010 年举办了英联邦运动会。平时在体育场馆附近有许多小贩叫卖,混乱不堪。为了准备这场事关印度国家形象的运动会,新德里做了一系列的城市美化工作,其中就包括暂时驱逐街头的小摊贩。不过,这一举动引发由印度各地 540 个街头商贩组织、工会和非政府组织组成的印度全国街头商贩协会的抗议。他们认为,小摊贩作为弱势群体,不应该要求他们做出牺牲,而且很多小贩不能摆摊后家庭生计会受到严重威胁,这会使他们为了生计被迫去偷去抢。之后印度最高法院正式做出裁决,禁止政府基于各种行政决策剥夺街头小贩诚实经营的权利。这一做法值得我们借鉴。

现在的暴力拆迁问题比较严重。不能否认,在拆迁中确实有少数人希望用一些特别的方法来获得更大的收益,但是我们还是应该正视中国的历史。中国的农民几千年来都把土地视为自己的生命,历来朝代更替时,土地政策就成为各路诸侯拉拢农民的主要手段。土地革命战争时期,共产党团结广大农民的口号就是打土豪、分田地。我们应当肯定,大部分的政府拆迁还是为了能让经济发展,让农民过上更好的日子。但是在好的出发点的前提下,也要注意方式方法。我国的经济发展确实很快,GDP已经跃居世界第二,城市化进程下的北京、上海等已经跻身世界一流城市的行列,但是我们的发展也有很大的局限性,数据总量很大,但是人均数字却排在世界百名之外。我国的城市发展虽然速度很快,但是也应该看到,我国人口众多,城市无法为所有人提供生存的保障,因此在这一条件下,我们就应该把面子放下,正视现实,切实将保证人民的生存权作为执政不可突破的底线。

我们应该正确面对现有的不足,从根本上提高政府治理的能力。

(一)公正、公平地解决问题

对于出现的矛盾和问题,政府部门要迅速地、合理合法地加以解决,而网络媒体的作用是监督。首先,政府要摆正自己的位置,在处理各种事务过程中,合法应该是其首要恪守的原则,虽然互联网对于现实社会的影响力在逐渐加强,但是它也不能干涉司法的公平和公正性。同时,政府在处理公共事务时也需要在合法的范围内广泛听取公众的意见,欢迎社会各界人士提出自己的看法,并将他们的建议作为重要参考,最终使问题得到满意的解决。

(二)分清责任,敢于担当

政府在网络管理上存在着一些权责不清的现象,既出现了相关部门争相管理的案例,也出现了相关部门都退避三舍的案例。各部门明确职责在电子政务发展过程中是非常重要的。在分清责任的同时,政府部门也要敢于承担责任。虽然互联网的出现使得人们的联系更加紧密,群体性事件发生的频率随之增加。但是在大多数情况下,都是一些很小的原因比如一条谣言,最终就造成了严重的后果。很多事件最初都是在县或者更小的行政级别单位中出现的,当网络媒体将事情放大后,下级政府由于怕承担责任,将问题上报,最终带来了巨大的影响。如著名的邓玉娇案,从巴东县一直发展到湖北省,甚至最后还受到了中央的关注。一起如此简单的案件,作为一个县级政府完全有能力解决,可是到最后却变为具有全国影响的事件。这样的结果让我们看到,在以后的工作过程中,对于能够解决的问题,应该敢于承担责任,这样才能避免将问题扩大化。

(三)谨言慎行,维护政府形象

我们的政府部门在网络媒体面前应谨言慎行。虽然网络媒体已经成为人们获取信息的主要途径,但是官方信息在大多数人的心目中还被认为是最真实、最客观的报道。有些部门对于这一问题没有明确的认识,前几天报道的是这种观点,后几天就变成了另一种观点,甚至有时候两种观点完全对立。这样朝令夕改的做法,严重影响了政府的形象。因此,我们需要言行一致,真正做到在保证迅速处理问题的同时,做到调查到那里就说到哪里,绝不妄语。在 2009 年 6 月 5 日上午 8 点半,四川成都发生了公交车燃烧事件。仅仅 2 小时之后,成都市召开第一次新闻发布会。在 14 时 50 分,又召开第二次新闻发布会。当晚再次召开第三次新闻发布会,公布现场救治情况和事件调查进展。既使民众在最快的时间得到了确切的消息,也使人们增加了对于政府处理危机的能力的信任,维护了政府的形象。

(四)充分利用互联网这一宣传资源

现在的网络媒体逐渐被划分为两部分:一部分是代表各级政府的官方网络媒体,另一部分是代表个人和民众声音的公众网络媒体。随着时间的推移,这两部分网络媒体的分化越来越明显。网民已经习惯了官方媒体与公众媒体共存的现象,遇到一些突发事件,总会先去官方媒体了解政府的看法,再去公众媒体了解一下民众的看法。这样的分化其实是有利于民主进程的,因为政府代表的是广大公民的共同利益,尽管政府利益与个人利益是一致的,但是就个体而言,它的利益不可能完全与群体利益相同。因此,从两方面了解情况有利于全面把握问题。要在避免官方与公众媒体对立的同时,充分利用互联网的这一全新资源。

第四章　信息时代的文化发展

进入信息时代,文化的发展呈现出多元化特点。

第一节　互联网与文化

互联网作为信息时代的产物,促进了各国之间文化的交流,为文化的发展提供了机遇,同时它也对中国传统文化与马克思主义的发展提出了新的挑战。

一、文化的定义

文化一词最早出现于西汉刘向所著《说苑·指武》中:"圣人久居天下也,先文德而后武力。凡武之兴,为不服也,文化不改,然后加诛。"在古汉语中,文化一词一般有两层意思:一是指历代统治者所施的文治教化的综合;二是指文物典章、朝政纲纪、道德伦序,以及成为礼俗日用的一整套观念和习俗。

我们现在讨论的文化,与中国古代的文化不同。虽然文化的定义多种多样,但总体来说,文化一般分为广义的文化与狭义的文化。《中国大百科全书》哲学卷对于文化的定义是:"广义的文化包括人类的物质生产和精神生产的能力、物质的和精神的全部产品。狭义的文化指精神生产能力和精神产品,包括一切社会意识形式,有时又专指教育、科学、文学、艺术、卫生、体育等方面的知识和设施,以与世界观、政治思想、道德等意识形态相区别。"《辞海》对文化下的定义是:"广义是指人类社会历史实践过程中所创造的物质财富和精神财富的总和。狭义指社会的意识形态,以及与之相适应的制度与组织机构,是一种历史现象。每一社会都有与其相适应的文化,并随着社会物质生产的发展而发展。作为意识形态的文化,是一定社会的政治和经济的反映,又作用于一定社会的政治和经济。"

在当今社会,文化与政治、经济成为构成社会的三大要素,这里的文化主要指的是狭义的文化。我国著名哲学教授黄楠森指出:对文化作狭义的理解是具有更广泛性的趋势,而且从文化理论和文化建设来讲,应该使用狭义的理解,狭义的文化是严格意义的文化,即人类的精神现象和精神产品。

美国学者亨廷顿将人类文化分为西方文化、儒家文化、日本文化、伊斯兰文化、印度文化、斯拉夫东正教文化、拉丁美洲文化和非洲文化。随着文化全球化的进程不断加快,亨廷顿预言:未来全球的冲突将是文明的冲突。……下次战争,如果有的话那将是文明之间的战争。

二、互联网与文化交流

(一)互联网是文化交流的新平台

在信息时代,不同国家、不同地域、不同背景的文化通过各种形式和途径,进行着交往和碰撞。多元文化的交流不但实现了文化的繁荣,也为文化的进一步发展提供了新的契机。在这一进程中,互联网为文化的交流和传递提供了技术的支持。

互联网作为一个全新的媒体,逐渐发展成为世界上最大的信息中心。它不但成为文化信息传播的空间,也为文化信息的展示提供了一个全新的平台。

互联网传输信息的传输协议是统一的。虽然在信息时代,连接在互联网上的终端已经达到数十亿台,互联网的范围已经覆盖到世界上任何一个角落,但是传输信息之间的协议是统一的,这就在技术上保证了信息传递的公平性。一方面,任何人创作的文化信息都可以在全球自由传播;另一方面,任何一个网民,都可以直接获取来自于世界各地的消息。

互联网的传播是一种去中心化的传播模式。传统媒体的跨国文化交流大都要经过政府相关部门的把关，人们接收到的信息大都是被筛选后的信息。而在互联网的传播过程中，由于各个传播者都可以成为发布信息的中心，减少了权威机构对于文化信息的控制，促使了各国文化的自由交流。

（二）文化交流——软实力的交锋

1992 年，美国哈佛大学教授约瑟夫·奈在《美国定能领导世界吗》一书中，明确提出了"软实力"的概念。约瑟夫·奈指出，一个国家的综合国力既包括由经济、科技、军事实力等表现出来的"硬实力"，也包括以文化和意识形态吸引力体现出来的"软实力"。文化软实力的作用逐渐为人们所关注和重视，在促进经济发展的同时，也加强了世界各种文化的交流，成为世界各国交往的新名片。美国最早强调了文化软实力的作用，并将文化软实力的交流融入其外交政策中，希望这样可以使得美国的民主、自由思想传遍全球。我们看到美国这样的文化交流确实改变了一些地区人们的生活。可口可乐和麦当娜等美国文化的代表，即使在有明显反美倾向的伊斯兰国家，也受到了广大民众的欢迎与喜爱。这种文化的交流，不仅带来了文化的改变与发展，对国家经济、政治的发展也都具有重要意义。因此，各国都加强了自身的文化软实力建设。

美国的各种基金会、非政府组织等机构在资助他国的教育发展项目、预防艾滋病等慈善事业领域做出了巨大贡献，在得到广泛赞扬的同时，也成功地把美国文化传入他国。同时，美国拥有很多强有力的文化传播工具，如好莱坞、有线电视网络等等。好莱坞的电影被认为是美国文化最有力的宣传者。同时，每年都有数十万留学生在美国学习，学成回国后，他们也将美国文化传入他们的祖国。日本政府也大力促进文化产业发展。1995 年日本就确立了 21 世纪的文化立国方略，提出 10 年内把日本建成世界第一知识产权国。日本政府日益注重通过在各国举办文化节来推介日本文化，并通过日本所特有的漫画文化，将日本文化传遍世界。韩国遭遇亚洲金融风暴之后，提出了"文化立国"的方针，明确提出"两个五"：力争五年之内把韩国在世界文化产业市场上的占有率从 1% 提高到 5%；力争五年内能培养出10000 个内容创作者。欧洲在文化软实力建设上有着天然优势，在世界文化传播的语言中,前 10 位的语言有 5 种属于欧洲。欧洲各国也将音乐作品、互联网建设等作为自身文化软实力传播与发展的重要手段。

（三）文化交流出现的问题

在这种跨文化交流中,首先要承认双方在文化上存在差异,然后认真分析这些差异的特性,据此对传播的内容、方式进行调整,这样才能使文化交流顺利进行。但在现实中,文化交流冲突不断。文化在互联网上的传播是自由的,可以跨越地域的限制,但是它也受到了不同国家本身观念的制约。

在当今的文化交流中,首先遇到的问题就是一些国家过于强调本民族的文化,刻意排斥其他文化。他们认为文化自由交流会冲击本民族文化的支配地位,而且他们还认为本民族的文化要明显优于其他民族的文化,用民族文化优越论作为拒绝文化交流的借口。萨义德认为,各个国家都教育自己的学生将自己国家的文化经典置于其他国家的文化经典之上,让他们不假思索地喜爱和捍卫本国文化传统,对于外国文化加以贬低和排斥。

文化交流中遇到的另一个问题,就是文化传播中的霸权现象。信息时代网络技术发展的不平衡趋势日趋严重,由此带来的文化发展的不平衡也随之加剧,经济发达国家在文化交流中占据明显的优势。北大教授王岳川称,目前美欧占据世界文化市场总额的 76.5%,在亚洲、南太平洋国家 19%的份额中,日本和韩国各占 10% 和 3.5%。据美国科技资讯网站（The next web）公布的数据,英文依然是互联网上使用最广泛的语言,用户数量约为5.37 亿。同时现在有超过九成的网站都是以英语为基础建立的。因此,凭借这样的优势,部分西方发达国家企图将自己的价值观等强行灌输给其他国家,这就导致了网络文化传播霸权现象的出现。

这种文化霸权体现在三个方面:

1.文化霸权带来了文化交流的不平等。文化交流的顺利发展应该建立在平等的基础上,只有在这一基础上,我们才可以获得文化交流带来的利益。信息全球化带来了网络文化信息分配不平衡问题,使得各种不同的文化在互联网上的地位并不平等,经济地位占据优势的西方发达国家的文化占据了传播的有利位置,而经济欠发达国家的文化在传播中处于不利地位。

2.文化霸权是以少数国家为中心的文化传播体系。由于网络媒体具有传播的自由性,这样的自由传播导致少数发达国家的思想观念在文化传播中占据主流位置,对其他国家的思想文化、伦理道德等都产生了一定的影响,这样长时间的影响会导致人们的价值观等逐渐偏向发达国家的文化,从而产生了文化侵略。

3.文化霸权阻碍了弱势国家民族文化的发展。互联网为不同文化的沟通交流提供了便利,同时,网络传播也逐渐成为文化传播最重要的方式,弱化了传统媒体的作用。在技术上,西方发达国家具有绝对的优势,因此,它们可以凭借这一优势,对其他文化在互联网上的传播起到一定的压抑作用,因此阻碍了其他文化的发展。

这种文化霸权的侵略不仅限于经济发达国家与经济不发达国家,在经济发达国家之间也同样存在。在英语文化占据绝对支配地位的文化传播中,对其他语言文化也产生了相当的威胁。法国在1994年通过"关于法语使用的法案",明确禁止在公告、广告中,在电台、电视台播送节目中(外语节目除外)使用外语,要求法国境内的出版物必须有法语的概述,在法国境内举行的各种研讨会上法国人必须使用本国语言做大会发言等等。当迪斯尼乐园在法国落成时,法国政府就要求它把景点名称译成法语。2006年,法国前总统希拉克以退出会场抗议欧盟的法国雇员用英语汇报其工作情况。

因此,在文化交流日益加强的信息时代中,如何平等地进行文化的交流,促进文化的顺利发展,成为重要的议题。

三、互联网对中国文化的影响

(一)互联网对中国传统文化的影响

互联网的出现带来了全球文化的自由交往,这必然导致中国传统文化的民族传统和民族身份的弱化。如何保持千百年来形成的中华优秀文化的精髓,成为我们面对的难题。如果一个民族失去了自己的文化,则可能会引发严重的民族发展的危机。

互联网的发展导致文化信息在网络上泛滥,这其中包括了大量对文化发展有害的信息。快餐文化、垃圾文化、虚假信息甚至色情、暴力等信息充斥互联网,虽然对人们的身心健康产生了直接的伤害,但我们发现这样的作品也有大量观众。作为全新文化形式,在眼球经济等因素的促进下,正在蓬勃地发展,人们对文化的认识也有所改变,这对传统文化的发展带来了一定的影响。

文化霸权也在直接威胁着传统文化的发展。目前,英语是互联网的首选通用语,作为非英语国家,我们也在文化发展上面临着相当大的压力。以美国为主的英语国家利用互联网技术上的优势,将其他国家的文化淹没在英文的海洋中,他们将大量西方的思维观念和价值取向传入我国。虽然中文网站在互联网上的比例越来越大,中文也成为世界第二大网络语言,但是我们看到,针对传统文化发展的网站规模普遍较小,无法与国外大型网站抗衡,在宏观引导方面亟待加强。

互联网对中国传统文化也有一定的积极作用。互联网为中国传统文化提供了一个新的宣传平台。在网络时代,传统文化积极运用网络媒体进行宣传。传统文化的研究者利用互联网,将自己的成果展示给广大公众,形成了在当今时代的国学热现象。很多濒临失传的民间艺术,也通过互联网的宣传与呼吁,在一个全新的领域得到了延续和发展。互联网也增加了我国传统文化的影响力,一些有代表性的传统文化在世界上发挥出自己的作用。在1988年诺贝尔奖获得者的新闻发布会上,诺贝尔奖获得者汉内斯·阿尔文表示,人类要生存下去,就必须回到25个世纪前,去汲取孔子的智慧。儒家文化甚至成为中国的代名词,亨廷顿的八种文化中,就有儒家文化的一席之地。在英语中,孔子和儒家都有了相应的英文单词。儒家文化的影响力在不断增强。

(二)互联网对马克思主义的新挑战

互联网的出现,改变了以往的信息传播手段,人们只要拥有电脑,就可以进入互联网世界。我们既能看到主流文化的传播,也能看到非主流文化的传播,每一种文化都利用互联网这一媒体扩大自己的影响力。互联网对我国马克思主义思想主流文化地位的冲击表现在两个方面:一方面,由于信息技术发展的不平衡性,西方发达国家希望借助互联网的全球化特点,将西方的文化、信仰等传入我国,这与我国马克思主义主流文化发生了强烈的冲突；另一方面，人们对于各种各样文化的诉求逐渐增多，单一文化已经不能满足人们日益增加的精神文化需求。因此，人们对文化的发展提出了新的要求，冲击了主流文化的主导地位。

美国等西方国家不断利用互联网这一全新媒体鼓吹西方资本主义价值观以及科技至上的观念。它们认为，只要科学技术领先，就具备了强大的竞争力；同时他们还将民主至上论作为其价值观的核心在互联网上传递。有些人尤其是青年人，受到西方价值观的影响，对现有的主流文化产生怀疑。这就要求我们不断创新发展我们的主流文化，使其跟上信息时代的脚步。

第二节　网络文化的特点与形式

网络文化是互联网与文化的结合。现在有一些人强调技术进步对文化带来的形式上的变化；也有一些人从文化的内容来看待现在网络文化的发展。网络文化是信息技术与文化的有机结合，因此，我们应该从技术和文化两个角度来考虑网络文化的发展。

一、网络文化及其特点

网络文化实际上是随着信息技术的发展，以互联网和手机网络为载体，由广大人民群众创造出来的各种文化现象的总和。它是一种全新的文化发展方式和创造方式。网络文化有广义与狭义之分，广义的网络文化是指网络时代的人类文化，是人类传统文化、传统道德的延伸和多样化的展现；狭义的网络文化是指建立在计算机技术和信息网络技术以及网络经济基础上的精神创造活动及其成果，包括人们的思维方式的转变、知识结构的变化、价值观念的改变等。

网络文化是一种精神层面的文化。在网络文化的发展中，人们摆脱了物质条件的局限，使得他们的精神通过互联网这一媒体得到体现。通过互联网这样的形式，传统的精神交流方式正在改变，使得陌生的文化不再陌生。

　　网络文化是一种实践的文化。网络文化是人们自觉地在互联网上从事着改造精神世界的一种行为。这样的实践行为不但创造了大量的文化作品，丰富了人们的精神生活，还提高了人们的思想道德素质。

　　网络文化为网民创造了新的美学观念和文化形式，提供了新的素材和资源，促进了文化的发展。网络文化有以下特点：

　　(一) 开放性

　　网络文化传播的开放性，体现在人们获取文化信息的开放性上。主体对于网络信息的传播没有绝对的垄断性，没有任何网络文化作品在互联网上具有绝对权威地位。人们只要拥有上网的条件，就可以通过互联网自由自在地浏览网络上传播的各种文化信息，选择自己喜爱的文化形式。现在对于网络文化的自由评论，也体现了网络文化的开放性。在互联网上，任何人都可以发表自己的意见，阐述自己的观点，对任何网络文化作品进行评论。由于摆脱了现实中的种种限制，无论是对网络文化的支持与称赞，还是对某一作品的批评与意见，人们都可以在这个平台上尽情展现。网络文化的开放性还体现在网络文化的交流上。在网络文化中，传统文化与现代文化、国内文化与国外文化、正统文化与草根文化都在同一平台上共存、交流和发展。

　　(二) 多样性

　　网络文化的多样性首先体现为其表现手法的多样性。传统的文化创造都有一定的局限性，如书籍局限于文字的表达，而在互联网上表达方式多样，人们可以同时利用声、光、图、文字等多种手法来表达自己的意见。博客、播客等形式的出现，都为网民表达自己提供了新的平台。其次，体现为内容的多样性。网络文化的内容多种多样，只要不违反相关法律法规，任何内容都可以在互联网上自由表达。一些为传统方式所没有的内容，如单纯个人情感的宣泄、山寨春晚等，都成为网络文化的一部分。微博、签到等全新的网络文化，也在公众中尤其是青年人中流行起来。最后，体现为创作主体的多样性。传统的文化创作者，都具有相当的知识水平。但是随着电脑和手机的普及，网络文化创作的门槛进一步降低，创作者从以往的知识分子发展到现在的工人、学生、农民。只要是会用互联网、识字的人们，都可以利用互联网创作出自己的网络文化作品。

（三）包容性

网络文化的传播具有很大的包容性。在互联网上传播的作品，有高雅的，也有低俗的，二者都有许多受众。以恶搞、低俗出现在大家视野中的各种哥和姐，在饱受争议和批评的同时，也有相当多的支持者。如果在现实中，你可能会正言厉色地斥责他们是另类，不与他们接触。但是在虚拟世界中，只要你敢于说出自己想说的话，无论对错与否，都会得到或多或少的关注，甚至会因为你的"敢于直言"，在一段时间内成为一种全新的网络文化创作的主角。正是网络文化的这种包容性，使人们可以自由自在地在互联网上创造自己喜欢的文化，这对网络文化的发展起到了巨大的推动作用。

（四）大众性

网络文化是一种真正的大众文化。它在物质层面体现了大众性。传统的文化产品，无论是图书、音像制品，还是电影、戏剧，由于本身的价值较高，限制了相当一批低收入者的参与。由于使用互联网的成本很低，网民的范围不仅包括高收入人群，大量的工人、农民也加入到了这一行列。全国数亿部手机都加入到互联网这一行列中来，从这一方面来看，网络文化是大众的文化。同时由于各式各样创作者的参与以及众多网民的精神文化需求，越来越多的创作者以人们的日常生活为基础，创作出了一大批与人们的生活紧密相连的文化产品，使得网络文化的内容真正做到了大众化。同时，网上流行的山寨、草根等新文化，也成为大众喜闻乐见的文化形式，得到了大众的认可与支持。

二、网络文化与现实文化

（一）网络文化不同于现实文化

网络文化是区别于现实文化的新文化。它们在主体、形式、内容、功能等方面都有很大的区别。

在主体上，现实文化一般是明确的人，即使少数主体使用笔名，但是基本上还是可以了解到其真实身份，而网络文化的创作主体大部分都是虚拟的、匿名的。互联网使人们摆脱了现实社会中诸如经济因素、种族因素、性别因素、年龄因素等条件的束缚,使得网络文化的创作主体数量大大增加。

在形式上,网络文化摆脱了现实文化的束缚,发展出了很多新的形式。播客的出现使人们可以通过手中的摄像机,将身边的一点一滴记录下来,通过剪辑和编辑,成为网络文化的一个全新的组成部分。同时,网络语言的出现也成为网络文化的新特点。英文缩写、中文缩写、符号代码等等新语言风靡互联网。仅仅具有现实文化背景的人,很可能无法理解网络语言表达的意思。

在内容上,现实文化的经典之作大都是出自真正的大家之手,经过时间的检验,才可以确立其名作的地位,这种权威性的产生也是源于传统媒体的特点。而网络文化的创作者大都是一夜成名,某个帖子在仅仅数天便拥有上百万的浏览量。在现实中,某一经典作品经常会流传很久,而网络文化流行的时间很短,随着另一种文化的流行,前一种流行的文化就会被人们渐渐遗忘。

在功能上,现实文化以其自身单向传递的方向,向人们传达着文化的内容;网络文化则是双向互动的文化,网民创造着自己的文化。现实文化更多体现出了其民族、国家的特点,而网络文化则更多体现了人自身的文化。大量贴近人们生活的作品的出现迎合了网民的需求,网络文化中的娱乐化趋势日趋明显。

(二)网络文化来源于现实文化

网络文化虽然在很多方面都与现实文化有较大的区别,但和现实文化是紧密联系的。

现实文化是网络文化的基础。网络文化虽然产生于互联网,但是其内容来源于现实文化。没有现实文化的基础,不可能有网络文化的发展。网络文化的虚拟不是脱离实际的虚拟,而是以现实为基础的。如互联网上流行的很多短片,都是由现实影片改编而成的;很多网络文化作品的作者,即使不具有相当的现实文化背景,也或多或少受到了现实文化的影响;网络语言也是以现实语言为基础的,诸如大虾代表大侠、围脖代表微博等。网络文化是在现实文化的基础上,在全新的领域产生的文化。

网络文化是在一个将环境放大了无数倍的、另一种真实情况下的文化。

因此,很多现实文化表现不出来的事情,在互联网上可以通过另外一种形式——网络文化表达出来。一方面,网络文化是现实文化的放大,网络文化通过其虚拟的特性,将现实文化在互联网上放大,同时,现实文化的任何一个部分都可以在互联网上形成一种新的网络文化;另一方面,网络文化是现实文化的补充。网络文化以其自身的特点,可以多角度、全方位地满足人们对于文化的需求,成为对现实文化的有益补充。如果网络文化的发展完全脱离了现实文化,就会因满足不了广大网民的需求而得不到足够的支持。

（三）网络文化与现实文化的发展

从发展趋势来看,网络文化发展的势头强劲。2009 年,各大网站纷纷推出了微博服务,使用微博的人数迅速达到一亿人。在短短的 140 字的内容中,从创作者的智慧中,发展出各种各样的作品,成为网络文化发展的全新形式。各种各样网络游戏风靡互联网,各种类型的网络作家层出不穷,各种各样的网络文化作品充斥网上。网络文化的蓬勃发展,在一定程度上对现实文化的发展带来了挑战。

网络文化的流行改变了人们的阅读习惯,人们更习惯于使用电脑或者其他电子产品浏览各种消息。这对传统的印刷图书的销量产生了明显的影响,很多书的印刷数量都相应减少。经销图书的书店经常出现入不敷出的情况,倒闭关张的也不在少数。网络文化在版权上的侵害也影响了现实文化的发展。由于互联网的虚拟性特点,无法对侵权行为进行有效的治理。很多文章被网民进行简单的粘贴复制,就变为了他们的作品。甚至有些在现实中需要付费才能浏览的文化作品,被网民上传后大量转载,直接影响了该作品的收益,严重打击了创作者的积极性。

现实文化虽然面临着网络文化发展带来的压力,但是并不代表现实文化的衰落。因为,网络媒体只是所有媒体的一部分,媒体是由广播、电视、报刊、互联网等共同构成的。任何一种新媒体的出现,都没有导致传统媒体的消失。我们看到,在互联网流行的今天,依然还有很多民众通过传统的报纸来获取当日的新闻。因此,网络文化绝不可能完全替代现实文化。同时,网络文化的出现与流行,代表了人们在信息时代对于文化的新需求,它对现实文化的发展提出了新的要求。

网络文化的发展也在一定程度上促进了现实文化的发展。现实文化通过互联网这一手段可以增加其本身的影响力。在现实中的作品,尤其是著作,只能被少数人浏览,但是在互联网上,同样的一件作品就可以影响到更多的人。这使得该作品在最大的范围内发挥了其影响力。网络文化的出现提高了现实文化的传递速度。由于空间和时间在互联网上的压缩,网络技术可以真正做到信息传递的零距离,增大了现实文化传播的时效性。

三、网络文化的形式

网络文化主要表现形式体现在三个方面:现实文化、现实文化与互联网相结合形成的新文化、互联网独有的文化。

现实文化。随着信息时代的到来,以往所有的文化纷纷利用互联网这个新的宣传平台将现实文化电子化。现实中的书籍、报刊、电影、音像制品等,我们都可以在互联网上找到它们的身影。随着电视台、广播电台等传统媒体利用互联网进行直播,人们可以自由地浏览传统媒体传递的现实文化信息。同时通过互联网,人们也见证了全球发生的重要文化活动。这一切都使得现实文化成为网络文化的一个重要组成部分。

现实文化与互联网结合形成的新文化。包括网络文学、播客、模拟文化等等。

网络文学是传统文学艺术创造与互联网结合的产物。它的出现大大发展了传统的文学作品。首先,传统的文学作品局限于其单一的创作手段——文字。而网络文学作品的创作手段包括了图片、音乐、文字等多种因素,通过各种超链接,一篇有图片、有配乐的文学作品会比传统的文字作品有更强的感染力。网络文学在文字层面也大大超越了以往的文学作品。传统作品一般都是黑白印刷,而网络文学的作品可以自由使用各种颜色、各自字体,通过文字排列和多种符号的表达,比传统作品更有吸引力。同时,由于互联网的开放性和互动性,使得网络文学在交流中迅速发展。

播客是个人通过互联网发布信息的一种方式,其传递的是音频和视频信息。随着互联网的不断发展,视频和音频消息的发布者已经不再是原有新闻媒体、影视媒体等,现在只要能够上网的人就可以自由地发布自己的作品。现在互联网上的视频作品多种多样,既有现实世界的写实,又有虚拟世界的作品。现实作品展示了各种不同的角度,除了正常作品之外,还有许多的其他如化妆、聊天、搞笑,甚至是一些不知所云的非主流作品;虚拟世界的作品主要是网络技术与现实作品的结合,如虚拟人物出演的 MV 等等。同时在互联网上也形成了众多发布音频、视频的网站,如土豆网、新浪播客、酷 6 网等。以网络游戏《魔兽世界》人物为背景创作的,感动了无数魔兽玩家和普通观众的视频短片《网瘾战争》,在 2010 土豆映像节获得金土豆奖的同时,也入选第 30 届夏威夷电影节展映环节,与张艺谋、贾樟柯同台献艺。这让我们看到播客这样的网络文化也得了现实文化的认可。

模拟文化是一个统称,因为互联网的虚拟性,人们会发现互联网上的模拟几乎包括了大部分人们的现实生活,包括虚拟种植、虚拟培养、虚拟驾驶、虚拟经营、虚拟旅游、虚拟婚姻等等,甚至还出现了虚拟人生。而且从最开始的视觉听觉的虚拟,到今天的触觉虚拟,大部分人类活动已经生动地出现在虚拟世界中。因此,互联网上的模拟文化,也成为网络文化的重要特点。

现实文化与互联网结合的情况还有很多。诸如现在很多节目,都将互联网作为全新的互动平台,这样的结合也产生了一个个全新的独特文化,如超女文化等。

全新的网络独有的文化。互联网的发展也产生了一些全新的文化形式,如博客文化、微博文化、游戏文化等。

博客文化是全新的文化形式。博客是个人在一个独立的网络空间中,自由发表自己见解的形式。博客文化是个性和自由的文化,在博客空间中,人们可以根据自己的喜好,自由地发表自己的观点,每个人都可以在博客空间充分展示自己的个性;博客文化是共享的文化,在信息时代的互联网上,人们对于知识渊博的标准的判断,不是学历、经验,而是你在互联网上的奉献程度。博客的出现既可以获得更多的浏览量,也可以使你获得人们的关注;博客文化是交流、互动的文化,博客在互联网中既是信息的发布者,也是信息的传递者和接收者,人们可以自由地浏览博客的页面,在分享他人信息和知识的同时,还可以对博客的内容提出自己的看法和意见,这一互动的交流成为博客发展的重要因素。

微博文化实际上是一种更高级的短信文化。在上文我们讨论了微博报道的即时性,除此之外,微博还成为一种全新的文化。在手机出现之际,手机的短消息功能就成为人们交流沟通的重要手段。随着互联网的发展,人们可以通过手机的信息服务,获得诸如天气、新闻、餐饮指南、娱乐等等众多的服务。现在的社会中,短信息成为人们生活必不可少的一部分。在沟通交流的同时,信息的形式也在不断发展。现在我们逢年过节收到的信息已经不再是简单的过节快乐,还有各式各样的段子、顺口溜、短信小小说等,从而丰富了短信文化。随着手机网络与电脑网络的融合,信息文化之间的交流和分享速度明显加快,随意拍摄的一张照片加上少许的文字就成为全新的微博文化。

游戏文化。电子游戏已经成为信息时代的一个重要文化现象。现在以互联网为传输媒介,以游戏运营商服务器和用户计算机为基础的网络游戏逐渐盛行,这些网络游戏包括大型多人在线游戏,如《魔兽世界》、《奇迹》、《完美世界》等,也包括了大量休闲游戏如跑跑卡丁车、三国杀、各种棋牌游戏等等。信息时代游戏的影响力不断增强。据《第 27 次中国互联网络发展状况统计报告》公布,在中国有超过七成的网民成为网络游戏的用户。《魔兽世界》在全球也有超过 1200 万游戏用户。游戏的发展也带动了相关的动漫、小说和电影产业的发展。游戏成为全新的文化传播的方式。各个游戏的玩家之间都建立了全新的团体,在游戏创作者本身文化的基础上,发展出了属于游戏者独特的文化。

第三节　网络文化的发展趋势

目前网络文化蓬勃发展,各种文化在互联网这一大平台上相互交融,这在一方面推动了网络文化的发展,而另一方面也为网络文化的发展埋下了隐患。究其原因,既包括公众的诉求需求、网民价值取向的改变,也包括商业利益的驱动。

一、网络文化的发展走向

目前网络文化的发展呈现出两种趋势,即网络语言的兴起和草根文化的流行。

(一)网络语言的兴起与流行

语言是人类最重要的交际工具。随着互联网的发展,网络语言作为一种全新的文化在网上流传。广义的网络语言是指在信息时代一切与互联网有关的词语,狭义的网络语言是指网民在互联网上交际使用的语言。网络语言在互联网上广为流行,"神马"、"你懂的"、"杯具"等等都为网民广泛使用。在 2010 年 11 月 10 日,网络词语"给力"登上了《人民日报》的头版头条,更成为网络语言发展的新的高峰。在互联网上,网络语言俨然已成为一种全新的文化。网络语言的流行有几大特点。

网络语言最大的特点就是便捷性。因为生活节奏的加快,人与人的交流不像书面写作那样,每一句话都要严格依据主谓宾结构,一个简单的词语就可能达成沟通的目的。在互联网上,由于交流主要是通过敲击键盘而产生出来的文字,打字的速度要远远慢于说话的速度。因此,人们需要一种快速的途径来达成交流的目的。这时候人们就用很多简写来代替以往的词语,如 88 代替再见等,国外的交流也经常出现类似的情况,如 4u 代表 For you。因此,网络语言的出现是网上交流的必然结果。

网络语言的第二个特点是其替代性。因为互联网的发展速度很快,各式各样的新词语层出不穷,但是相应的文字输入法却没有跟上它们发展的速度。我们在输入新兴词语的时候突然发现字库中没有这样的词组,如果一个字一个字地键入相当麻烦,因此就会用字库中有的词句替代。如"版主"在出现之初,字库里不存在相关的词语,从而"斑竹"的称呼成为替代品。同时我们在交流的时候能看到很多别字,这也是因为网络交往的目的主要是领会意思而不计较文字的准确,因此很多时候,由于输入法本身的问题或者输入错误导致别字,在不影响语义表达时,一般也都不会纠正。

网络语言第三个特点就是形象性。网络交流虽然是人与人的交流,但是由于交往模式是人对着冰冷的电脑,这样的交流失去了传统语言交流的语调、表情等非语言交流手段,显得比较单调。网络语言的出现改变了这一情况。网络语言帮助人们更形象地表达了自身的感情,如"囧"就形象地表达了无奈,"0_0"表示吃惊等。网络语言也体现各地域人们的不同表达方式,由于老乡之间更愿意用方言而不是普通话来进行交流,因此很多全新的网络语言应运而生,如"酱紫"代表"这样子","虾米"代表"什么"。同时,网络语言也满足了一些人的个性需求,他们希望用与别人不同的语言来显示出其自身的独特。因此,各种各样的新语言也应运而生,如"不要叫我宅女,请叫我居里夫人";"最近总是失眠,16小时就醒一次"等。

网络语言作为一种全新的交流方式,给语言的表现带来了活力。网络语言的出现发展了语言的内容,增强了语言作为交流工具的能力。很多全新的网络词语都已经进入了权威的词典。网络语言的出现反映了传统语言与互联网的融合,是人们在信息时代交流的新方式。但是我们也要看到,网络语言的发展也带来了一定的负面作用。

网络语言滥用现象严重。网络语言是网络交流的主要手段,但在现实生活的日常交流中,网络语言使用的频率越来越多。很多公共媒体为了获得更多的受众,也纷纷增加网络语言的使用。但是,网络语言很大部分不符合词语与语法的规范,很多网络语言本身就是错字和别字,很多正在读书的青少年,由于经常在互联网上与他人交流,将网络语言用于作文的写作,这都影响到了语言的正常发展。

网络语言自身的问题。网络环境由于较少的约束,网络语言的使用也受到较少的限制,因此也有很多不良的网络语言。很多现实社会中粗俗不堪的词语,经过网络语言的包装,成为网络上流行的词语。如 TMD,NMD,SB 等词语在网络交往上屡见不鲜,更高级的网络词语如兰州烧饼用一种更隐晦的方式表达了楼主 SB 这一语言。虽然,表面上在互联网上使用的是正常的词语,但是这在无形中使人们在心中接受了这些低俗的词语。很多网络词语都是单纯的发泄,这些苍白的语言体现了网民素质的参差不齐,也严重了污染了语言,影响了语言的健康发展。

(二)草根文化的流行

"草根"源于英文"Grass roots",最早使用是在 19 世纪的美国,在淘金热盛行的当时,该词意为草长得茂盛的地方下面容易发现金矿。现在草根主要是指基层和群众。草根文化也就是与主流文化、精英文化相对应的非正统的、大众的文化。草根文化正在成为互联网上全新流行的新文化,它以其独特的风格造就了一个又一个的神话。英国的苏珊大妈可以说是当之无愧的网络名人。苏珊大妈是一个 47 岁无业妇女,无论如何,在传统文化中你根本无法想象她会成为世界瞩目的焦点。正是在《英国达人》节目中,苏珊大妈凭借一曲《我曾有梦》一鸣惊人。在 2009 年 4 月中旬网络视频点击率排名中,她参赛的视频点击率超过一亿次,远远高于美国总统奥巴马的就职典礼。草根成为受到现实社会限制的人们获得成功的新的手段,而互联网成为草根文化发展的新舞台。

草根文化创造了大量的文化作品。随着公众在互联网上创作热情的日益高涨,各式各样的草根作品层出不穷。老鼠爱大米等一大批草根音乐、各种各样的草根文学、山寨春晚都成为草根文化在互联网上的表现。草根文化涉及现实文化的各个方面,与现实文化遥相呼应,成为现实文化有益的补充。

草根文化的内容更容易理解。由于草根文化的创造者大部分来源于普通民众,他们的文化更容易理解。《明朝那些事儿》最早出现在天涯网的一个小众论坛"煮酒论史",该文将明朝的历史从传统的正史叙述转化成一种注重刻画人物心灵的小说类作品,使得人们在阅读一部小说的同时了解了明朝的历史。该书印刷出版后,热销超过 500 万册;网络名人胡戈《鸟笼山剿匪记》也在诙谐演出的同时,向公众隐晦地表达了美国对伊拉克侵略的原因——石油。

当然,草根文化也有其局限性。

首先,草根文化的抄袭现象严重。在湖南卫视《超级女声》作为草根文化一炮打响后,类似的选秀节目层出不穷。这些节目的内容在本质上并没有进行改变;很多网站直接使用国外一些网站的经营产品,偷菜等等都是换汤不换药的产品;在微博流行的今天,为了增加微博的知名度,博主们四处搜集别人的原创作品,不经注释就直接成为自己的作品。这些都使得草根文化逐步滑向了抄袭文化,影响了草根文化原创者的积极性。

其次,草根文化的眼球效应。草根文化的流行与否,主要评判标准就是它们在互联网上的点击数量。一些草根文化的创作者为了出名等目的,使用各种手段和方法将他人的目光吸引到自己的作品中。在内容上,采用披露隐私等吸引眼球的手段,甚至有时候运用赤裸裸的色情内容作为吸引观众的手段。在标题上,往往使用一些具有隐含意义的题目。同时,在互联网上,恶搞现象严重,有些恶搞将损害别人的名誉作为自己作品的筹码。这种盲目追求点击率的做法,影响了草根文化内容的纯洁性。

最后,草根文化的价值取向问题。我们看到,草根文化追捧的一些名人对大众产生的影响是负面的。数年前,芙蓉姐姐以她的特立独行,在网络世界引起了巨大轰动,她连续3年称雄百度搜索风云榜,成为网络民众追捧的名人,现在凤姐的出现和小月月的流行,都让我们对草根文化的价值取向产生了怀疑。

二、网络文化发展趋势的成因

网络语言与草根文化的产生与流行的主要原因有以下三点:

(一)公众表达诉求的需要

随着经济的不断发展、城市化进程的加快,人们的生活水平日益提高,从大杂院搬进了高楼大厦,这改变了邻里之间的关系。现实生活中邻里之间互不相识的现象比比皆是。不但邻里之间,朋友之间、家庭之间现实的交往也在逐渐减少,人们交往的空间逐渐从现实向网络转变,这也带来了人们的生活方式趋向孤独和自闭。同时,在经济发展中,我们遇到了种种问题,如就业难等,带来了社会心理问题,如对未来的担忧、心态的不平衡等。由于通过传统渠道无法达到目的,人们逐渐利用互联网作为自身诉求的一个新平台。

我们看到,大量的网络语言都是网民对现实的反映。"我爸是李刚"就反映出广大民众对于少数利用父母职权而作威作福的官二代的强烈不满;"蒜你狠"、"豆你玩"、"糖高宗"、"姜你军"、"苹什么"等等,都形象地表达了公众对于食品非正常涨价的不满与无奈;"我们做出了一个非常艰难的决定"反映出了公众对于企业不顾使用者利益而进行的恶性竞争的抗议。

草根文化是民众表达诉求的新手段,其内容也大都与现实生活紧密相连。草根阶层作为社会的底层,其自身诉求的影响力不足,便使用全新的文化展示他们的诉求。如网络歌曲《自习室》,就从歌曲中反映了校园由于占座等情况的普遍存在所带来的上自习困难的现实问题;网络歌曲《我不想说我是鸡》从鸡的角度体现了人们抗击禽流感的决心;著名短片《网瘾战争》就从一个游戏玩家的角度,反映了由于政府管理职能交叉带来的新游戏迟迟不能开放的问题。

虽然它们也被少数人作为发泄不满的渠道,很多抨击社会、攻击师长的作品在互联网上广为流传,一些作品语言低俗、想法肤浅,仅为发泄而发泄。但是,草根文化、网络语言这种形式活泼的作品,用一种全新的公众喜闻乐见的形式反映了一些现实问题,在娱乐的同时还揭示一些真相,不但进行了讽刺,还使得公众对讽刺对象有了更深刻的认识。正是这样的特点使得这两种文化形式成为网络文化发展的新趋势。

(二) 网民价值取向的改变

价值取向就是当人们面对和处理事情时所持的基本立场、看法、态度与价值倾向。随着互联网的出现,网民的价值取向与现实世界公民不同。因为人们的价值倾向是与生存的环境密切相关的,亚洲人和欧洲人对于同样的事情就有不同的看法。互联网这一全新环境的出现使得人们在网络上有一种全新的虚拟人格,与现实的人格有所不同。现实的人们遇到事情更容易独善其身,而互联网上的人们则愿意挺身而出;现实的人们个性呈现出从众心理,而互联网上则宣扬独创;现实的人们追求的是归属感,而在互联网上人们追求的是自身价值的体现。网民价值取向的改变体现在对全新文化发展的要求上,也体现在网民对网络文化的娱乐需求的增加上。

互联网成为人们精神生活发展的重要平台,无论是对生活不满的发泄,还是对一些问题的倾诉,旧有的方式都不会成为首选,这就要求一种全新方式的出现。因此,网络语言与草根文化应运而生。这两种文化的出现,迅速满足了人们在互联网上的独创要求;网络语言与草根文化的作品影响力巨大,这也满足了人们对于自身价值实现的新要求。因此,网络语言与草根文化的出现是网民价值取向的具体表现。

（三）商业利益的驱动

以互联网为主要业务的公司,在商业化的推广下,大部分都是以经济利益为最终目的的。互联网上盈利的手段主要有三种:广告盈利、销售盈利、渠道盈利。广告盈利就是通过互联网发布广告而获得收益。销售盈利主要是指通过互联网销售物品获利,这一物品既可以是现实的物品,如食物、办公用品,也可以是虚拟产品,如游戏点卡、装备等。渠道盈利则是指网站首先建立一个广泛的群体,利用这一渠道进行前两种经营。在目前广告盈利依然是不少网站的生存基础。广告收费目前分为两种:第一种是按日计算,这一价格取决于网站的日人数流量和影响力。第二种是按照点击率,即根据点击的次数付费。无论是那一种形式,都要求网站有更大的关注度。网络语言和草根文化作为公众喜爱的文化形式,本身就具有广大的观众。因此,大量宣传这样的文化有利于网站的收益。同时,企业也看中了网络语言和草根文化这一特点,出资赞助它们的发展。如流行于互联网的视频短片《老男孩》就得到了上海通用雪佛兰汽车的大力赞助,数码音乐品牌 OPPO 与新浪网联合建立了国内首个实现全时音视频互动投票的排行榜——"OPPO2005 网络歌曲排行榜"。企业在出资推动网络文化发展的同时,也使得企业用较低的广告费用获得了良好的宣传效果。同时,网络语言与草根文化本身也具有极大的经济效益。由网络语言写成的网络文学受到人们的喜爱,由出版社出版发行后,获得了巨大的收益;很多优秀的网络歌曲作为彩铃被网友们下载,也产生了巨大的经济效益。网络语言和草根文化本身具有的经济效益成为它们在互联网发展的重要条件。

三、正确对待网络文化发展

文化的发展是社会发展的重要一环,因此我们要以积极的态度加以应对。

（一）加强主流文化的主导地位

在信息时代,文化的影响力比以往任何时候都更加广泛和深刻,文化的要素已经渗透到经济社会发展的方方面面。文化的发展,不仅关系到文化自身的振兴与繁荣,而且决定着一个民族的前途命运。因为,一个民族的觉醒,首先是文化上的觉醒。

任何一个时期的文化,其内容和形式都是丰富多样的。但是在这些文化中,必定有一种文化占据主导地位。现在,我们面对着互联网这一全新的环境,文化之间交流的趋势越来越明显。西方文化霸权的出现,对我国主流文化的正常发展产生了一定的影响。但是,我们依然要主动加强对外文化交流,目的不是要输出我们的意识形态,而是要增加世人对我国主流文化的理解、尊重和认同。中国在历史上经历了多次不同文化之间的冲突,但是每一次,中国主流文化都征服或者融合了其他的文化。因此,我们在面对西方文化的冲击时,应该有充分的自信去主动地应对。同时,在交流中,我们还要吸收其他文明的优点,补充和发展我们的主流文化。

为了提高主流文化的地位,必须加强互联网的建设。经过近几年的发展,我国逐渐形成了由中央重点新闻网站、省级重点新闻网站和中心城市新闻网站构成的主流媒体,新华网、人民网等已成为宣扬主流文化的新平台。这些主流媒体丰富和发展了人们的精神文化生活。但是,我们的网站数量和影响力与西方发达国家相比还有一定的差距,因此我们应该进一步加强主流网站的建设。

(二)促进文化的多元化发展

文化既是推动社会发展的重要手段,又是社会文明进步的重要内容。我们要加强主流文化的建设,但是我们也应看清,一个社会不可能只存在一种文化,正是各种文化的交融,为社会的发展带来了活力。同时,随着信息时代的到来,人们对精神文化的需求更加强烈,发展多元文化的交流可以切实解决文化饥渴问题。

中华传统文化有着五千年的历史,从先秦的诸子百家、儒家文化,到两汉文化、魏晋文化、盛唐文化、明清文化,再到后来的新民主主义文化、社会主义文化,中国文化是世界上唯一的连续的文化。中国传统文化是中华民族精神的体现。在信息时代,民族文化利用互联网这一全新的媒体,重新焕发了活力。"2004文化高峰论坛"发表的甲申文化宣言中提到:"我们应当与时俱进,反思自己的传统文化,学习和吸收世界各国文化的优长,以发展中国的文化。我们接受自由、民主、公正、人权、法治、种族平等、国家主权等价值观。"同时,草根文化、网络语言等新文化的出现,大大丰富了文化的内容,促进了文化的多元化发展,为我国社会主义文化的发展做出了重要的贡献。

(三)促进文化的健康发展

文化最大的特点,就是具有极强的渗透性和持久性。它通过广泛的传播,使得无形的意识和观念,可以深刻影响有形的存在和现实。我们以满足人民群众精神文化需求为出发点,建设充满活力、富有效率的具有中国特色的文化,可以增强我们国家的文化软实力和文化领域在国际上的竞争力。

但是我们需要看到,任何一个时期的文化都是一个不断积累积淀的过程。对于文化,必须坚持以立为本、重在建设。我们一定要把文化建设与现在互联网上流行的快餐文化等区分开来,切实做好文化发展工作。

网络文化虽然在一定程度上促进了文化的发展,但是也出现了诸如恶意恶搞、造谣欺骗、色情暴力等现象。我们要靠文化的雅俗共赏的内容、喜闻乐见的形式来赢得公众的支持,切实抵制庸俗、低俗、媚俗的网络文化。要正确处理社会效益和经济效益的关系,在两者遇到冲突时,一定要把社会效益放在首位,只有这样,我们才能真正促进社会主义文化的健康发展。

第五章　信息时代的社会事业发展

　　社会事业是由政府主导的、政府部门和企业共同进行的社会建设与社会服务事业。社会事业的主要目的是社会公益。在我国,社会事业主要包括教育事业、医疗卫生事业、劳动就业、社会保障、体育事业、社会基础建设和人口与计划生育事业等。社会事业发展是社会发展的重要组成部分,信息时代如何更好地促进社会事业发展成为一个全新的课题。

第一节　互联网与社会事业

　　互联网的出现促进了社会事业信息化的发展。通过对社会事业信息平台、社区信息化、三网融合和一卡通的建设,社会事业信息化对社会事业的发展起到了重要的作用。

一、社会事业信息化及其特点

　　根据经营类型,社会事业可分为公益、准公益和盈利三种。

　　社会事业与人民群众的切身利益息息相关。发展社会事业有利于改善民生,维护社会公平正义和社会稳定。随着社会事业的不断发展,社会的公共服务水平逐步提高。这不仅可以更好地满足人们的就业、教育、医疗、社保等需求,而且还可以为人们提供更好的发展机会,保障人的发展权利。

促进社会事业的发展,是政府完善社会管理与公共服务职能、统筹社会协调发展的重要任务。我们通过营造有利于社会事业发展的良好氛围,积极引导社会力量来关注社会事业,推进社会事业的不断发展进步,可以更好地解决公平分配、大众参与、生态保护、社会稳定和可持续发展等问题。

随着信息时代的到来,互联网带来了社会事业发展的信息化趋势。政府部门与相关主体都非常重视社会事业的信息化,积极开展各领域的信息化工作,促进了社会事业信息化的蓬勃发展。

教育领域的信息化,加强了文字资源的数字化进程。通过对图书馆内现有的图书资源数字化,建立了全新的数字图书馆;通过将一些科普资源进行整合,建立了全新的科普信息服务平台;通过合理配置现有教育资源,形成了覆盖面广大的现代远程教育网络,提高了教育资源的使用效率。

公共卫生领域的信息化,通过对医疗、医药和医保三者的有机结合,推进了医疗服务的现代化建设,形成了一个较为完善的医疗保障体系,增强了疾病的控制与救助能力。

社会保障的信息化,建立起了功能齐全、覆盖面广的社会保障体系,这个体系可以统一管理养老、失业、医疗等社会保障账户,提高了社会保障的服务能力。

服务领域的信息化,形成了以信息技术为基础的现代物流体系,极大地提高了物流的效率;智能交通系统的推广,大大便捷了人们的出行;新型金融服务和信用服务体系的建立,完善了金融风险的监管和现代支付清算体系;数字电视的推广,互联网新兴业务的发展,丰富了人们的生活;旅游等服务业信息资源的开发,改造和提升了行业的整体形象。

社会事业的信息化发展呈现出以下特点:

(一)公共服务综合体系的建立

目前,伴随着社会事业各领域信息化的发展,其间的界限逐渐模糊。通过将某一地区政府门户网站、城市指挥系统、劳动社会保障、医疗保险、教育等重点系统有机结合,利用统一规范的标准、先进的管理模式,形成了以公共信息平台为基础的公共服务信息化体系。在这种体系下,各部门在进行原有业务的同时,还将致力于不同业务部门之间的协作,这种协作有政府与民众之间的协作、也有上级政府与下级政府之间的协作。这既有利于服务主体了解公众对于公共服务的真实要求,也有利于服务主体之间的协作。这种综合体系的建立,为人们提供了更好的公共服务,形成了服务主体与公众之间的良性互动。

(二)社会事业信息化与政府信息化相互促进

社会事业是以政府部门为主导的公共服务事业。因此,政府信息化建设的发展,将会促进社会事业信息化的发展。首先,政府部门获得的信息更加全面,通过信息化建设,将这些信息在社会事业领域共享,可以引领社会事业的进一步发展。其次,政府信息化使得政府工作效率明显提高,这也必然会提高政府部门主导的社会事业的工作效率。最后,在政府信息化推动社会事业发展的同时,通过在推进基本公共服务信息化过程中得到的经验和意见,又可以有效地促进政府信息化的发展。

(三)市场化趋势

由于公共服务之间的区别,一些公共服务并不需要直接由政府部门来提供,因此政府部门可以通过市场的竞争机制,用更加灵活的方式来实现公共服务的提供。随着社会事业信息化的发展,公共服务领域的市场化趋势也愈加明显。目前依托市场与社会力量发展的社会事业不在少数,如商业公司运营的公共交通服务等。通过市场化的竞争,政府部门可以有效地节约财力与人力。政府部门通过建立相关的信息沟通与反馈机制,就可以完成对相关领域内公共服务的管理,这也提高了政府的管理能力。因此,社会事业的市场化发展成为政府主导的社会事业发展的有益补充。

(四)社会事业发展的公开化

社会事业信息化的发展是为了让公众可以享受到更好的服务,社会事业的发展是与公众利益密切相关的。因此,社会事业信息化能够让公众了解社会事业的发展现状,同时还有利于获得公众对于社会事业发展的意见。通过这种公开性,使得公众参与到社会事业的发展中去,同时也确保公共服务的发展能够为公众带来利益。这既有助于社会事业的发展,更能够满足公众的切实需要,还可以使公众感受到政府部门服务的决心。

二、社会事业信息化及其作用

社会事业信息化建设对社会事业的发展起到了重要的作用。

社会事业的信息化有效地解决了各领域间的信息交流问题。社会事业是由政府提供的一种服务,而这种服务也需要提供者与接受者之间形成良性的互动。由于传统模式存在的信息交流问题,即上下级政府之间的信息不对称,政府与公众之间的信息不对称。这种不对称体现在社会上,就表现为各个地区的公共服务发展呈现不均衡趋势,同时公众的需求也不能有效地向上反映,造成一些公共服务的基本需求无法得到满足,限制了政府提供公共服务的能力。信息化的发展有效地解决了这一问题,为各部门之间的良性互动提供了技术支持。公众对于政府的社会事业信息化发展的监督与评价,有效地保证了社会事业发展的正确方向。

信息化建立了全新的数字平台,有效地整合了公共服务信息。传统的信息管理方式,主要是由人工完成信息的记录与整理。由于各个部门之间使用各自的管理体系,因此,使得各级部门之间的数据管理中存在一些问题,如部门之间系统的标准不同、冗余的垃圾资料的存在、一些数据原始资料的缺失等。在社会事业的发展中,尤其是医疗、保险等行业,系统资料的数据量庞大,有效性很长,而且资料的准确性又直接关系到每个个体的利益,这些资料大多来自于初次填写的原始资料,因此这就对社会事业的信息管理提出了新的要求。信息化带来的电子数据的管理方式成为数据管理的最新方式。首先,这种方式通过统一的规范,不但可以保障数据的准确性,同时还便于相关机构对于数据的使用,不再出现因为查找某一原始数据而花费大量时间的现象。其次,数字化的管理方式有利于信息的更新,人们可以直接通过互联网对自己的信息进行在线更新,大大简化了人们更新信息的成本。最后,由于互联网空间非常庞大,数字化方式可以有效地整合社会事业各个领域的数据,即可以将一个地区、甚至是一个国家的所有信息都统一管理,这就有利于国家使用统一的数据管理标准,用政策和制度的形式进行有效的数据采集与管理,为建立准确、有效的数据库奠定了基础。

信息化的建设促进了社会事业有序的发展。随着信息化的发展,政府在社会事业的发展中,逐渐从管理者向服务者转变。传统的公共事务管理对于一些不良行为,主要通过处罚这一管理手段,但是这些行为较为隐蔽,处罚难度较大。这些不良行为的存在不利于社会事业的有序发展。随着信息化的发展,规范化程序的广泛应用,从源头上掐断了不良行为赖以生存的条件。同时,管理手段也从传统的处罚为主转变为现在的监督为主。通过广泛的监督,可以更有效地保证社会事业的有序发展。如现在交通监控主要通过电子警察完成,通过公布这些电子警察信息,增强对于交通情况的监督管理能力,更加有效地维持交通秩序。

信息化建设提高了公共服务的能力。首先,信息化的发展有效减少了传统过程中冗余的步骤。由于各个部门之间相互缺乏联系,传统的一些跨部门服务工序复杂,并且交叉管理现象严重。随着信息化的建立,通过对各部门管理数据的整合,建立起行之有效的管理体系,减少了一些不必要的程序。如传统的旅游需要安排行程、预定旅馆等多个步骤,现在人们从一个综合服务网站就可以完成出行的所有安排。其次,信息化的发展提高了人们的工作效率。传统服务大都采取人工服务,效率较低,通过信息化的介入,服务效率大大提高。如一些餐饮行业目前已经采取电子点菜系统,用户通过该系统点菜完毕后,所点的菜品就直接反映到厨房的显示屏上,这样就减少了以往菜单传递所耽误的时间。而且,很多服务已经做到了完全的自动化。现在参观一些博物馆等场所,可以通过互联网直接购买相关场馆的电子票,通过场馆门口的视频扫描等仪器,就可以直接进入场馆参观。这种无人的自动化管理提高了管理的效率,使得现在少数人就可以完成以往多数人才能完成的工作。最后,信息化的发展带来了信息传递的即时性,这使得管理者与公众可以在第一时间了解到公共服务信息。如现在的公共交通管理体系,通过指挥中心内的数百个监控窗口,有效地了解城市路面的交通情况,通过互联网与管理体系的联网,指挥中心可以及时发布相关信息,公众也就可以在第一时间了解相关情况。同时,信息的即时性也反映在公众反馈信息的即时性上。公众及时地将一些最新状况以短信等形式反映给相关平台,使得相关平台在第一时间了解了情况,可以更好地为公众服务。

社会事业信息化的发展对社会的发展有着重要意义。

满足公众的根本利益,是社会发展的基础。而社会事业的信息化,就是从人们的根本利益出发,努力实现公众均等的公共服务,保障其生存与发展的权利。社会事业的信息化建设,可以使得公民对于公共服务的需求得到正确的反映,能够加强公众对于社会事业发展的参与和理解,体现了社会事业取之于民、用之于民的实质。信息时代是知识经济时代,人力资源成为社会发展的最核心的资源。人力资源已经成为各国竞争发展中的核心竞争力,因此,我们应该在促进经济发展的基础上,更加注重社会建设,着力保障和改善人们的生活条件,扩大公共服务能力,完善社会管理职能,促进和实现社会公平正义,建立一个使全体公民都学有所教、劳有所得、病有所医、老有所养、住有所居的和谐社会。

社会事业信息化有利于各地社会事业的共同发展。社会事业的发展状况与地区的经济实力有直接关系,各地社会事业发展不均衡的根源也是由于各地政府的财力不均。信息化进程是通过各类程序将软件系统与相应的硬件系统联结而成的,而软件系统的一个最大特点就是容易复制。一个成功的公共管理软件,在创建时需要付出较高的成本,但是随后的复制成本相对较低。因此,通过各地之间信息化进程的发展,管理部门可以通过利用现有的优秀软件,来进行地区的社会事业信息化发展,这大大减少了信息化的成本,有利于社会事业的发展。通过公共服务统一平台的建立,可以有效地协调经济条件不同地区之间的公共服务能力,便于发挥各地区的资源优势,使得资源得到有效的配置。目前,各地区、城乡之间的公共服务发展并不均衡,一些地方在网络教育上发展得更好,而另一些地方在医疗保障建设方面有更多的经验。通过信息化的发展,将这些发展优势有效整合,可以有力地推动各地区社会事业的共同发展。

三、社会事业信息化的发展方向

(一)加强基础设施建设

社会事业信息化的一项重要工作,就是信息化相关基础设施的建设。在人们的日常生活中,信息化带来的便捷可以说是随处所见。正是由于互联网基础设施的建设,才有更多的人可以更便捷地使用互联网,社会事业信息化发展的成果才能为更多的人所享用。由于经济实力、对外技术依赖、人才成本较高等原因,发达国家居民使用互联网的费用较低,而一些最不发达国家上网费用极高,严重影响了信息化的发展。2007 年发布的《中国的信息革命:推动经济和社会转型》报告中显示,中国互联网使用价格占收入水平的比重仍然偏高。发达国家互联网使用价格不到其收入水平的 1%,而中国的比例超过 10%,是发达国家的 10 倍,也高于东亚及太平洋地区约 8%的平均水平。中国的总体电话(固话和手机)普及率只有 50%,不仅低于巴西、俄罗斯以及多个亚洲国家,更是与发达国家超过 130%的水平相去甚远。据国家统计局公布的数据显示,2010 年中国城镇居民家庭人均总收入 21033 元,农村居民人均纯收入 5919 元。目前我国城镇居民互联网的使用费用占收入的比例进一步降低,但是农村居民互联网使用价格依然相对较高。虽然 2010 年我国农村网民规模达到 1.25 亿,占整体网民的 27.3%,同比增长 16.9%,但是农村网络普及率依旧较低。因此,我们在加强城镇信息化基础建设的同时,要进一步加强农村的信息化基础设施建设,扩大信息网络的覆盖面,提高通信、广播电视和互联网的普及率。通过这些基础化建设,为农村建立起快速便捷的信息化高速公路,进一步降低农村信息网络的使用成本。同时,我们还要积极开发和整合农业信息资源,构建相应的支持平台,推动农村教育、科技、卫生、文化等领域的社会事业信息化进程,加快信息化在农村的发展,让广大农民切实感受到信息化带来的好处。

(二)促进社会事业信息统一平台的建立

目前,我国社会事业信息化正在蓬勃发展。但是由于各种原因,目前我国在信息化的过程中,各个部门按照各自的工作需求与实际财力,单独建立网络,这在信息化发展的初期是正常现象,但长此以往,会使得政府各个部门之间投资重复,造成人力财力的浪费。因此,我们应建立一个标准相同、格式相同、利用率高的社会事业信息统一平台。通过统一规范,实现数据资源的共享,最大程度上发挥信息化带给我们的好处。目前,一些地区已经建成了"城市应急联动指挥系统"和社会预警体系,这些体系通过统一的指挥,凭借着功能齐全、反应灵敏的应急机制,在提高保证公共安全和处理突发事件中发挥了重要的作用。2007 年北京建成的人口信息库,使得公安、妇联、民政局、计生委等部门的信息在人口信息库中得到了共享。统一平台的建立,将为公众提供更大的方便。人们通过互联网,就可以了解到他们需要的所有公共服务信息。如他们可以通过手机,即时查询希望搭乘的公交车的位置,可以更合理地安排自己的时间。因此,社会事业信息统一平台的建立提高了社会事业各领域信息化的应用水平,促进了和谐社会的发展。

（三）促进社区信息化建设

随着社会事业的不断发展,社区承担的任务也越来越重。每年居委会需要填报各类报表,涉及民生、劳保、治安、民政等各个方面,同时各级部门组织的检查、评比也加大了社会工作的工作量。通过社区信息化的发展,可以有效地形成一套社会信息管理体系,可以有效地记录与管理社区相关的信息。社区工作主要是服务于辖区内居民的日常生活。这些小事都直接关系着居民的利益。发展社区信息化,方便社区居民对社会事业发展提出各种建议,可以使社区工作做到想百姓之所想,解百姓之所急。目前,一些社区已经形成了信息化服务平台,工作人员使用连接该平台的手机,就可以进入居民家中进行数据采集,将医疗保障、户籍等信息纳入数据库。这样使得居民的各种信息一目了然,可以随时为居民提供服务。通过解决居民在生活中遇到的难处,切实提高居民的生活质量和生活水平。这样的数字化社区建设,已经成为社会事业信息化的重要发展方向。

（四）三网融合与一卡通的发展

三网融合是指电信网、计算机网和有线电视网三大网络通过技术改造,能够提供包括语音、数据、图像等综合多媒体的通信业务。三网合一并不是将三大网络简单地连接起来,它是一种业务上的融合。三网融合实现后,电视遥控器可以打电话,居民只需要一条通讯线路就可以完成通信、电视、上网三种业务。三网融合的建设目前还处于起步状态,但是三网融合概念的出现,使得互联网的使用变得更加便捷,也使得人们更容易享受到社会事业信息化带来的成果。

一卡通是将多种不同的功能汇集起来的一张智能卡。这一张智能卡通过与管理数据库相连后,可以实现以往多种卡的功能的总和。一卡通目前被应用于城市公共交通、高速公路自动收费、智能大厦、各种公共收费、智能小区物业管理、考勤门禁管理、校园和厂区的管理。一卡通的出现与普及,为人们的出行带来了极大的便捷,减少了人们出行所消耗的时间,同时还为人们的日常生活提供了便利和安全。随着射频技术、智能卡应用技术、互联网技术和自动控制技术的发展,一卡通还有很大的发展前景。

互联网的出现推动了社会事业信息化的建设,而社会事业信息化通过社会事业信息平台、社区信息化、三网融合和一卡通的建设,极大地促进了社会事业的发展。在社会事业中,医疗卫生、教育与人们的社会生活息息相关,医疗保障和教育的信息化程度直接影响到人们现有的生活状态以及子孙后代的健康和发展,进而对社会发展产生深远影响。社会事业内容较多,笔者在此着重讨论互联网对医疗卫生与教育事业所发挥的作用。

第二节　互联网与医疗卫生

医疗卫生是社会发展的重要内容,随着社会信息化程度的提高,医疗保障的信息化程度也不断提高。这种变化主要体现在医院信息化、医药信息化和医疗保障信息化三个方面。

一、医院信息化

医院是向人们提供医疗服务的机构,医院不仅仅为患者提供服务,对于一些健康的人,也可以提供身体常规检查等服务。医院在医疗保障系统中发挥了重要的作用。因此,推进医院的信息化进程至关重要。

各国都非常重视医院信息化的建设。美国政府在应对金融危机的7870亿美元的一揽子计划中,就包括了医院和医生办公室实现医疗信息化的资金。在5年内,使用信息技术解决传统问题的医疗机构可以共同使用其中的500亿美元。在2011年中,就已经可以开始使用其中的190亿美元。同时,在2015年,美国政府将对没有安装信息系统的医疗机构处以巨额罚款。日本政府的信息技术战略本部制定的中长期信息技术发展战略中,突出强调了发展电子政府和电子地方自治体,推动医疗、健康和教育的电子化。日本癌症研究会附属医院与其他一些医院在2002年就发起了促进病例电子化的活动,并建立了相关的数据库,医生可以全面掌握患者的信息,从而能够更加快速、准确地判断病情。

世界各地从事医院信息化的公司数量不断增多,这其中包括一些大型信息技术公司,如微软、谷歌等,还包括了一些其他的公司。甚至以零售为主业的沃尔玛集团,都在旗下的山姆会员店出售医疗管理软件。

世界各地建立起了一批信息化程度较高的数字化医院。英国的哈默史密斯医院投入了巨资,建设完成了先进的数字化图像资料信息系统,成为世界上首家数字化医院。美国的阿拉巴马州和印第安纳州成为数字化医院建设的前驱。欧洲一些国家已经可以通过信息技术管理区域内的部分医院。在亚洲,大阪大学医院于1994年开始了信息化进程,马来西亚也投入巨资建设马来西亚中央医院。我国也加强了各省市的数字化医院建设步伐,医院信息化程度不断提高。

医院信息化的主要内容包括:

医院管理信息化。传统医院管理的绝大部分工作由人工完成,不但效率不高,还容易发生错误。目前,信息技术被广泛运用于医院的管理工作中。医院信息化系统包括门诊管理系统、住院管理系统、病历管理系统、药房管理系统、临床检验管理系统、影像管理系统、财务管理系统、人事管理系统、院长查询系统、物资管理系统、远程会诊系统、患者触摸屏查询系统、化验打印查询系统、排队呼叫系统、一卡通一站式付费收费系统、大型LED屏幕显示宣传系统等等。

远程医疗的使用。远程医疗即通过信息通讯技术提供的医疗信息与服务。这一技术便于距离比较远的患者和医生之间的直接沟通,通过互联网,医生就可以获得病人的病历、各项检查数据、X光片等诊断用资料。根据这些资料,医生就可以做出诊断并提供治疗方案。远程医疗的方式摆脱了以往通过电话进行交流的远程治疗手段,有利于医生对于病情的正确诊断。同时远程医疗还为医师会诊提供了条件。以往诊疗某种疾病的专家医师分布在各个地区,很难对某种病情进行会诊,而通过远程医疗系统,各地的专家可以通过互联网提出自己的意见,方便一些疑难杂症的确诊。

电子健康档案的建立。电子健康档案实际上就是利用信息技术,将用户的健康状况、就诊资料等数据通过数字技术储存在数据中心中。采用电子健康档案可以有效地提高医疗质量，因为一些病情症状相似，仅仅一次诊断并不能做到完全准确，而电子健康档案可以提供以往就诊的一切信息，有助于医生作出正确的判断，同时还可以避免因为医生字迹潦草而带来的种种麻烦。电子档案还是一种在互联网上可以方便查询的健康档案，通过互联网的使用，人们在几秒钟内就可以查到自己以往的健康档案，改变了以往去医院查看档案的程序，大大提高了效率。

社区医院的发展。人们就医的传统习惯往往倾向于大型医院，原因之一是大型医院有更好的设备。随着信息化的进程，医院可以通过数字化、信息化等技术将一些医疗设备终端连接起来，在一定程度上缩短了社区医院与大型医院在技术上的差距。社区医院以社区为中心，主要服务社区内的家庭，以老人、儿童、慢性病人为重点服务对象，可以在一定程度上缓解目前医疗资源紧张的状况。

医院网站的建立。一些信息化程度较高的医院，纷纷建立了相应的网站，这些网站内容丰富，它包括了医院简介、科室介绍等基础信息；包括了就诊流程、住院须知、乘车路线等就诊信息；还包括了医学教育等对于医疗的普及知识。这些网站的建立，方便了公众对于医院信息的掌握，也在相当程度上提高了医院的效率。

医院信息化的发展为医疗事业的发展起到了积极作用。

医院信息化促进了医院效率的提高。信息化的管理可以有效地减少人为原因造成的错误，如电子档案的管理就可以有效地避免笔误带来的影响。医生也可以利用计算机系统对于药物进行流程管理，将以往一次将药物全部发放到病人手里的方法改为利用物联网的射频技术，将准确计量的药物在指定的时间送到病人的身边，这可以有效避免因为药品较多导致吃错药的情况发生。医院在一定的信息化程度后，电脑可以替代医生作出简单的诊断，如血液检查的一些数据是否在合理范围内等，减少了传统诊断过程中的一些环节，提高了医生的工作效率。在时间就是生命的医疗工作中，效率的提升不仅可以使得医生可以有更多的时间为患者服务，也对一些危重病人的救治起着重要作用。信息技术还增强了医院的管理能力。对于住院病人,传统的监控手段只能在特定时间监控患者的身体数据,而现在电脑系统已经可以代替人来完成对于患者的监控。护士只需坐在电脑前面,就可以完成对于患者的监控。医院信息化使得医院的工作更加透明化,患者可以查询所需缴纳的费用及相关项目明细,保障了患者的知情权。

医院信息化方便了人们的就诊。看病难一直被认为是一个老大难问题,挂号就是就诊过程的一个难题,很多人为了挂号,很早就来到医院排队,有时候在医院挂号就需要花费几个小时的时间。挂完号后,由于没有具体的就诊时间,部分患者在医院等待就诊需要数十分钟甚至数小时。在传统的医院,看一个小病就可能需要一个上午的时间。而网上预约挂号的出现,使这一问题得到缓解。网上预约挂号可以有效地减少人们排队的时间,这种专人专号的形式也可以在一定程度上避免号贩子的干扰。通过预约挂号,可以与医生约定就诊时间,在指定时间到达医院即可,这也减少了人们等候就诊的时间。这样的预约挂号不但减少了人们等候的时间,也减少了人们在医院交叉感染的几率,有利于人们的身体健康。人们可以通过使用手机、计算机上网与医院实现信息互动,可以完成对相关信息的查询,满足了人们对于一些医疗基础信息的需求。由于电子健康档案的出现,医生也可以根据电子健康档案和就诊信息,通过短信等手段将一些提醒信息和注意事项定期发送给患者。同时,医生与患者之间的互动也不断增加。患者可以将自己最新的信息及时反馈给医生,医生也可以通过回馈对患者进行复诊。

医院信息化带来了观念的变化。由于医院信息化缩小了医疗资源的差距,使得一些人改变了以往无论大病小病都要去大医院找专家诊断的观念。社区医院将逐渐成为人们看病尤其是看小病的新平台。一些社区医院看不了的病,再转由更高级的医院诊断,这样可以有效地利用现有的医疗资源,在医疗资源较为稀缺的时候,避免了医疗资源的浪费。人们对于医院的观念也有所改变。以往人们去医院最主要的目的是看病,而现在人们对医院的看法已经不仅是治疗患者,还包括促进健康。更多的人通过医院网站公布的医学知识,对自己的生活进行调节,这使得医院更好地在医疗环节发挥了它的作用。

医院信息化的发展也面临着一些问题。

资金问题是医院信息化的一个重要问题。虽然一些信息化手段使得医院节省了成本，例如数字化方式的 X 光不再需要胶片。但是总体来说，数字化的运行成本也比较高。这种成本既包括在医院建立一个信息化体系，还包括每年维持这一体系的花费，大部分医院都将这一体系外包，因此成本较大。相对而言，投资的收益却相对较小。医院虽然通过信息化可以避免人为因素带来的过失，但是信息系统的维系费用较大，因此医院本身并没有明显的受益，相对而言，保险公司却因为医院出错次数的减少，而获得了更大的收益。同时，国家提供给医院的信息化经费有限也使得医院信息化的进程速度较慢。

电子健康档案的建立也存在一定问题。并不是所有的医院都备有健康档案，因此电子健康档案的作用相当有限，很多电子健康档案的计划在商业领域都宣告失败。一些经济条件较差的医院无法进行信息化，是导致电子健康档案不能在全领域内共享的原因，当然这个问题的背后也存在着医院之间的商业利益。因为商业医院是一种以盈利为目的的医院，很多医院将患者的病历视为本医院的资产，这就导致他们在主观上不愿意建立共享的电子健康档案。同时，目前电子健康档案也没有一个共同的标准，由于各个医院使用不同公司提供的系统，很可能在同一个症状上所用的代码不同，这就使得电子健康档案的作用大打折扣。

很多医院信息化程度较高，已经完成了大部分医疗过程的信息化，但依然有很多医院的流程还包含着传统医疗模式。虽然很多病人都有了电子病历，但是一些医生还是倾向于将处方和诊断结果写在纸上，这是由于一些工作人员更倾向于使用熟悉的工作方法。很多信息化的程序本身使用起来较为复杂，对于医护工作者来说，在没有熟悉该程序的操作之前，很可能被程序本身弄得焦头烂额，反而影响了工作的效率。目前医院信息化软件数量较多，不过大部分还是传统流程的替代，仅仅将现实的流程虚拟化，真正帮助医护人员收集和分析患者健康数据的软件数量稍显不足，还有待进一步发展。

二、医药行业信息化

医药行业作为医疗事业的重要组成部分,在医疗事业中发挥了重要的作用。随着信息时代的到来,医药行业也呈现出规模化、专业化的发展趋势,各个医药企业都加强其药物的研发能力和生产实力,在世界范围内争夺药品市场,医药企业之间的竞争日趋激烈。医药信息化实际上就是医药行业的信息化,即医药企业通过高新技术的使用,有效提高其管理效率、降低成本。医药信息化不但增强了医药企业在市场上的竞争力,为医药企业增加了利润,也对医疗事业的发展起到了积极作用。

信息化进程提高了医药企业的研发能力。随着信息时代的到来与科技水平的提高,医药产品的研发周期逐渐缩短。2005 年,在北京大学深圳研究生院举行的化学基因组学实验室首届学术委员会上,专家声明借助于该实验室的源头技术平台,有望将目前需要 8 到 10 年的药品研发周期缩短到 5 年左右。目前,药品的生命周期也逐渐缩短,市场上一些传统的药物被各种新药所替代,医药企业的药品研发能力也就成为企业最核心的竞争力。医药市场的竞争日趋激烈,为了进一步缩短药品的研发周期,通过信息化的进程,目前出现了一些医药企业联合开发新药的现象。传统专利谁发明谁拥有的观念在信息时代已经有所转变,一些自身研发能力强、市场能力较弱的医药企业选择了联合其他企业共同推广其产品,一些大型企业也已接受了这一观念,宝洁药业作为宝洁公司的下属企业,就采用了这样的发展模式,其总裁就提出对一些药品可以采取独家合作或技术许可等方式,通过外来的创新活力增加企业自身的竞争力。

信息化进程增强了医药企业的管理能力。首先,信息化进程规范了医药企业生产的流程管理,通过信息化技术的进入,为整个生产流程制定了数字标准,优化了生产流程,使得医药企业提高了生产效率,增加了生产能力。通过对于生产环节的规范管理,改变了制药企业传统的观念,即“药品的质量是生产出来的,而不是检验出来的”,切实提高了产品的质量。其次,信息化进程减少了企业的经营管理成本。医疗企业的发展速度较快,在企业连续保持销售快速增长的时候,如何有效减少企业经营管理成本,就成为企业发展所要面对的重要问题。伴随着信息化的推进,企业内部的各个资源得到有效的整合,提高了整体的工作效率,也避免了资源的浪费。信息化带来的企业数据联网,也可以有效地控制库存的数量,减少相应的经营成本。最后,信息化进程促进了企业发展决策的科学化。通过信息化进程,企业的管理者不但可以了解到企业当前的经营状况、生产能力、研发状况等最新的企业信息,还可以了解到市场现状、未来需求等市场信息。各种信息都通过数字化汇总到管理者手中,增加了决策的科学性,同时也大大减少了收集数据的成本。

信息化进程促进了医药的第三方物流的发展。信息化发展过程带来了现代物流业的发展,物流的发展已经成为继节约原材料、提高劳动生产率之后的又一对企业发展起重要影响的因素。目前,物流业已经从传统的附属产业发展成为独立产业,同时还有相当一部分物流企业专门从事专业的医药方面的第三方物流企业。这些第三方物流公司,通过信息化的发展促进了医药供应链管理体系的建立。物流的发展本身要求更多配送网点的建立,因此专业物流的介入扩大了医药配送网点的数量,通过信息化的管理,可以将这些网络终端有效管理起来,使得物流企业可以根据各地的需求与配送关系,更合理地安排运输与库存,提高了物流企业的效率。由于药品本身的特殊性,对于药品在途中质量的管理也就尤为重要。信息化系统可以对药品进行数字化监督,可以跟踪药品从生产厂家到终端零售商之间的各个信息,实现了药品进出流程的全程可追溯,这既保证了药品的质量,同时也可以使得企业更合理地安排生产计划与市场策略。先进的供应链也加强了物流企业对于运输的管理,信息化的软件可以有效地管理运输过程中的一切工序,如对货物的包装、拆箱等,同时它也可以在线跟踪货物的运输状况,切实增强了药品的运输能力。先进的供应链还将打造出新的医药仓储平台。因为随着物流配送的发展,所有药品将不再是以生产单位作为配送中心,而是通过将药品配送到各个医药仓储平台,进行物流运输。这样的物流方式更加有利于药品的配送。

信息化进程发展了药品的电子商务模式。医药企业纷纷建立网站进行自我宣传,同时还出现了独特的第三方医药电子商务模式。这种模式以一个中立的第三方为药品买卖双方提供交易平台,在这个平台上就可以完成购销过程。这种交易模式有效地将信息流、资金流和物流有机结合起来,降低了信息传递成本,提高了交易效率。

医药信息化的发展在一定程度上解决了买药难、吃药贵的现象。

医药信息化的发展丰富了药品市场。随着企业研发能力的不断增加、药品研发周期的不断缩短,市场上的药品数量逐渐增多。在我国市场上,作为治疗感冒这种常见病的药品,就已有上百种之多。针对各种其他疾病,都有多种药品供公众选择。由于个体的身体特性不同,每个人对于药品的选择也有所不同,丰富的品种给予了人们更多的选择。同时,这些药品的价格也是有高有低,基本可以满足大多数人对于药品的需求,使更多的人能够享受到医药信息化带来的便利。

医药信息化的发展降低了药品的价格。首先,目前市场上有着种类丰富的药品。这些药品之间的竞争会导致药品价格的下降。其次,随着医药企业的信息化进程,整个企业的管理成本降低,由此带来的单个药品的分摊成本也就会降低,这就降低了药品的出厂价格。激烈的市场竞争,也要求医药生产企业不断降低总成本,以超越其竞争对手。最后,药品价格较高的原因还有各级经销商的参与。传统的流通环境中,一般从药品出厂到最终面向市场,都会经历较多的流通环节,每经过一级经销商,药品价格就会上涨一部分。同时,在药品流通环节中,各级经销商主要是扮演商人的角色,即通过药品购销的差价盈利,这就使得企业虽然降低了药品的出厂成本,但是患者却没有享受到实惠。这种全新的物流服务管理,可以有效地降低流通环节对于价格的影响,使得消费者可以买到价格较低的药品。

医药信息化的发展转变了医药的商业模式。药品的消费已经从传统的卖方市场成为以药品消费者为主导的买方市场。目前医药企业的生存与发展已经不再是企业内部的事情,而是决定于医药终端的消费者。医药生产企业的药品面对的也将是一个更大的市场。随着市场的不断发展,医药企业也将目光投向了一些经济条件较为落后的区域。通过专业医药物流企业建立的配送网点,使得以往因道路条件较差而很难形成规模的配送工作得以进行。这样的发展,不但有利于医药企业的发展,更重要的是,它改变了一些偏远地区买药难的现状。

目前医药行业信息化发展有了一定的成果,但是不同企业之间的信息化差别还是比较大,企业信息化水平尚处于初级阶段。

医药企业的信息化面临着一定的困难。首先,企业领导对于信息化的认识不足。由于信息化的投入较大,但收益回报时间较长,一些企业将资金更多地投资于研发新药和从事业务经营方面,而对于信息化进程,除了一些对企业能产生立竿见影效果的,如财务、进销等,其他方面的信息化工作稍显不足。其次,医药企业中总部与各部门对于信息化的期望不同。在一些企业中,各个职能部门对于信息化能够帮助企业解决哪些问题没有达成共识,甚至一些部门将管理问题与管理系统能解决的问题混淆,造成了企业信息化发展的停滞。最后,一些医药企业采取连锁经营模式,本身其业务量较大,经营的药品品种较多,但是每种药品的数量却相对较少。而且这样的企业交易发生的频率较大,价格的波动也比较大。同时,还要兼顾处方药与非处方药的不同流通模式和零售与批发的双重模式,其本身业务复杂,终端较多,信息化建设存在一定的难度。

物流行业在美国等西方发达国家已经发展得比较成熟。在西方医药流通领域,医药生产企业的主要工作就是研发新药,将原来自己处理的物流活动委托给专业物流公司完成。他们只需将信息系统与物流企业保持联系就可以达到对于物流的监管。但是在一些国家,物流行业的发展较慢,一些物流行业还处于企业的附属地位,这就不利于物流信息化的发展。一些专业的物流公司也不能做到完全的信息化,一些长途运输的车辆定位并不依靠定位系统,而是通过手机等方式联系,这就使得信息化的作用大打折扣。同时,一些物流从业人员素质不高,一些终端送货人员只是短期雇佣的工人,在没有培训的情况下,他们不一定能够使用信息化程度较高的终端。同时,企业一般也不会将价值不菲的信息化终端交由这些人员使用,这就成为物流企业中成本与信息化的博弈。

三、医保信息化

医保就是指社会医疗保险。社会医疗保险是国家根据一定的法律法规,向保障范围内的劳动者提供患病时的基本医疗需求保障的一种社会保险制度。社会医疗保险在医疗保障方面起到了重要的作用,这种保障一般具有低水平、广覆盖的特点,缴费的标准相对较低,大多数单位和个人都可以承受,切实地保障了人们享受正常的医疗服务的权利。

医保信息化的进程促进建立了医保系统的数据库。一个统一的医保系统,要以医疗保险信息数据的统筹管理为基础。因此首先需要建立一个整合数据库,在这个数据库中,将各个参保人与参保险种有效地管理起来。这就需要数据库中既要对大额补充医疗保险、公务员医疗补助、困难人员医疗补助等不同的保险形式进行有效的管理,还能将不同的投保人员进行有效的分类。因此整合数据库的建立是非常重要的,整合数据库的存在为信息化的进一步发展提供了基础。

随着信息化的发展,现在的社会医疗保险中已经普遍使用社会保障卡。社会保障卡就是基于信息数据库而产生的,社会保障卡的内容实际就是信息数据库中特定用户的信息。因此,社会保障卡证明参保人的身份与参保险种,通过社会保障卡,医院可以了解参保人员的保险情况,根据其所投的保险对其制定治疗方案。通过信息化进程的发展,部分社会保障卡与银行账号相互连接,这样使得社会保障卡可以记录、存取现金,在医院看病拿药具有银行卡的一部分功能。

信息化的发展使得医保的范围不断扩大,通过医院与医院的联网,社会医疗保险的可用范围也在不断扩大,从最开始的少数医院,已经逐渐发展到大部分的医院,并在未来发展中很有可能覆盖辖区内所有的医院。医保的发展也不仅仅局限在医院范围内,通过信息化联网,一些药店也加入了医保的行列,患者在零售药店购买药品,符合医疗保险规定的,也可以通过医保来进行结算。

信息化的发展使得各地的医保逐渐被整合成为一个统一体。目前,很多地市都已经形成了以市为单位的医保体系。由于保险的正常经营与概率有很大的关系,因此更大规模的投保人数有利于医保的正常运行。而以市为单位的医保系统的建立,使得医保系统可以在更大范围内聚集医保资金,这就增强了社会医疗保险的能力。在对各地区医保进行整合的同时,也对医保执行标准进行了整合。社会医疗保险的经办制度、经办流程都具有统一的标准,医疗费用报销等程序也规范透明,这些都使得社会医疗保险可以更有效地为公众服务。

医保信息化对社会医疗保险基金起到了监督作用。医保基金是人们缴纳的医疗保险,又被称为老百姓的保命钱,因此对于医保基金的管理也就至关重要。目前医疗机构还存在一些不规范的行为,如超量、超范围开药等行为,这些行为影响了医保基金的正常运行。医保管理中心通过用户信息的相关数据进行深入分析,就可以有效地发现这样的行为。通过这些管理人员的工作,就可以有效地遏制医保基金滥用的现象。如在 2009 年,厦门就通过这种分析手段追回超过 1000 万元的医保基金。

医保信息化方便了公众就医。社会保障卡的功能越来越强大。公众可以使用社会保障卡进行自助挂号等服务,这种电子化的服务为人们节省了时间。随着社会保障卡与银行卡的绑定,实时结算成为一种全新的服务。通过社会保障卡,公众可以在医保定点医疗结构、医保定点零售药店实现门诊和住院等医疗费用的实时结算。这种全新的方式一改以往的垫付方式,同时也减少了人们报销所消耗的时间。以往人们垫付医药费后,都要在指定的时间去指定地点报销,而通过这种结算方式,报销的费用将自动汇入绑定的银行卡内。

医疗信息化规范了相关的流程。医疗信息化使得患者看病与拿药更加规范化,通过电子系统,可以很明确地分清药物是否在参保范围内,有效避免由于患者对于药品分类不了解而出现拿错药的情况。医疗信息化也增加了相应的业务控制点,通过业务交叉的处理,杜绝了人为的差错,使得医保的发放更加准确。同时,规范化的流程也便于公众对于医保流程的了解。公众可以通过网站等手段了解流程,并可以通过短信等形式对办理的进程进行查询,使医保可以更好地为公众服务。

美国总统奥巴马提出对美国现有的医疗保险体制进行改革,改革目标之一是给已有医疗保险的人提供安全感。在政府出台相关政策后,保险公司将不能因为投保人有既往病史而拒绝赔付,或因投保人生病而取消其保险计划或限制他们的保险范围。医保改革的目标之二是给无保险的人提供医疗保险,即新的医保计划要求每个人都有保险。虽然这一方案有着较大争议,但还是于 2010 年 2 月 21 日晚,在美国联邦众议院以 219 票赞成、212 票反对,正式通过参议院修正的医保改革法案,使得美国向全民医保迈进了一大步。

在我国,目前城市人群的医疗保障问题已经基本解决,但是农村地区的医保问题还较为严重,因此政府在积极推进新型农村合作医疗模式。随着新型农村合作医疗模式的发展,参保人数和资金规模不断增长,迫切需要对这种模式进行全面有效的管理。使用数字化手段全面管理各个参保人员的投保、缴费、转保、转赠、退保、报销等相关信息,已经成为必然的趋势。数字化的管理模式也可以有效地管理农村合作医疗的巨额保险基金。通过信息化进程的流程统一、标准统一、资源数据统一等原则,业务管理人员可以通过各个层面的统计查询,为更好地建立农村合作医疗模式献计献策。

随着新型农村合作医疗模式的不断发展和信息技术的不断进步,新型农村合作医疗管理系统的建立也面对着新的需求:要建立以地区为单位的数据中心,并且各个地区的数据中心需要统一联网,信息共享;在乡、镇等地建立工作平台,通过这些平台,将合作医疗的网络发展进村,使合作医疗走近农民;对银行系统提出了新要求,需要建立相应的账户,解决好参保人员就医的报销问题;各地区人们的需求不同,在统一管理的模式下,还要处理好各地区的差异问题。

全面覆盖的农村合作医疗模式的实现在目前确实有一定的难度,但是医疗保障作为最基础的保障,应该是一种全民的保障。虽然医保信息化大大推动了医疗保障事业的发展,但是我们应该看到,医保的最终目的是让所有公众都可以享受到社会医疗保障,因此医疗信息化在这个方向上要做的工作还有很多。

第三节 互联网与教育发展

互联网的出现带来了全新的教育形式——网络教育。

一、网络教育的出现与特点

随着社会的不断发展,人们对于知识的需求也不断增加。数十年前,大学所学习的知识和技能基本能够满足职业生涯的需要。随着科学技术的进步,部分工作已经把人们受教育的时间延长到了22年。随着信息时代的到来,人们原有的知识已经远远不能满足现实的工作需求,因此就不断地需要人们来接受新的教育,不断提高自己,从而能够适应社会的发展。

教育一般会被认为是学校教育,即常规的小学、中学、大学、研究生等教育。在早些时候,这样的教育基本可以满足人们对知识的需求。但是在信息时代,即使是博士毕业,也不可能穷尽毕生所用之知识。这里所指的教育,既包括学校教育,还包括职业教育、社会教育等方面。人们在完成学校教育走上工作岗位后,为了能够适应快速变化的社会,就需要不断进行学习。只有不断学习,才能补充和更新知识,确保在信息时代可以更好地生存。这就要求我们在信息时代做到"活到老,学到老"。目前,各种培训机构层出不穷,提供从语言、应试培训、专业技术等各个方面的教育,这在一定程度上满足了社会中不同年龄和职业的人们对于教育的需求,为实现终身教育提供了条件。

"终身教育"一词是1965年由联合国教科文组织成教局局长保罗·朗格朗在该组织举行的成人教育促进国际会议期间提出的。由于在信息时代,知识在经济、政治、文化发展等方面都起到了重要的作用,终身教育实际上提高了人们的教育程度,丰富了人们的知识,这样使得国家在国际竞争中将占有一定的优势。在终身教育理念提出后,各国政府纷纷响应。美国政府早在1976年就颁布制定了《终身学习法》,成立了终身教育局;法国议会在1971年通过了《终身职业教育法》,之后又通过了《职业继续教育法》;1988年日本政府成立了终身学习局,并在两年后颁布实施了《终身学习振兴整备法》。其他国家也纷纷颁布了相应的法律。我国政府也非常重视教育的作用。目前中国已有一批教育方面的法律法规。2005年福建出台了第一部终身教育的地方法规《福建省终身教育促进条例》。在国内形成了一系列如"中国教育发展战略学会终身教育工作委员会"等全国性学术团体。中共十七大也提出:现代国民教育体系更加完善、终身教育体系基本形成、全民受教育程度和创新人才培养水平明显提高作为全面建设小康社会的新要求。

随着信息技术的发展和人们对于终身教育要求的提高,全新的教育形式——网络教育走入了人们的视线。

我国著名教育技术学家南国农教授给网络教育下的定义是:"主要通过多媒体网络和以学习者为中心的非面授教育方式"。[1] 实际上,网络教育即人们通过互联网进行教育与学习的过程,人们通过互联网将知识信息传递给学生就是网络教育的教育部分,而人们接受互联网传来的知识从而提高自身的过程就是网络教育的学习部分。网络教育是一种全新的远程教育,它继承了以往函授、电视广播远程教育的特点,通过信息技术和网络通讯技术实现了现代远程教育。网络教育可以分为以下几类:

(1)辅助学习的网络教育。主要服务对象是小学、中学的在校学生。现在很多类似的中小学网校出现,这些教育的目的,是辅助在校学生加强自身的学习能力,从而提高自己的素质与成绩。

(2)学历类网络教育。更像以往的函授教育,是指学生(一般都是成年人)通过在互联网上的学习,并通过一定的考试,获得学历证书的教育方法。这里的教育涵盖内容较多,既包括本科、专科的学历教育,还包括一些本科的第二学历教育,同时也有一些非学历教育。

(3)职业技术网络培训。内容多样,包括职业技能培训、考前辅导、认证培训等。这种教育方法可以有效地缓解行业内优秀师资紧缺的现象,通过互联网进行视频教学,学习时间灵活,学习完通过考试就可以获得相关认证。

(4)企业培训。主要用于大型企业内部的人员培训,由于员工分布在各个不同的地区,组织学习有一定难度,因此,以互联网为基础的教育方式成为企业内部培训的新方法。

网络教育是随着信息技术的发展而产生的全新的教育模式,它具有以下特点:

---

① 南国农:《信息技术教育与创新人才培养》,《电化教育研究》2001 年第 8 期。

（1）教育资源的共享性。互联网是由无数台计算机连接而形成的,计算机之间的数据通过共享,使得互联网内容异常丰富。在互联网上,我们看到了非常丰富的教育资源,各种教育网站、免费电子图书、网上图书馆、学习软件等资源应有尽有,并且可以供上网者使用。由于互联网的出现,使得人们可以更轻松地搜索到需求的学习资源。目前,世界各国都十分重视网络教育的作用,纷纷将一些优秀的教学内容免费发布在网络上。麻省理工学院在1999年就启动了开放课程计划,目前课程数量众多,基本覆盖了所有的学科门类。其他著名高校如哈佛等,也纷纷将自己优秀的教育资源公开。我国目前也将一些精品课程放到互联网上共享。这些网络精品课程,不单单是在校的学生可以学,只要是能够上网的人,都可以进行学习。随着时间推移,网上教育资源将会越来越丰富,可以使人们享受到更多更好的教育资源。

（2）教育的全天候。网络教育是一种真正全天候的教育,人们只要连上互联网,就可以在任何时候进行学习。网络教育包括实时教育与非实时教育两种情况。实时教育是指教师通过互联网和视频技术,与学生进行在线视频辅导,可以通过文字、语音等进行教学过程;非实时教育是指人们在没有教师辅导时对于教育资源的利用与访问,这是一个自学的过程。现在,在互联网的学习跨越了国界,随着网络公开课的出现,人们已经摆脱了时差的影响,可以在任何时间通过互联网进行学习,这使得网络教育真正成为全天候的教育。

（3）教育的交互性。这种交互性体现在人机交互和人人交互两个方面。在人机交互中,学生通过网络教育与教学资源进行学习,学生可以按照自己的情况,自主选择自己希望学习的课程,安排自己的学习进度。通过与计算机的不断交互,来进行学习成绩的检验。人人交互也体现在两个方面:第一个方面就是学生与教师的交互。在网络教育中,学生需要与教师不停地进行交流,通过这种交互,教师掌握了学生的反馈信息,掌握了学生学习的情况,及时做出相应的调整。第二个方面就是学生与学生之间的交互,网络教育为学生们之间的交互提供了空间,学生可以通过论坛等网络平台对学习进行交互,通过这种交互不但学到了知识,也可以从他人的提问中加深自己对知识的理解。

(4)教育的分类化。由于不同学生有不同的特点,因此网络教育尊重人的个体差异,做到了教学内容与个体的有机结合。互联网上有丰富的教学资源,同样的一门课程,我们可以找到不同的版本,有不同教师教学的版本,也有同一个教师不同讲解速度的版本,这可以使得学生根据自己的需求来进行选择,即使一次没有完全弄明白,也可以通过多次学习完成。同时网络教育还将学生的学习数据整合统计,建立该学生的学习档案,通过对于档案的管理,网络教育真正做到了分类化服务,它可以根据档案来调整教学进度,以适应不同的学生。

(5)教育方法的多元化。网络教育的教育方法多样,既包括了电子书本教材,还包括了丰富的互动课件,如图片、视频、动画等等。它使得人们可以用不同的教育方法对统一教学目标进行学习。这样的教学方法使得教学更加生动,有利于调动学生的积极性,获得较好的学习效果;同时由于教育方法的多元而使学习者可以获得全面的信息,从不同角度认识知识的内涵,提高了学习的效率。同时,由于网络教育是一个开放的平台,它的无国界性也带来了大量不同文化的交流,我们可以看到外国专家对于同一个问题不同的看法和理解,使得学习者可以更好地认识世界、了解知识。

二、网络教育与传统教育

网络教育已经走入了人们的生活并且发展势头强劲,网络技术已经逐渐推倒了学校的围墙,改变了人们的学习方式。网络教育已经被广泛运用在学校课程、在职进修等一系列教育中。网络教育改变并发展了传统的教学模式。网络教育与传统教育相比有着巨大的优势。

(一)改变了教育方式

教育主要包括两个方面,即"教"与"学"。传统的教育方式是以课堂教学为主,以教师为中心。这种教育方式更偏重于"教",在一定程度上限制了学习者学习的自主性。而网络教育更偏重于自主学习,它通过互联网将教师指导与学生自主学习有机结合起来。在互联网上,有着全世界学校、图书馆、研究院所以及其他一切教育资源组成的数据库;有着世界各地的教师在不同文化、不同背景下提供的教学视频,而没有了教师的监督。因此,网络教育的学习者主要还是一种自主的学习,是一种以学生为中心的教学。

传统教育的教育方法主要是书本、文字、图表等较为枯燥的教育方式,而网络教育有着多媒体技术等先进的教学方法,可以从视觉、听觉等各个方位刺激学生的学习热情,使得学生对于同样的信息有着更好的记忆和理解。同时,教师还可以利用多媒体技术设置情境、会话等学习环境,调动学生主动性和积极性,提高学习效率。这是传统教育方法不具备的。传统教育虽然主张因材施教,但是大部分情况下却无法完全做到根据学生的水平分而教之,由于网络教育资源丰富,可以有效地对学生进行分类并分而教之,加强了学生参与教学的积极性,加强了学生与教学媒体的互动。在接受新知识时,网络教育还可以进行旧概念与新概念的互动,使得学生更好地理解知识,这一全新的教学手段具有传统教育无可比拟的优越性。

(二)改变了师生关系

传统教育中,教学主要是以教师为中心,教师在教育过程中是唯一的输出者,因此在教育过程中,教师处在一种权威的地位,而学生更多地是处在接受者的地位。网络教育改变了这一关系,由于教学方式由教师为中心变为以学生为中心,因而在一定程度上弱化了教师的权威地位。同时在网络教育中,由于没有了教室这一概念,更使得教师的权威被进一步弱化。

在网络教育这一全新的领域中,逐渐发展出一种平等的师生关系。教师的角色从"知识学习的指导者、教材的执行者和教育教学的管理者"转变为"知识体系的建构者,课程教材的研究者和人际关系的艺术家"。[①] 在网络教学过程中,教师更多地是发挥着组织者、指导者、帮助者的作用。这种平等的师生关系,有利于师生之间的交流。网络技术的双向性和互动性,为师生之间的交互提供了条件,教师走下了讲台,真正走到了学生们身边。

网络教育弱化了教师与学生的概念。传统教育中,老师是知识的传递者,而在网络教育中,学生也可以成为知识的传递者。在网络教育中,一些

[①] 郑蕾:《信息时代网络教育对传统教育的影响》,《科海故事博览·科教创新》2008年第8期。

学生不但积极参与了课程,同时还为课程提出自己的意见,使得教师在得到反馈时,及时了解了最新的情况,并对自己的课程进行相应的修改。这使得教师在教学生的同时,学生也在一定程度上"教"着老师。

（三）扩大了教育时空

传统教育对于学习的时间要求比较严格,学校的课程一般都有明确的时间,在学校外的培训一般时间也较为固定,一旦错过这一时间就会与该课程失之交臂。而网络教育对于学习的时间没有明显的限制,只要能够连接上互联网,任何时间都可以在互联网上进行学习。由于现在人们生活节奏较快,工作压力也比较大,时间都比较紧张,尤其是一些在职的工作人员,学习的时间就更加不确定。传统教育的课程大部分是工作时间教学,使得他们失去了学习的机会。而网络教学信息资源随时可以共享,可以使学习者自主安排自己的学习时间,即使在没有大块时间进行学习的时候,一小时甚至数十分钟都可以利用互联网进行学习。

传统教育对于学习的地点也有一定的限制,一般学习的主要环境是教室,这就受到了教室面积的限制。很多情况下,一间较小的教室就可能限制了一部分人的学习。而网络教育是以互联网为基础的,在互联网上,由于突破了现实地域的限制,人们可以不用担心房间的容量而自由地选择一些在线的课程。同时,随着城市化的发展,城市的规模也不断扩大,交通问题也逐渐明显,为了到指定地点进行学习,人们可能要花费数十分钟甚至数小时,这也成为人们学习的阻碍。网络教育同样摆脱了这样的局限,使人们坐在电脑前面,就可以自由地参加课程的学习。

（四）简化了办学条件

传统的教育对于办学的条件有着较为严格的要求,如果缺少相应的办学条件如教室、设备、资金等,其质量和数量就会受到一定的影响。而网络教育则不同,作为以互联网为基础的教学方式,虚拟空间就是网络教育的教室,而信息技术就是网络教育的设备。随着信息技术的发展,图片、声音、视频等多媒体的使用成本几乎可以忽略不计,使得网络教育的办学成本大大降低。很多在线的网络教育者并不在传统的教室内进行互动,有的在指定的工作室内,甚至还有的就在自己的家里。可以说,只要有一部视频传输设备和一台能够连接上互联网的电脑,人们就可以进行网络教学。

传统教育对于教师资源也有一定的局限性,一般一个学校的教师与其他学校的交流比较少,而网络教育的师资力量空前壮大,不同学校之间的老师可以联合进行授课。在互联网上,教师们没有了门户之见,加强了他们之间的合作。同时,传统教育的教师一般都有较为严格的要求,如学历、资历、职称等,这在一定程度上限制了教育主体的数量。网络教育的教师即包括有一定资历的教师,同时还包括了一些年轻教师,甚至还有一些以自身经历作为教材的平常人,他们都通过网络教育这一平台为大家所选择,为大家所熟知。

三、网络教育的重要作用

终身教育这一概念一经提出,就受到了各国的重视。网络教育模糊了学习与工作这两个不同的概念之间界限,使学习与工作逐渐融为一体。这种信息时代的全新的教育方式,在丰富了教育方式的同时,也推动了社会教育事业的发展。

(一)扩大了教育对象的范围

网络教育扩大了受教育对象的范围。网络教育摆脱了时间和空间的限制,成为在互联网这一开放平台下的一种全新学习方式。在互联网上,摆脱了传统学习上的各种各样的限制。

网络教育摆脱了学历的限制。在传统教学中,只有高中毕业生才可以参加大学课程的学习。而在网络教育中,人们可以自由选取相关的课程,甚至可以选择世界名校的一些精品课程;网络教育摆脱了专业背景的限制,在传统教学中,专业课程的学习需要有一定的专业背景,而在网络教学中,教学资源丰富,既有为有专业背景人士准备的专业课程,也有普及相关知识的基础课程;网络教育摆脱了年龄的限制,在现实社会中,博士、硕士招生都有一定的年龄限制,如果超过年龄的要求,那么就不能参加相关课程的学习,而网络教育则没有年龄的要求。

网络教育的要求很简单,首先要有一台能够连接上互联网的电脑,同时人们还要有学习的要求。人们只要有学习需求,就可以参与到网络教育中来。网络教育使得不同学习条件、不同工作条件和对学习有不同需求的人都参与其中。在这里面包括了希望学习专业技术的人员、希望通过网络教育得到学历的人员、希望学历进一步提升的在职人员等等。网络教育的发展在相当程度上扩大了教育对象的范围,使得教育向全民化发展。

(二)提供了平等的教育条件

网络教育打破了传统的教育资源的垄断性,使得优秀教育资源在互联网上共享,为人们提供了平等的教育条件。

网络教育改变了国家与国家之间教育资源的配置。由于经济水平发展的差异,世界上优秀的教育资源大部分都在经济发达国家。其他国家的学生由于各种各样的限制,无法享受到最优秀的教育资源,网络教育的这种资源的开放性,使得教育第一次冲破了国界的藩篱,使任何国家的学生都具备了平等使用教育资源的权利,享受到最优秀的教育资源。同时,网络教育也改变了国家内部教育资源的配置。教育在一些偏远山区是一个老大难问题,生存环境、待遇、教育成本等都阻碍着这些地方教育的发展,一些地方现在还没有正式的教师。网络教育的出现,这一情况将得到缓解,由于通讯技术的发展,使得互联网使用成本降低,一台能上网的电脑就可以基本解决这些地区的基础教育问题,为这些地区的人们提供了平等的教育条件。

网络教育还促进了高等教育的大众化。高等教育大众化是衡量高等教育发展阶段和水平的重要标志,它的本质是实现了教育公平性。这个概念在 20 世纪 60 年代由美国学者马丁·特罗提出。一般一个国家和地区的高等教育毛入学率超过 15% 就代表了高等教育的大众化。由于一些条件的限制,在大力发展公立普通高等教育的同时,积极发展网络教育就成为促进高等教育大众化的有效手段。通过网络教育的学习,使得人们素质提升,在信息时代增强自身的竞争力。

(三)扩展了教学的内容

传统教育最主要的教学内容由教科书提供。而网络教育将传统的教科书发展到由教师选择的网络信息资源组成的全新的教学内容。目前,网络教育精品课程等网络教育教材在网络教育中发挥了重要的作用。

网络教育教材在更新上明显优于传统教材。很多传统教材由于出版时间较早,在一定程度上已经跟不上时代的发展,而网络教育的教材与时代发展紧密结合,具有更新速度快、更新频率高等特点。网络教育的教材大都是利用多媒体和数字技术,对教学内容进行数字化处理,并储存在虚拟空间中,这样的形式减少了更新的难度。更新过后的教材,我们也可以在互联网上第一时间得到通知,并能及时下载,这样就使得网络教育的教材传递的是最新的知识。

而且随着信息2.0技术的发展与流行,任何人在互联网上都可以自由发表自己的言论,不需要专业的背景即可以对教材的内容提出自己的修改意见,这使得普通人成为参与教学内容设计的重要组成人员。人们根据自身的工作经历和生活经验,提出自己的建议,而这一建议很可能是其他网络教育的学习者关心的问题,这样既满足了人们的学习要求,又丰富了教学内容。网络教育真正给人们提供了一个交流的平台和知识积累的平台。

这种新的教学内容,改变了以学生记忆知识程度的传统的教学评价方法。在网络教育中,全新的教学内容充分吸引了学生的注意力,使得他们能够集中注意力,对传递的各种信息进行理解和判断,通过全新的教学内容,学生可以获得新知识,形成新观念。

（四）提高了人们的素质

在信息时代,在学校学习的知识明显不足,不能满足社会多元化的需求,而且传统的教学方式也不利于培养学生自学的能力。因此网络教育的发展就成为教育发展的新趋势,依托互联网自身的优势,实现教育资源的共享;学生从被动地接受知识转变为主动地学习知识,促进了学习的自主化;人们增加了受教育的机会,通过教育提高了自身的素质。

网络教育的发展对人们素质的提高发挥了重要作用。我国通过各地网络教育服务站点的建立,向当地农民提供相关的农业技术、科普知识等,并通过相应的网络教育,使农民有效地解决农业生产中的难题。网络教育不仅仅包括传统的学校教育,还包括了技术教育和企业培训。技术教育和企业培训都与人们的生活和工作息息相关。目前,为了解决农村富余劳动力的就业问题,各级政府部门积极运用网络教育,加强对农民的岗前培训力度,创办了电工、食品加工、家政等培训班,在提高了农民素质的同时,也为他们的就业打下了一定的基础。网络教育也提高了城市居民的整体素质，各式各样的培训班比比皆是，人们学习的热情空前高涨。在信息时代，只有通过不断地学习，提高自身的素质，才能跟上时代发展的步伐。

四、网络教育问题与对策

网络教育促进了教育的发展，但是它也存在一些不足。

（一）网络教育水平参差不齐

网络教育的内容是其最大的亮点。但是目前一些网络教学视频的教师，虽然利用了全新的多媒体的技术，但是教学内容比较落后，致使网络教育的实际价值不大。在商业利益的驱动下，一部分教学视频在较短时间内制作完成，导致质量水平不高，无法调动学生学习的热情。

同时，一些开展网络教育的组织单位自身也存在一定的问题，在学习、考试、答辩等方面监管不力，使网络教育的效果大打折扣，甚至一些地方出现了买文凭的现象。这些都损害了网络教育在人们心目中的形象，影响了网络教育的发展。只有聘用真正的教学大师，制作一批精品课程，才能发挥网上教育资源的共享优势。

（二）传统教育习惯的影响

网络教育最主要的学习手段是自学。但是在一些地方，学生从小接受的教育就是以老师为中心的教育方式，学习的时候都有老师的监督，因此，一部分学生本身的自律性比较差，在没有人监管的时候，自学的积极性不高。这会影响到网络教育的效果。

同时在课堂上，学生可以与教师进行更加直接的交流。很多情况下，教师的一个眼神或者动作都会影响到学生的学习状态，正是这样的感情交流构成了传统的学习方式。而网络教育由于是以人机对话为基础的，教师在电脑前无法真正看到学生，学生也只能通过电脑屏幕才能够看到教师。在这种情况下，网络教育就造成了一定的感情缺失，面对着没有感情交流能力的电脑，学习效果会大打折扣。

（三）技术与成本问题

网络教育的发展依赖于信息技术和通讯技术。由于互联网用户接入方式的不同,他们的带宽也有所不同,因此以视频制作的网络教育教材,也分为高级标准版本和相对较低的版本。相对较低的版本虽然在传输时速度较快,但是存在图像比较模糊、声音质量较差、文字不太清晰等问题,因此互联网与相关技术的发展成为限制网络教育发展的一个因素。

网络教育的成本也成为网络教育发展过程中的一个问题。虽然互联网的使用费用呈现下降趋势,但是网络教育资源的教育和学习成本并不一定呈下降趋势。成本的变化最终还是取决于资源的利用率和成本的损耗。只有真正将网络教育资源利用起来,增加使用网络教育的总人数,才能使人们真正享受低成本的网络教育带来的益处。

第六章　信息时代的人的发展

在信息时代,互联网改变着人们的实践活动,影响着经济、政治、文化和社会的发展,进而改变人们的行为方式与思维方式,对人的发展产生重大而深远的影响。网络发展拓宽了人们交往的空间,并为人的发展创造了有利的条件。同时,互联网作为一把双刃剑,对人的发展也带来一些新问题和新挑战,如网络成瘾、信息爆炸带来的选择难题等。

第一节　互联网与交往方式

交往是人类的一种社会活动,交往行为可以追溯到人和人类社会形成之时。交往究竟是什么呢? 各个学科对交往都有不同的定义。信息学和传播学认为,交往即是一个系统通过一些可选择的符号去影响另一个系统,通过连接两个系统之间的信道使得这些符号顺利传播;社会学上的交往概念主要指人们主动完成的交往行为,并研究这些交往行为对社会系统、社会结构、社会生活之间关系的影响;心理学上的交往是指人与人之间的心理接触或直接沟通,通过这些交往使得彼此达到一定的认知。

哲学意义上的交往主要研究交往关系的本质及其发展规律,认为交往存在于一切人的活动中,交往本身构成了人们的生活方式,强调了人与社会的内在统一性。在哲学上,认为交往是人类特有的存在方式和活动方式;交往始于物质生产活动,但又不仅仅限于物质生产活动中,它以物质交往为基础,是全部经济、政治、思想文化交往的总和;交往的主体是人,交往的双方不仅要承认自己是交往的主体,同时也要承认他人是交往的主体。

一、马克思主义的交往理论

马克思在《1844年经济学哲学手稿》中指出:人的本质是人的真正的社会联系,所以人在积极实现自己本质的过程中创造、生产人的社会联系、社会本质。在这篇文章中,马克思从劳动异化的角度,分析了人与自然的交往和人与人的交往,并把人与自然的交往视为人类生存和发展的基本条件。在《德意志意识形态》一文中,马克思、恩格斯首次明确提出了"交往形式"的概念,认为"一切历史冲突都根源于生产力和交往形式之间的矛盾",人们的交往实践活动是人类社会历史发展的基础,从直接生活的物质生产出发来考察现实的生产过程,并把与该生产方式相联系的、它所产生的交往形式,即各个不同阶段上的市民社会,理解为整个历史的基础;然后必须在国家生活的范围内描述市民社会的活动,同时从市民社会出发来阐明各种不同的理论产物和意识形态,如宗教、哲学、道德等等,并在这个基础上追溯它们产生的过程。马克思在1846年《致巴·瓦·安年柯夫的信》中,对于自己所使用的法文 Commerce(交往)这个术语进行了明确的解释。他指出:"为了不致丧失已经取得的果实,为了不致失掉文明的成果,人们在他们的交往(commerce)方式不再适合于既得的生产力时,就不得不改变他们继承下来的一切社会形式。——我在这里使用'commerce'一词是就它的最广泛的意义而言,就像在德文中使用'Verkehr'一词那样。"①马克思在这里从广义的范围对"交往"概念进行了解释,他认为交往既包括物质交往,也包括了精神交往:既包括民族内部的交往,也包括民族间的交往;既包括地域性的交往,也包括世界性的交往。这一切交往中,最根本的交往即是物质生产活动中的交往,它构成了其他一些交往的基础。交往本质上是一种实践活动,是人类生活实践的重要部分。在《资本论》和《1857—1858年经济学手稿》中,马克思也频繁使用了交往这一范畴,通过资本的生产和流通,揭

---

① 《马克思恩格斯选集》第4卷,人民出版社2012年版,第409页。

示了现实经济运行中,以经济交往关系为基础而形成的复杂的社会关系,体现了交往理论在经济领域中的运用。

马克思在《政治经济学批判(1857年—1858年草稿)》中提出了人类的三种交往形式:"人的依赖关系(起初完全是自然发生的),是最初的社会形式,在这种形式下,人的生产能力只是在狭小的范围内和孤立的地点上发展着。以物的依赖性为基础的人的独立性,是第二大形式,在这种形式下,才形成普遍的社会物质交换,全面的关系、多方面的需要以及全面的能力的体系。建立在个人全面发展和他们共同的、社会的生产能力成为属于他们的社会财富这一基础上的自由个性,是第三个阶段。第二个阶段为第三个阶段创造条件。"①

以人的依赖关系为基础进行的交往是交往的低级形态。在原始社会、亚细亚社会、古希腊社会等,尽管人们的交往方式和内容种类较多,但是他们还是基于个人的生存,以人的依赖关系或统治与服从关系为基础的交往。由于生产力水平低下,人们对于自然有限的改造能力限制了人们的交往关系。交往的个体在相当程度上从属于群体,交往行为往往是自发的、狭隘的,而维系交往的纽带是血缘关系和等级制度。

以物的依赖关系为基础进行的交往是交往的发展形态。这种交往形态产生于资本主义工业化全球范围的扩张。对资本而言,最有意义的使用价值就是使它自身获得增值,而具有这种使用价值的特殊商品就是工人的活的劳动力。这样的交往形式是依赖于物质的,由于人们需要经过产品的交换才能生存,个人依赖于他人生产的产品,因此商品交换成了物质交往的最主要的方式,人们的交往体现为物化的交往。这样物化的交往是世界性的交往。由于生产的社会化,原有的地域限制被打破,历史逐渐向世界历史转变,不仅一个民族与其他民族的关系,而且一个民族本身的整个内部结构都取决于它的生产以及内部和外部的交往的发展程度。人们从民族、地域性的交往向普遍、世界性的交往发展。同时,这种交往也是自发的、独立的交往。随着生产力水平的飞速发展,社会分工的加剧,个体利益不再以群体活

---

① 《马克思恩格斯全集》第30卷,人民出版社1995年版,第107—108页。

动为基础,因此传统以血缘关系的交往逐渐让步于以商品交换为基础的交往。人们在交往中成为独立的个人,人的发展也体现为独立的个人的发展。

以人的自由全面发展为基础进行的交往是交往的高级阶段。随着社会生产力的进一步发展,人们摆脱了以往对于人和物的依赖,交往本身摆脱了谋生这一目的,交往的目的是人们真正自由全面的发展,表现为人与人、人与自然的和谐发展。这种交往是自由的,人们由于彻底摆脱了对于物的依赖,人们之间的交往将呈现出一种全新的模式,人们可以自由地进行交往,人的能力也得到了最大程度的发展,人与人的交往是真正意义上自由人的交往。这种交往是全面的。由于社会关系实际决定着一个人能够发展到什么程度,因此自由的交往使得人们真正获得了全面发展。人的交往活动的空间得到不断扩展,人的个性得到全面发展,人通过交往活动达到了自我的解放。

二、虚拟与虚拟交往

"虚拟"这个词语对于大多数人并不陌生。《新华字典》把"虚拟"解释为不符合或不一定符合事实的、与"真实"相对的"虚构"、"虚假"、"虚幻"。作为哲学研究对象的虚拟与日常语言中的虚拟显然不同,甚至是截然相反的。需要明确的是,虚拟不是"虚无"、不存在,而它又是摸不到的。针对这个问题,研究者从不同角度来理解。有些研究者从技术的角度理解虚拟,认为它是集计算机及互联网、图像、文字、音响、仿真、传感、显示和信息技术等技术于一体,对客观现实进行数字化处理的一种综合技术,虚拟是数字化表达方式和构成的总称;有些研究者则提出虚拟是一种超越现实的创造性的思维活动;有的研究者把虚拟简单地称为"符号化",认为符号化正是人们创造生存的活动;还有人进一步将虚拟看作是对现实实在性的一种超越,是通过人们的理性而建构的不同于现实生活世界的、外在可感知的客观实在性等等。理论界从不同角度阐释虚拟的功能与作用,可谓是各具特色。

对于他人研究成果的梳理,为我们研究虚拟的哲学内涵提供了广阔的空间,这也是一个新问题产生之初的一个必然的学习阶段。对于一个新问题的研究往往要从多角度的宽泛研究走向一个相对确定的阶段,而现在对于虚拟问题的研究就正处于这样一个宽泛的阶段。总的来说,笔者认为,在内涵上,虚拟实际上是一个符号化的过程,是人们借助符号化,使得自身的想法在一个超越了现实性的客观存在的场所实现的过程。虚拟是对实物的符号化、是对影像的符号化,正是这种符号化,成了虚拟最本质的特性。

无论是对现实事物的虚拟,还是对非现实事物的虚拟,都体现了人们创造性的活动过程。一般来说,虚拟的发展经历了三个阶段:一是对实存事物的虚拟,即现实性的虚拟,如石壁刻画等;二是对现实超越性的虚拟,即对可能性或可能性空间的虚拟,如语言等;三是对现实背离的虚拟,即对现实的不可能性的虚拟,对不可能性的模拟就是人们运用虚拟技术,使在现实中事实上和逻辑上都不可能,甚至相互矛盾的事物、现象发生在虚拟空间中,这种虚拟是在数字化时代所独有的,如网络游戏等。以往的虚拟,一般都是仅仅包含某一阶段的虚拟,而现在的虚拟世界,包含了以上所有的虚拟。正如专家所说:一个虚拟时代,作为它的内核的虚拟,是多样化、多维性的。

虚拟不同于模拟、虚构,它最大的特点是非真非假性。虚拟的事物不能简单等同于虚构的东西,虚构的东西仅仅是思维对于事物的一种反映,仅仅存在于意识领域中,而在互联网空间进行的虚拟是将某种事物以数字化的形式表达,它与虚构的最大区别就是人们可以用眼睛看到、用耳朵听到这些虚拟的事物。但是,虚拟的事物仅仅存在于数字化的空间中,在现实世界中,它是绝对不存在的。

就拿现在世界上最流行的网络游戏《魔兽世界》来看,参与游戏的玩家通过键盘的操作,经过虚拟的媒介来进行已经设计好的游戏内容。玩家在游戏中可以按照自己的喜好来自由设置角色的性别、外形、名字等属性,可以选择自己喜欢的种族,可以选择自己喜欢的职业,按照自己的思路进行游戏。这个角色有可能成为团队的一员,也可能成为独行大侠,这都取决于玩家自己的选择。在冒险的过程中,完成任务时会有喜悦的笑声,被偷袭受伤后会有痛苦的呻吟。这一切的一切无论从视觉感受、听觉感受还是从其他方面,都与本人亲临其境没有明显差别,但是我们很清楚,游戏就是游戏,现实就是现实。

同样,在几年前的一个描述数字化达到极高程度的电影《黑客帝国》里面,男主角问的这个问题:(数字化的城市)这是真实的吗? 也如他得到的回答一样:真实的定义是什么? 真实的定义也许非常容易下,但是虚拟究竟是真实的还是虚假的,却不能做出简单的是与不是的回答,就像我们现在对于虚拟涵义的界定给人的感觉就是既真又假、非真非假一样,然而我们不能因此而质疑虚拟的存在。或许就是这种"说不清楚"的性质,才具有更加丰富的内容值得我们探究,对于虚拟问题的研究为我们提供了畅游哲学的一个美妙境界。

虚拟的类型有很多种,如模拟、电脑、计算机网络以及虚拟现实等,当前最主要的两种虚拟类型是虚拟现实与互联网。

虚拟现实是指在计算机软硬件以及各种传感器(如高性能计算机、图形图像生成系统,以及特制服装、特制手套、特制眼镜等)的支持下生成的一个逼真的,具有一定的视、听、触、嗅等感知能力的环境,使用者在这些软硬件设备的支持下,能以便捷、自然的方法与由计算机所生成的"虚拟"的世界中的对象进行交互作用。而互联网是指使用数字技术与通讯技术,把多台计算机相连接而形成的开放式的网络。计算机网络的发展已经从最开始的范围较小的局域网发展到现在几乎遍布世界各地的互联网。计算机网络的虚拟不同于人们身处其中的现实世界,它不是对现实世界的简单复制,而是为人类提供了一个全新的空间,使得在人们生活的物质世界之外,又出现了一个客观存在的数字世界。

虚拟交往实际上就是人们在这一全新的虚拟空间中进行的交往。现实中人与人的交往是人们日常生活中的重要实践活动。在信息时代,虚拟实践成为人们在虚拟空间的全新实践手段,虚拟交往也就成为人们在虚拟空间进行的交往的虚拟实践。虚拟交往与现实交往一样,具有其交往主体、交往客体与中介。有学者认为,由于在数字化的虚拟空间中人们不能单独进行虚拟交往,必须依靠电脑作为媒介,形成人机互动的联合体,从而进行虚拟交往的活动,所以虚拟交往的主体是人—机互动的共同体。但笔者认为,实践的主体只有人,而没有机器。因为电脑等交流工具是人创造出来的,目的是为人们进行虚拟交往服务。因此,虚拟交往与现实交往一样,本质上还是人与人的交往,在虚拟空间中的每一个人都像空间中的每一个点,正是由于这每一个点之间进行的交往,构成了整个的虚拟空间。交往的客体是指实践活动和交往活动所指向的对象和载体,虚拟交往的客体也不是我们通常所说的可以对象化的事物,而是在虚拟世界中的符号化了的信息。人既是信息的创造者,又是信息的传递者和使用者。虚拟中介即虚拟主体和虚拟客体发生关系的系统,这一中介系统是全新的数字化的空间——虚拟空间。在这个数字空间中的任何事物实际上是由既非物质、也非能量、也非精神的比特(bit)为基础单位所构成的信息客体,表现为由"0、1"组成的或长或短、变幻无穷的比特流、数字串,而由比特的不同变化构成的虚拟形态也就成为虚拟交往的中介。

三、虚拟空间与现实空间

　　虚拟交往与现实交往最大的区别就是交往中介的不同。传统交往的中介——现实空间是由原子、分子构成的物质世界,而虚拟交往的中介是一个通过数字化构成的虚拟空间。现实的物理空间与数字化的虚拟空间是人们生活所面对的两个不同的空间,他们之间既有联系又有区别,两者是辩证统一的。人们生存的物理空间是基于物质的、时空限制的现实社会,它是人们生存的基础,人们在物理空间进行生产、分配、交换、消费,维持着生命的继续;虚拟空间可以满足人们的生活兴趣、关系、交易等需要,虚拟空间是人们进行信息交流、情感体验的数字空间,通过各种符号进行信息交流。

　　现实空间是构成虚拟空间的基础。因为虚拟空间的创造主体是现实的人,即生活在一定历史条件中的人。因此,在虚拟空间的框架中,可以看到很多现有社会体系等现实体制构成的框架。现在论坛、讨论组等等,都有一些负责的管理员或者版主,部分较大的论坛还设有更高级别的管理员等等。不同级别的人员被授予不同的权限,这在本质上是现实世界管理方法的一种延续。目前,大部分网络服务商都是以盈利为最终目的,因此虚拟世界的设计者们就不断创造出能让人们满意的虚拟空间。而这种满意的虚拟空间,绝不是可以凭空想象出来的,而是依据现实空间为基础创造的,其本质还是将现实空间数字化,通过信息技术将现实空间进行一定的改造,使之以一个完美的虚拟空间呈现在公众面前。因此,虚拟空间的发展凝结着人的智慧,正是人们的劳动实践促进了虚拟空间的发展。

虚拟空间的使用者是现实的人。人们使用虚拟空间是为了满足自己的需要。因为虚拟空间本身的虚拟性,不可能满足人们的衣食住行等现实的物质需要,但是虚拟空间可以满足人们的精神需求。马克思主义哲学认为物质决定精神,因此人们的精神需求也绝不是凭空的需求,也是一种基于物质基础即现实空间的一种需求。正像我们看到的,一些创作者虽然将外星人描绘成三头六臂,本质上并没有完全摆脱现有社会中的人有手有头的概念,即使一些外星人被描绘成电波状,但是这种描述也一定是人们在物质世界已经认识了电波这一概念。因此,人们的认识和需求必然受到特定时期物质条件的限制。虚拟空间中的人们的需要,实际上就是人们在现实中需要的延续。

虚拟空间的建立,离不开现实空间的物质。虚拟空间并不是完全虚拟的,而是以现实物质为支撑的。计算机、数据传输光缆、电力等物质都是构成虚拟空间的基础。虚拟空间的建立和发展都不能脱离物质而独立存在,同时虚拟空间的发展随着相关硬件和软件的发展而发展。在 1969 年,美国为了防止苏联核打击,将电脑联网时,整个虚拟世界仅仅包括 4 台终端,而在 40 多年后的今天,世界上连接到互联网的终端已经达到了数十亿台,这些巨大的变化来自于遵循摩尔定律——集成电路上可容纳的晶体管数目,约每隔 18 个月便会增加一倍,性能也将提升一倍——所带来的全新的廉价而高速的中央处理器;来自于从最开始的 KB 为单位到现在日常家用都超过 1GB 的全新的信息传输技术;来自于最开始 800×600 到现在的 1920×1200 的高清图像处理技术,等等。正是由于现实空间中物质与技术的存在,我们才能在虚拟空间中进行交往活动。

现实空间是构成虚拟空间的基础,但是虚拟空间作为基于互联网和信息技术的全新的交往空间,又具有现实空间所不具备的一些特点,在现实空间的基础上发展成为人们交往的开放、自由的空间。

1.虚拟空间是开放的空间

虚拟空间的结构是开放的。虚拟空间基于互联网的网状互联式结构,是一种全通道的信息交流方式。互联网在设计之初就保证了网上每一个节点都有多条不同的路径与另一站点进行连接,互联网是一个没有中心的空间,同时互联网又是一个点点都是中心的空间。信息可以在去中心的虚拟空间中平等传递,而虚拟空间也真正成为一个没有守门人的空间。

虚拟空间的使用是开放的。虚拟空间是由一个一个的点连接而成的,而人们在使用虚拟空间时,只需拥有一台电脑、一台调制解调器和一根网线就可以通过互联网进行虚拟交往。随着互联网的使用费用大幅降低,目前在大部分地区,使用互联网的收费水平已经可以被广大民众所接受。随着手机网络融入互联网,人们已经可以使用手机终端在虚拟空间进行虚拟交往。未来的三网融合的发展,使得虚拟空间更加开放,人们进行虚拟交往将可以有更多的选择。

虚拟空间是一个全球性的空间。由于信息技术的开放性,使得在互联网上的任何终端都处于相对平等的位置。随着互联网的全球化发展,虚拟空间在范围上也是世界性、全球性的。在虚拟空间中,传统的地域限制、国家限制都被弱化,人们摆脱了政治、经济等条件的约束,任何国家和地区的网民都可以在互联网中进行交往活动。虚拟空间的这种全球性的开放的环境,使得虚拟交往成为世界各地人们交往的新形式,虚拟空间也成为不同文化背景的人之间交往的新空间。

2.虚拟空间是自由的空间

虚拟空间带来了交往方式的自由。现实的交往一般有以下四种方式:实时实地的交往,如语言交流等;实时非实地的交往,如电话通话等;实地而非实时的交往,如留便条等;非实时非实地的交往,如信件等。技术的发展虽然使得现实空间的交往更加便捷,但是现实世界由于时空的限制,目前不能将这几种交往方式有效地融为一体。虚拟空间由于是以信息高速公路作为其存在的基础,通过用速度消灭空间的概念,弱化了传统的时空限制,使得虚拟空间中进行的虚拟交往实现了实时实地、实时非实地、实地非实时和非实时非实地交往的有机统一。人们无需进行面对面的接触,只需要通过上网终端,在键盘、鼠标等操作工具上进行简单的操作,就可以在虚拟空间中进行自由的交往。

虚拟空间是自由交往的空间。虚拟空间的虚拟特性弱化了现实空间中进行交往的限制,为自由平等的交往提供了一个全新的空间。在现实中,年龄、职业、性别、社会地位成为人们交往的限制,造成了现实社会人们交往的不平等。而在虚拟空间中,人与人的交往是匿名的,因此人和人在交往的时候,不能完全地把握对方的地位,为人们的交往提供了自由和平等的空间。这种交往摆脱现实和物质的限制而让人们的精神得到了解放,使得人们的想象力和创造力得到了充分的发挥。虚拟空间消除了等级、权威的概念,无论是达官贵人还是黎民百姓,在虚拟空间中都是平等的。人们在虚拟空间中的虚拟交往脱离了人体本身,可以更换现实社会中确定的身份和地位,通过信息、知识、思想、情感的交流形成了全新的交往关系。

虚拟空间是自由选择的空间。在虚拟空间中,信息的传播是双向的。虚拟空间的交往主体可以根据自己的想法自由地发布信息,虚拟空间成为真正自由的公共领域,谁都可以在这一区域内信手涂鸦。虚拟空间中,既有最高雅的艺术,也有最低俗的东西。正是由于每个人都可以在虚拟空间自由地进行创作,使得虚拟空间的信息资源异常丰富。同时,虚拟空间的信息的选择也是自由的。在虚拟空间中,只要没有主观的原因,没有其他主体可以替代当前主体进行信息的选择。无论主体选择高雅的信息还是低俗的信息,正确的信息还是错误的信息,都是主体自由的选择。这种交往主体选择的自由性,增大了主体的选择性,促进了交往的发展。

四、虚拟交往的作用

随着互联网和信息技术的发展,虚拟交往逐渐成为人们重要的交往形式。虚拟交往的广泛应用,也对人们的思维方式和生活方式产生了一定的影响,促进了虚拟思维和网络化生存的发展。

(一)虚拟思维的发展

虚拟思维有广义和狭义之分。广义的虚拟思维是指人借助于符号工具进行的超越现实的创造性的思维。狭义的虚拟思维是指人通过数字化和虚拟技术等手段,在虚拟空间中把握对象的思维方式。任何思维方式都是社会实践活动方式在人脑中的内化,是人的生存状态和存在方式的理性表达。虚拟空间作为人类的一个崭新的活动空间和活动对象,引起了人类交往实

践的变革。虚拟交往的出现必然要求人类的思维方式发生变化以与之相适
应。虚拟思维方式与以往的思维方式最主要的区别就在于思维中介的
发展。

从总的发展过程来看,人类思维中介系统的发展相继经历了三个阶段:
行为中介阶段、语言符号中介阶段以及数字化中介阶段。远古时期,人们的
交往中介是行为的交往,通过相互之间的行为,人们可以进行简单的交流,
使得人们可以理解对方的意思,这就类似于我们现在使用的手语。原始人
在劳动过程中,从行为的交往逐渐发展到了简单的语言表达,又经过了漫长
的发展,产生了较为复杂的语言和文字符号,人类的交往中介在此刻才算是
步入了"真正的思维中介"。在思维中介中,人不仅能够更好地进行交流,
表达自己的思想,而且还形成了初步的历史记忆,开启了历史的传承,步入
了文明的时代。因此,我们可以说,人类第一次交往中介的革命是得益于语
言与符号的产生,它促进了世界文明的革命性发展,人类至今取得的一切成
果都与语言文字符号这一中介的产生密不可分。语言、文字、符号的产生使
得人类第一次有了对于现实世界进行表述进而展开创造的媒介,它使得人
类有能力准确地描述当前的现实世界,形成了人们的思维空间与符号空间。

数字化虚拟的出现,是又一次深刻的中介革命,它相比语言、文字、符号
来说,产生了更加深刻也更为重要的影响。如果说语言、文字、符号只是通
过对于现实关系的表述和创造而开辟了人们的思维空间、符号空间的话,那
么可以说数字化虚拟是在人们的思维空间、符号空间里发生的革命。虚拟
是在思维空间、符号空间的基础之上再造了一个新的空间,这一空间包括虚
拟空间、数字空间、视听空间和网络空间,使得语言、符号升华为一种新的更
高级的文明系统。它摆脱了语言文字交流过程的间断性与不准确性,通过
计算机超高速的处理能力,使得原本曾经间断的互动变得连续起来,原本不
准确的交往变得准确起来。就好像一个人驾驶汽车,当别人想知道他的具
体位置的时候,通过语言只能够说出大概的位置。可是,当他车内装有 GPS
导航装置(对于城市道路虚拟的装置)后,通过互联网的定位能力,别人就
可以很清楚地知道他目前的位置以及运动的方向。正是对于以往交流方式
的本质上的超越,使得虚拟成为人们新的交往中介。

我们不难发现，人类思维中介系统的流变经历了这样一个演变过程：最初思维从"行为便是思维"的初级阶段到"思维便是思维"的中级阶段，最后到数字时代发展成为"思维也是行为"。这是一个肯定——否定——否定之否定的演变过程。这一演变过程的核心，便是思维中介系统的发展，而"思维是行为"则是当代数字化时代的思维中介革命的根本内核。

在虚拟空间里，我们的思维对象不再是现实实践中那样的客观实在，而是处于虚拟空间中的虚拟实在。虚拟实在不同于现实的客观实在，因为虚拟空间是由数字构成的空间。在思维方式上，虚拟思维具有更强的交互性、更好的创造性、更高的智能化。

更强的交互性。虚拟思维中的主体不同于传统的主体，他加入到虚拟思维的交互的身份从一个被动的接受者变为一个互动的参与者。在虚拟空间中，人通过机器的支持生产出了一个特定的环境，在这个环境中，主体可以通过自己的思维来操控整个系统，同时这一系统也会及时地将各种信息反馈给主体，使得主体根据具体的情况可以不断调整自己的思维。这种交互性的加强，体现在人机互动上。如模拟驾驶系统等。

更强的创造性。创造性是主体运用特殊的技术手段对现实性实在的"突破"。虚拟现实是人类创造的由数字构成的新的活动空间，人们在接受虚拟系统提供的信息的同时，通过以往的经验和反馈的信息，经过判断和决策而对系统进行了操纵和控制，同时也不断地完善虚拟空间。主体对虚拟客体的思维就是主体对虚拟对象的创造。在现实空间中，由于诸多条件的限制，人的思维往往会受到一定的限制，因而人的创造性难以得到充分的展示和发挥。在虚拟空间中，由数字系统构成的空间，超越了时间与空间及一切其他条件的限制，在世界范围内和历史范围内，人们可以进行自由的交流，同时还能了解到世界上最新发生的种种变化，大大增强了人的行为的主体性和选择性。人们表现自我、张扬个性的本性，在数字空间中充分地表现出来。

更高的智能化。虚拟思维的智能化主要体现在人脑思维的外在化。虚拟思维是指主体以数字化和虚拟实在技术为手段，在虚拟空间中把握对象和世界的思维方式。虚拟空间既是人们进行虚拟思维所使用的工具，又成为虚拟思维的对象,因此没有虚拟空间也就不会有虚拟思维。随着技术的不断发展,智能软件作为人类思维的外化,正在逐步地模拟人类的思维。高智能的计算机在一定范围内已经可以替代人进行逻辑思维。人通过不断完善和发展虚拟空间,在通过高级智能进行交互的同时,发展着虚拟思维的智能化。

(二) 网络化生存

网络化生存是虚拟空间的发展给我们带来的重大而又复杂的现实问题。网络化生存实际上就是人在数字化信息网络媒介中进行的一种崭新的生活方式。具体就是指各种信息通过 0 和 1 组合成二进制编码的形式,通过数字化信息网络对其进行加工、处理与转换,从而对社会经济、政治、科技、文化及教育等各个领域的不同层面的实践活动施加影响与控制,以此主导着人类社会有序运行、协调发展的人类生存方式。也就是说人们通过互联网(电脑网络和手机网络)进行的虚拟实践补充和延伸着现实实践。在中国,有越来越多的人接触并使用互联网进行虚拟实践。互联网使用人数的快速增长,给我们的生活带来了很大的变化。恩格斯曾经说过:"在马克思看来,科学是一种在历史上起推动作用的、革命的力量。任何一门理论科学中的每一个新发现——它的实际应用也许还根本无法预见——都使马克思感到衷心喜悦,而当他看到那种对工业、对一般历史发展立即产生革命性影响的发现的时候,他的喜悦就非同寻常了。"互联网作为现代科学的产物,它使人们进入了网络化生存的时代,在现实社会起到了举足轻重的作用。

网络化生存改变了人们的劳动方式。

网络化生存使得人们的劳动方式摆脱了地域的限制。原来一个重要的学术会议,一般组织召集全国的专家需要数天甚至数月的时间,而现在网络技术的高度发展可以使得专家坐在自己的办公室内,通过电脑虚拟会议就完全达到以前的效果。目前波音公司中,约有 400 位俄罗斯工程师在莫斯科为波音工作,并与西雅图的设计小组通过电子方式进行联络。由于时区的差异,他们就能和西雅图的设计小组一起建立起有效的连续工作循环。这样波音公司不但具有了随时随地提供工程支持能力,而且还可弥补航空工程技术人才的不足。美国一些大型公司的客服热线,也都是以这种全新的劳动方式进行的,服务人员通过互联网在家中接听服务电话,然后通过互联网第一时间汇集到公司的统计数据中。

网络化生存改变了劳动者的劳动行为。目前,计算机网络系统的建立在一定程度上接替了人们的一部分工作。在生产的过程中,人们通过计算机网络完成产品的设计,产品的加工和装配通过计算机网络控制的自动化系统就可以完成。在自动化程度较高的工厂中,各部门都已完成了联网,通过计算机网络就可以对整个生产流程进行监管。人们逐渐从生产过程中的体力劳动中解脱出来,可以进行更高层次的脑力劳动,这对于人的解放和发展是一个质的飞跃。

网络化生存对劳动创新发挥了重要作用。在网络化生存中,信息多向流动,不断与主体思维进行交织碰撞,同时由于互联网的虚拟性,使得人们可以在一些现实条件不具备的情况下,在虚拟中进行实践,为人们的创新提供了条件,为社会的快速发展提供了动力。虚拟实践激发了人类持续创新的能力。邓小平曾高度肯定创新在经济发展中的地位,他说:"搞科技,越高越好,越新越好。越高越新,我们也就越高兴。不只我们高兴,人民高兴,国家高兴。"[①]江泽民也反复强调:创新是一个民族进步的灵魂,是国家兴旺发达的不竭动力。

网络化的生活为人们带来了全新的生活理念。

在现实的网络中,出现了网络银行等诸多全新的概念。网络银行作为现实银行业务的延伸,大大加快了业务的办理。通常,我们去银行办理某种业务,正常情况下要等十几分钟甚至几十分钟,人多的时候可能更久。而网络银行通过简单的操作,几分钟之内就可以把你想办的所有业务都办完。网上购物的出现,使得人们购买日常用品只需要在网上点击确认,就可以等待着商家送货上门了。新浪、搜狐等大型网站,已经成为人们获得日常新闻的最便捷的渠道。手机网络中推出的手机报,虽然在法律上的合法性目前还没有定论,但是它使得大多数人在上下班的途中,可以方便地通过手机来

---

① 《邓小平文选》第 3 卷,人民出版社 1993 年版,第 378 页。

获取新闻。作为一种便捷的生活方式,网络化生存正在逐渐为人们所接受并应用。

网络化生存改变了人们获取信息的方式。虚拟空间中的信息数量巨大,种类丰富。庞大的文学、科学资源已经不仅仅保存在城市的图书馆中,还保存在互联网这一虚拟空间中;网络教育的发展,使得大部分上网的民众可以享受到更好的教育信息;旅游、出行之类的信息在这一空间里也应有尽有。互联网已成为人们获取信息最经济、最有效的方式。

网络化生存发展了人们的交流方式,互联网已经成为人们沟通交流的全新领域。人们在互联网上进行的沟通既包括较为传统的电子邮件,QQ、MSN 等文字聊天软件与 UCtalk、YY 等语音聊天,也包括全新的博客与微博。随着手机网络与互联网的融合,人们可以通过互联网收发传真、拨打电话。现在几乎在世界的任何地方,只要拥有一台能够上网的终端,人们就可以进行自由的交流。这些新型的交流方式由于其使用的便捷性、廉价性和更好的功能性,得到了广大网民的认可。

网络化生存丰富了人们的娱乐方式。互联网已经成为人们休闲娱乐的重要场所。网络游戏已经成为一些人日常生活的一部分,网络娱乐的主要方式还包括通过网络观看视频和下载音乐。欣赏网络文学也成为人们的一项新的娱乐方式。网络娱乐的使用人数较为稳定,没有明显的增加与减少,这体现出了人们已经习惯于使用互联网这一全新的娱乐平台。

第二节 互联网与人的自由全面发展

马克思主义坚持社会发展与人的发展相统一的观点,认为人与社会是相互生成、密不可分的关系。马克思说:"正像社会本身生产作为人的生产一样,人也生产社会。"[1]恩格斯也指出:"随着完全形成的人的出现又增添了新的因素——社会,这种发展一方面便获得了强有力的推动力,另一方面

---

[1] 《马克思恩格斯全集》第 42 卷,人民出版社 1979 年版,第 121 页。

又获得了更加确定的方向。"①因此,社会和个人之间是辩证统一的关系,人作为社会的存在物同时又用自己的活动创造和改变着社会。互联网是人的创造物,而互联网的发展又为人的发展创造了有利的条件,拓展了广阔的空间。

一、马克思主义人的自由全面发展理论

马克思的三形态说是关于人的发展的学说,人的自由全面发展是社会发展的最终形态,这体现了人的发展的最高境界。

恩格斯在《英国工人阶级状况》中写道:"只有在大街上挤了几天,费力地穿过人群,穿过没有尽头的络绎不绝的车辆,只有到过这个世界城市的'贫民窟',才会开始觉察到,伦敦人为了创造充满他们的城市的一切文明奇迹,不得不牺牲他们的人类本性的优良品质;才会开始觉察到,潜伏在他们每一个人身上的几百种力量都没有使用出来,而且是被压制着,为的是让这些力量中的一小部分获得充分的发展,并能够和别人的力量相结合而加倍扩大起来。在这种街头的拥挤中已经包含着某种丑恶的违反人性的东西。难道这些群集在街头的、代表着各个阶级和各个等级的成千上万的人,不都是具有同样的属性和能力、同样渴求幸福的人吗? 难道他们不应当通过同样的方法和途径去寻求自己的幸福吗?"②随着生产力的极大发展和物质财富的极大丰富,人们已经从人与人为依赖的生产劳动关系中解脱出来,人们也不再需要以物的交往作为交往的主要方式,摆脱了机器与资本的束缚。人们已经可以自由地支配时间,从自身的兴趣、爱好出发,进行交往活动,即"劳动表现为不再像以前那样被包括在生产过程中,相反地,表现为人以生产过程的监督者和调节者的身份同生产过程本身发生关系。……工人不再是生产过程的主要作用者,而是站在生产过程的旁边。"③"我们越往前追溯历史,个人,从而也是进行生产的个人,就越表现为不独立,从属于一

① 《马克思恩格斯选集》第3卷,人民出版社2012年版,第993页。
② 《马克思恩格斯全集》第2卷,人民出版社1957年版,第303—304页。
③ 《马克思恩格斯全集》第31卷,人民出版社1998年版,第100页。

个较大的整体；……只有到 18 世纪，在'市民社会'中，社会联系的各种形式，对个人说来，才表现为只是达到他私人目的的手段，才表现为外在的必然性。但是，产生这种孤立个人的观点的时代，正是具有迄今为止最发达的社会关系的时代。……因此，说到生产，总是指在一定社会发展阶段上的生产——社会个人的生产。"①

马克思提出的共产主义社会是"由社会全体成员组成的共同联合体来共同地和有计划地利用生产力；把生产发展到能够满足所有人的需要的规模；结束牺牲一些人的利益来满足另一些人的需要的状况；彻底消灭阶级和阶级对立；通过消除旧的分工，通过产业教育、变换工种、所有人共同享受大家创造出来的福利，通过城乡的融合，使社会全体成员的才能得到全面发展。"②在共产主义社会，每个人都与其他人是平等的，人们在平等基础上自由全面发展，"每个人的自由发展"就形成了"一切人的自由发展的条件"。

人是一架如此复杂的机器，要想一开始便对它有一个明确的完整的概念，也就是说，一开始便想给它下一个定义，这样的事是不可能的。同样，马克思虽然提出了人的自由全面发展这一概念，但是真正完全的理解这一概念还是有一定难度的。马克思的人的自由全面发展不仅仅是从体力劳动向脑力劳动的发展，也包括了如社会关系、文化等多领域多方面的发展。如果缺少了这些方面，那么，纵然是在物质生产领域中达到了能力充分发展的人，在马克思眼里也不过是"片面的、抽象的人"。

"人之所以成其为不同的人之根据，是人的个性，个性把不同个体的人区别开来，这是人的个体的具体本质或个别本质。而作为人的自由自觉的活动、能力、社会关系和个性之形成、存在、发展之根据的，说到底，是人的需要，人的需要是什么样的，人的活动（能力）、社会关系和个性就是什么样的。这样，人的需要、能力、社会关系和个性就是理解人的本质或人的各种本质的四个核心概念。"因此，我们将人的自由全面发展归纳为人的需要、能力、社会关系和个性的发展。

---

① 《马克思恩格斯选集》第 2 卷，人民出版社 2012 年版，第 684—685 页。
② 《马克思恩格斯选集》第 1 卷，人民出版社 2012 年版，第 308—309 页。

二、互联网与人的需要的发展

人的行为是由人的需要引起的,因此人们的需要在一定程度上决定其自身的生活方式。人的发展也是在不断产生需要、追求需要、实现需要的过程中实现的。马克思认为,人的需要的满足是促进人的自由全面发展的强大动力。因为任何人如果不同时为了自己的某种需要和为了这种需要的器官而做事,他就什么也不能做。正是人的需要的不断发展,人类社会才不断地向前发展。已经得到满足的第一个需要本身、满足需要的活动和已经获得的为满足需要而用的工具又引起新的需要,而这种新的需要的产生是第一个历史活动。人的需要也促进了人本身的发展。人的需要的丰富性,从而生产的某种新的方式和生产的某种新对象在社会主义的前提下具有何等的意义:人的本质力量的新的显现和人的存在的新的充实。

人的需要是多样的。从人们的属性对需要进行划分,可以分为自然需要和社会需要。自然需要即是人为了自身的生存而产生的需要,大体可分为衣食住行等方面的需要;社会需要是人们在社会生产与生活活动中产生的一种需要,如经济需要,政治需要、文化需要等。自然需要是社会需要的基础,社会需要是自然需要的发展。人的需要还体现在个体的需要和群体的需要,个体的需要代表了特殊性、个性,而群体的需要具有普遍性、共性。从哲学意义上进行划分,人的需要又可以分为物质需要和精神需要。物质的需求是人最基本的需求,它通过物质的使用价值来满足人们的需要,而精神需要是建立在物质需要之上的精神文化方面的需求,包括认知、道德、情感等多方面的需求。

人的需要是有层次的。马斯洛理论将人的需求按照不同的层次,由低到高依次分成生理需求、安全需求、社交需求、尊重需求和自我实现需求五类。恩格斯从哲学的高度提出了不同层次的需求,它将社会成员对于社会产品的消费分为生活资料、享受资料、发展和表现一切体力和智力所需的资料。由此我们可以看出,恩格斯将人的需求由低到高依次分为以满足人们基本生活需要的物质需要和精神需要、满足基本生存后进一步提升的需要和人们自由全面发展的需要。人的需要是随着社会的进步不断发展的,随着生产力水平的不断提高,社会财富的不断积累,人们的需要也在不断向更高的层次发展。

互联网的发展极大地促进了社会生产力的发展。当今以互联网为代表的信息网络已经突破信息交流的传统渠道,成为功能综合的技术平台。使得生产工具、劳动对象和劳动者都发生了重大的变化,信息产业作为一个全新的产业,已经成为经济发展的新增长点。生产力的发展为人的发展提供了充分的物质基础,基本满足了大多数人对于生活资料的需求。人们的需要已经不仅仅是能够维持生活。随着经济的发展与变革,政治、文化、社会等领域也不断革新,为人的需要的满足提供了基础。

马克思曾经说过,为了能够使人们更好地发展,在必要劳动时间之外,为整个社会和社会的每个成员创造大量可以自由支配的时间。人的需要的满足还取决于是否拥有充分的自由时间。正像单个人的情况一样,社会发展、社会享用和社会活动的全面性,都取决于时间的节省。一切节约归根到底都是时间的节约。网络技术摆脱了以往时空的限制,以往需要花费大量时间完成的工作,现在通过互联网就可以完成,还可以节约大量的时间。网络技术的发展使人们摆脱了以往繁重的体力劳动,增加了人们的工作效率。互联网在满足人们一些需要上也比以往的方式更加有效,如以往需要去指定地点才能了解的信息,现在在互联网上就可以获知。因此,互联网的出现为人们提供了更加充裕的时间,使得人们可以提出自己的需要,并满足自己的需要。

随着物质条件的进步,物质需要已经不再成为人们的主要需要,人们开始使用更多的时间来满足其精神需要。这种需要包括政治需要、文化需要、娱乐需要等等。互联网的发展促进了政治民主化,使得民意表达和公民政治参与获得了巨大的进展,公民可以对政治问题积极发表见解,也可以与政府官员进行对话,人们通过互联网可以满足他们的政治需要;互联网的发展促进了网络文化的发展,各种各样的文化形式出现在互联网上,人们的选择增加,可以按照自己的喜好自由地进行选择,人们通过互联网满足了他们的文化需要;互联网的发展带来全新的娱乐方式,网络游戏、视频传播、音乐媒体等等都从不同的方面满足了人们的娱乐需要。互联网基本满足了大部分人们的精神需要。

　　互联网还是一种更经济、更有效地满足人们精神需求的途径。使用互联网满足精神需求的成本，要远低于大部分其他的形式。一个网友曾经形象地描述了这个事实：一个普通大学毕业生的工资在满足其生活需求后，每月仅有 200 元左右的结余来满足其精神需求。这笔钱只能在该城市看 3 场电影或者请女朋友吃一顿饭，如果想要在一个月的每一天都可以获得精神的满足，除了使用互联网没有其他的途径。同时，互联网丰富多彩的内容更好地满足了人们的精神需求。在《网瘾战争》这部网络视频作品中，有一段经典的台词："你天天叫嚣着《魔兽世界》让我们沉迷，没错，我们沉迷了，可我们沉迷的不是游戏，而是游戏给我们的那种归属感，我们沉迷的是这四年来的朋友和感情，是这四年来的眷恋和寄托。"不单单是网络游戏，在其他领域也有很多深深眷恋互联网的网民，互联网也成为他们的一个新的精神归宿。

三、互联网与人的能力的提升

　　德国哲学家蓝德曼认为："人较动物而言，在本质上是非决定的。此即人的生命并没有遵循事先决定的路线，事实上自然只是使人走完了一半，另外一半尚待人自身去完成。"人的发展程度与人自身的能力有着本质的联系。因此，人"全面"发展的第一层含义（第一个规定），是唤醒自然历史进程赋予人的各种潜能素质，使之获得最充分的发展。自然历史进程赋予人的潜能素质，只是人自身的自然中"沉睡着"的力量。……马克思所要求的人的一切潜能的最充分的发展，不是指望人立刻变成法力无边的"神"，而是主张，应该开辟使人的所有肉体的精神的力量得以自由发展的无限可能，决不能限定人的发展的开放性前景。人自身的能力决定人的发展程度。人的能力是主客体对象性关系得以建立的必要条件之一，活动的形成"取决于对象的性质以及与之相适应的本质力量的性质"；活动过程就是主体能力在特定环境中对特定对象的外化和实现；活动的方式取决于主体能力的性质；活动的范围取决于主体能力的水平；活动的强度取决于主体能力的大小；活动的成败取决于主体能力能否得到正确的发挥；活动的结果即对象性的产物，则是主体能力创造性的具体表现，是人的本质力量的公开展示。因此,人的发展首先是人的活动的发展,而人的活动的发展主要是人的活动能力的发展。

人的能力的发展首先是人的体力和智力的发展。马克思指出:"我们把劳动力或劳动能力,理解为人的身体即活的人体中存在的、每当人生产某种使用价值时就运用的体力和智力的总和。"①因为劳动是人们生存的基本需要,因此体力与智力的发展,就成为人的能力发展的主要内容,也是人的能力发展的基础。人的能力不但包括了体力和智力,还包括意志力、情感、思想等等其他能力。人的真正的全面发展需要人的素质的全面发展,因此就要求人们在身体素质和科学文化素质不断提高的同时,还要注重心理素质和思想道德素质的发展。

教育是人们能力提高的最重要的手段。现在网络教育的发展速度日趋加快,无论身处何地,不分年龄与性别,都可以接受最优秀教师和专家的授课,这将大大提高人们的知识水平。同时互联网上有着丰富的知识信息资源,人们可以按照自己的需要进行选择,提高自身的能力。互联网还为人们提供了一个全新的实践空间——虚拟空间。在这一虚拟空间中,人们通过对给定的实践环境和认识对象进行虚拟,就可以创造出虚拟实践的实践客体,通过在虚拟空间中不断进行虚拟实践,人们避免了现实实践所能带来的种种伤害,同时还了解到了实践的结果,可以认识并修正出现的偏差与失误。在虚拟空间的实践,作为信息时代的一种全新实践方式,促进了教育的发展,也提高了实践主体的综合能力。

互联网提高了人们自身的能力。人的能力是多方面的,包括管理能力、思维能力、记忆能力等等。互联网的基础是计算机技术和信息技术,因此它不能全面提高人们的能力,但是它可以在很大范围和程度上提高人们的能力。互联网大大提高了人们的计算能力。传统的人计算能力有限,即使世界上计算速度最快的人,也不能在1秒钟内完成一个超级大数的计算,如几亿乘以几亿,但是计算机却可以很轻松地完成。随着互联网和云计算的运用,计算机的运算速度将进一步增加。互联网增强了人们的记忆能力。人

---

① 《马克思恩格斯全集》第21卷,人民出版社2003年版,第434页。

的记忆能力随着年龄的增加会逐渐降低，即使是记忆力最好的人，记忆能力都可能不如一个小小的数据存储器。互联网的建立，将信息储存在一个极为广泛和安全的空间内，它成为人脑记忆部门的延伸，增强了人们的记忆能力。互联网延长了人的肢体。现代模拟机器人的出现，一些医生已经可以通过互联网远程模拟操作机器人进行手术。这实际上就是延长了人们肢体，使得人们"出现"在本来不可能出现的地方。

随着实践方式和思维方式的转化，互联网开拓了人们的创造性思维。互联网改变了传统的金字塔式管理模式，扁平化组织促进了管理者与被管理者之间的互动，增强了人的主观能动性，提高了创新和决策能力。互联网作为人创造的主体，它本身的功能虽然非常强大，但是它不能替代人的最重要的原因就是它没有创造性的思维。人的创造力是非常重要的，人通过创新精神，使得知识和思维得到了飞跃，通过发明和创造更新的工具，提高了人的能力。互联网的出现，提高了人的基础能力，使人在认识、计算能力、记忆能力方面都有了很大的提升，为人的创造性思维打下了坚实的基础，为人的进一步创新提供了条件。

四、互联网与人的社会关系的丰富

社会关系是社会中人与人的关系的总称，是人们交往实践的产物。"在任何情况下，个人总是'从自己出发的'，……由于他们的需要即他们的本性，以及他们求得满足的方式，把他们联系起来（两性关系、交换、分工），所以他们必然要发生相互关系。但由于他们相互间不是作为纯粹的我，而是作为处在生产力和需要的一定发展阶段上的个人而发生交往的，同时由于这种交往又决定着生产和需要，所以正是个人相互间的这种私人的个人的关系、他们作为个人的相互关系，创立了——并且每天都在重新创立着——现存的关系。"[①] 人的交往关系的丰富程度决定了人的发展程度。"全面发展的个人——他们的社会关系作为他们自己的共同的关系，也是服从于他们自己的共同的控制的——不是自然的产物，而是历史的产物。

[①]　《马克思恩格斯全集》第3卷，人民出版社1960年版，第514—515页。

要使这种个性成为可能,能力的发展就要达到一定的程度和全面性,这正是以建立在交换价值基础上的生产为前提的,这种生产才在产生出个人同自己和同别人相异化的普遍性同时,也产生出个人关系和个人能力的普遍性和全面性。"①社会关系的全面丰富,不仅意味着个人与他人是作为社会群体中某一成员身份而出现,而且还作为个人与他人发生相互关系而存在;也意味着人们摆脱了以往个体、分工、地域和民族的狭隘局限性,形成了各方面、领域和层次的社会联系;同时还意味着人们的经济关系、政治关系、法律关系、伦理关系、宗教关系、文化关系等的全面生成,由贫乏变得全面丰富、由封闭变得开放、由片面变得全面,并且得以协调和谐的发展。

　　人的社会关系的发展主要包括两个方面。第一,人的社会关系的丰富性。"生产力——财富一般——从趋势和可能性来看的普遍发展成了基础,同样,交往的普遍性,从而世界市场成了基础。这种基础是个人全面发展的可能性。"②在马克思看来,交往使得人们进行了信息、物质等方面的交流,提升了个体的能力。因此,个人必须参加到最广大的交往活动中去,形成最丰富的社会关系,才能进一步促进人的发展。第二,人的社会关系是完全属于自身的社会关系。马克思曾经这样评价资本主义社会的社会关系:"毫无疑问,这种物的联系比单个人之间没有联系要好,或者比只是以自然血缘关系和统治服从关系为基础的地方性联系要好。"③但人们在这种社会关系下,只能处于从属地位,这就不能使人真正全面发展。因此,只有"他们的社会关系作为他们自己的共同的关系,也是服从于他们自己的共同的控制的——不是自然的产物,而是历史的产物"④,人才能够真正获得全面的发展。

　　互联网的发展使人们的交往摆脱了现实条件的限制。传统的社会交往一般是基于血缘、地缘关系的,人们的社会关系受到人的社会地位、身份等各种因素的限制。人们交往的范围虽然在日益扩展,但是短暂性、功利性等

---

①　《马克思恩格斯全集》第 30 卷,人民出版社 1995 年版,第 112 页。
②　《马克思恩格斯全集》第 30 卷,人民出版社 1995 年版,第 541 页。
③　《马克思恩格斯全集》第 46 卷(上),人民出版社 1979 年版,第 108 页。
④　《马克思恩格斯全集》第 30 卷,人民出版社 1995 年版,第 112 页。

特点都影响了人们的交往。互联网的出现减少了交往的限制条件。一些现实中严重影响人们正常交往的条件不能影响人们在虚拟世界中的交往。随着互联网的全球化,人们的社会接触范围也随之扩大,交往的范围也随着互联网延伸到世界的各个角落,形成了一种全新的社会关系。互联网还提供了一个较为宽松的社会交往环境,减少了以往面对面的现实交往方式给人们带来的压力,人们在互联网上可以敞开心扉,畅所欲言,虚拟交往作为现实交往的延续,进一步发展了人们的社会关系。

人们通过互联网的交往,产生了一些全新的社会关系。在延续了现实社会关系如同学、朋友关系的同时,也产生了全新的社会关系——网友。网友即通过互联网的使用而互相熟识的朋友。网友这一概念随着互联网的发展,也在不断细化。有经常使用 QQ 软件聊天的 Q 友,有共同进行网络游戏如《魔兽世界》的魔友,有通过博客而相互熟知的博友。在这种以友情为基础的网友的交往上,还产生了如现实恋爱一般的网恋。网友已经成为信息时代的一种全新的社会关系。网友已经不仅仅是存在于互联网这一虚拟空间中,有很多网友通过见面等现实交往手段成为现实中的朋友。网友这一全新的社会关系也成为社会关系发展中的一个重要部分。在一些情况下,网友之间的关系甚至会超越现在的某些社会关系。

互联网中的交往促进了人真正成为交往的主体。传统交往中,人们往往无法按照自己的想法来进行交往,工作关系、亲属关系等都影响着人们交往的自主性,而在互联网上人们做到了真正的自主交往。由于互联网空间的虚拟性,使得人们在虚拟空间的交往中,往往可以对陌生人倾诉自己的真心话,人们在互联网上,可以按照自己的喜好、兴趣等等进行交往,如针对某些话题讨论的论坛等等。由于互联网的使用者在一定意义上是平等的,因此每个人在交往过程中都可以充分发挥自己的主观能动性,真正成为社会关系的主人。

五、互联网与人的个性的自由发展

人的个性,就是人的个体性。马克思将人分为"有个性的个人"和"偶然的个人"。只有"有个性的个人"才能与社会关系、社会交往等活动相适应。"有个性的个人与偶然的个人之间的差别,不是概念上的差别,而是历史事实。"①从内容上看,人的个性是由彼此密切联系和相互作用着的成分所组成的多层次、多方面、多要素的有机整体,是由不同子系统所构成的具有整体功能的特殊系统。它主要包括:一是个人倾向性特征。包括人的需要、动机、兴趣、理想、信仰和价值等。二是个人心理特征。包括气质、性格和能力等。三是个人的社会人格特征。它主要指个人的道德风貌、习惯、社会形象、社会角色和其他精神状态,反映了个体的社会认可和评价水平,是不同个人之间互相区别的重要标志。

正是由于"人是一个特殊的个体,并且正是他的特殊性使他成为一个个体,成为一个现实的、单个的社会存在物。"②人的个性与所处的社会环境有直接的关系,"我在我的生产中物化了我的个性和我的个性的特点,因此我既在活动时享受了个人的生命表现,又在对产品的直观中由于认识到我的个性是物质的、可以直观地感知的因而是毫无疑问的权力而感受到个人的乐趣。"③因此,马克思认为,人的自由全面发展需要人的个性的实现。"无产者,为了实现自己的个性,就应当消灭他们迄今面临的生存条件,消灭这个同时也是整个迄今为止的社会的生存条件,即消灭劳动。"④在共产主义社会,人的主体地位得到了确立,而人的个性将得到充分的发挥。人的个性的自由发展最终使得社会的每一个成员都能完全自由地发展和发挥他的全部才能和力量。

互联网为人的个性的发展提供了全新的空间。虚拟空间的出现使人们克服了时空的障碍,不同国家、不同时区的人们可以在同一时刻在互联网上进行交往,人们的交往出现了一个全新的广阔的空间。互联网空间的交往方式超越了以往点对点交往的局限,成为一种点对面的交往方式,甚至在一定时候成为一种立体的交往方式。互联网的虚拟性使得人们在网络上交往无需考虑诸如社会地位、宗教信仰等现实的条件,使得人们避免了来自现实交往的种种限制,使得人们在互联网上可以做到自由地按照自己的个性进行

---

① 《马克思恩格斯选集》第 1 卷,人民出版社 2012 年版,第 203 页。
② 《马克思恩格斯全集》第 3 卷,人民出版社 2002 年版,第 302 页。
③ 《马克思恩格斯全集》第 42 卷,人民出版社 1979 年版,第 37 页。
④ 《马克思恩格斯选集》第 1 卷,人民出版社 2012 年版,第 201 页。

交往,通过互联网,人们解决了现实中的一些交往的难题,在虚拟空间的交往缓解了人们现实中承受的种种精神压力。虚拟空间为人们的自由发展提供了无限的可能,它的广泛的空间为人们尝试各种想法提供了最好的空间。

互联网是一个展现个性化的空间。世界上没有两片完全相同的树叶,世界上也不可能存在两个完全相同的人。因为每个人的生存环境、教育背景有所不同,每个人的想法都具有自己的个性。随着社会的发展,人的需要不断增长,人的能力不断提高,人的社会关系不断丰富,人的个性也就更加明显。互联网为人们提供了展现个性的空间。教育程度高、文字功底好的人们通过博客、网络文学体现自己的个性;不具备良好文字功底的人,可以通过视频、照片等手段装点自己的空间;甚至识字不多的人也可以通过语音等形式在互联网上留下自己的痕迹。在互联网上,任何想要展现自己的主体,都可以通过互联网空间自由地展现自己(违法行为除外)。我们很难在互联网上找到千篇一律的作品,取而代之的是人们个性化的作品。

互联网是一个选择个性化的空间。互联网上没有传统意义上的守夜人,没人会替代你进行信息的选择。人作为信息的使用者,是作为一个自主的选择者,根据自己的需要,选择知识、文化、娱乐的信息。通过对于所获得信息的个性化理解,人们又可以促进个体的发展和完善。互联网在满足了人们精神需要的同时,也激发了主体自主、自愿、自觉选择的积极性,促进了人的发展。同时,我们看到,现在互联网上不少产品都是根据网民个性化的需要完成的。凭借网络技术的支持,现在的生产向需求不断地靠拢,很多厂家通过在互联网上进行定制,完成人们所需要的个性化的商品。很多互联网上面的文艺作品也体现了网民的需求,真正做到了作品不再推给网民欣赏,而是网民欣赏他们想要的作品。真正体现了人的自主性和独特性发展。

第三节　网　瘾

互联网能够实现跨地域、跨时空的信息快速沟通与交流,是人们快速便捷的交往通道,促进了人的自由全面发展。但同时,互联网的发展也带来了一些问题,如许多网民沉迷于互联网之中不能自拔,给个人、社会和国家带来危害。通过分析网瘾的本质,笔者指出如何正确认识和对待网瘾。

一、网瘾的危害

网瘾全称为互联网成瘾综合症(Internet Addiction Disorder,简称 IAD),也称为网络成瘾。网瘾主要表现为对现实生活呈现冷漠的态度,而对互联网上的游戏、信息、爱情等痴迷。根据《网络成瘾临床诊断标准》的定义,网络成瘾是指个体反复过度使用互联网导致的一种"精神行为障碍",表现为对互联网的再度使用产生强烈的欲望,停止或减少互联网的使用时出现的阶段反应,同时可伴有精神及躯体症状。

对于网瘾的界定,各国目前观点不一。对于网瘾是否属于精神类疾病的问题,有些国家认为网瘾仅是类似酒精依赖的症状,而没有把其列为精神类疾病;而另一些国家则认为网瘾就是精神类疾病。此外,判断是否具有网瘾,国内外并没有一个统一的标准,判断方法主要是主观地判断或个人经验,而判断依据多为是否干扰正常生活,如每天上网的时间是否过长,且无法自制;因不能上网或上网时间较短而带来的诸如暴躁、不安等反常行为;是否为上网而逃学、欺骗等。

不管如何界定、判断网瘾,网瘾行为不仅严重危害网民的身心健康,而且产生一系列的家庭、社会等问题。由于网瘾主体主要是青少年,网瘾行为非常不利于青少年的健康成长,特别是城市青少年。2010 年 2 月,中国青少年网络协会在京发布的《2009 年青少年网瘾调查报告》(以下简称《报告》)指出:目前我国城市网瘾青少年约占青少年网民的 14.1%,人数约为 2404.2 万人。在城市非网瘾青少年中,约有 12.7% 的青少年有网瘾倾向,人数约为 1858.5 万。在这些网瘾青少年中"网络游戏成瘾"——即把"玩网络游戏"作为其上网的主要目的并且在游戏上花费的时间最长——的比例高达 47.9%,还有 13.2% 的网瘾青少年属于"网络关系成瘾"——即在"聊天或交友"上花费的时间最长。

1.危害身体健康

一方面是危害网瘾者本人的身体健康。从生理角度来看,网瘾者往往数小时坐在电脑前使用互联网,长时间保持一个姿势而很少运动,容易造成视力下降、血液循环不畅、生物钟被破坏、肥胖等问题,长此以往还会导致内分泌失调、免疫力下降,危害自身身体健康。从心理角度来看,网瘾者长期对网络的依赖,可能混淆虚拟与现实的关系,在现实中模拟网络游戏等虚拟行为,危害自身身体健康;可能为花费更多的时间和金钱上网而与他人发生争执,发生伤害自身身体健康的事件。从外部环境来看,网吧是网瘾者常去之所。许多网吧从自身利益出发,为了获取更多利润,为上网者提供更多服务,如可以订水、订饭,直接送到上网者面前,减少上网者的运动量,增加了肥胖等疾病的几率,给网瘾者的身体健康带来隐患。此外,由于上网者素质不高和网吧管理不到位等原因,许多网吧上网环境差。禁烟标识往往形同虚设,网瘾者本人常处于这种乌烟瘴气的环境中,影响身体健康。

另一方面是危害他人身体健康,包括网瘾者本人直接危害他人身体健康和他人为让网瘾者戒网瘾而伤害自己的身体健康。由于对网络的痴迷,网瘾者直接伤害他人身体健康,他人包括网瘾者和非网瘾者。网瘾者多为青少年,需要有足够多的钱和时间用在网络上,往往容易与家人等发生争执而伤害他人,如有些网瘾者为上网而砍杀自己的父母。有的网瘾者混淆虚拟与现实的关系,在现实中模拟网络游戏等虚拟行为,伤害他人。网瘾者身陷网络,难以自拔,他人为劝其戒网,而有意或无意地伤害自己的身体健康。家人几天几夜为寻找网瘾者奔波,而累昏于网吧前;为劝网瘾者戒网,家人无助之至,以至发生割腕、投江等自杀行为,用以唤醒网瘾者。

2.造成"信息污染"

互联网为上网者提供各种各样的信息,并且不同源的信息量是以几何级数的形式增长。由于互联网自身的快捷性、交互性、互动性等特点,信息得以在几秒的时间内迅速传播。互联网上的信息良莠不齐,网瘾者的自我控制能力和选择能力不足以抵制不良信息的负面影响,从而不知不觉地受不良信息的"污染",并可能传递"被污染过"的信息。相关资料表明,受网络信息的影响,网瘾者难以区分现实与虚拟的关系,模糊道德认知,导致自杀、犯罪等概率逐渐上升。

此外,互联网上的信息是现实信息的反映和延伸,但网瘾者由于对现实实践的关注不足,对互联网的信息的判断力较弱,难以对信息作出正确的判断选择。互联网的开放性和便捷性使得人们可以自由地发表自己的观点,网络技术的管理不到位使得不良信息可以迅速传播。在一定程度上,这些不良信息的传播容易导致上网者道德失范甚至发生违法犯罪的问题,影响着上网者世界观、人生观和价值观的形成。

3.参与社会实践不足

网瘾者长期沉迷于网络,干扰日常的工作、学习和生活等社会实践。许多网瘾青少年沉迷于网络,把原本用来工作、学习的时间投入到互联网上,影响学习的积极性和主动性,耽误了自身的学习和工作,不利于教育等社会事业的长远发展。现在,逃学上网事件屡见不鲜,沉迷网络而被学校开除也时有发生。有的网瘾者为了虚拟的网络世界,而放弃现实的工作、学习和生活,不仅失去工作,而且不利于社会的发展进步。

网瘾者参与社会实践的能力下降。网瘾者长期沉迷于互联网中虚拟世界,现实的社会交往等社会实践能力下降。《报告》称,在这些网瘾青少年中"平常不主动与人交往"的比例显著高于非网瘾青少年。在非网瘾青少年中,有29.1%的青少年"平常不主动与人交往";而在网瘾青少年中,这一比例达到38.0%。一方面,网瘾者沉迷于网络,没有足够多的时间和精力参与现实交往等社会实践。另一方面,网瘾者长期进行人机对话这种虚拟的交往方式,一旦离开电脑容易丧失正常的社会交往等现实的社会实践能力。网瘾者往往对现实世界不满而需求网络世界的满足,这样离现实世界就越来越远,对现实世界的人和物逐渐失去兴趣,把与他人的交往实践活动当作是可有可无的事情,影响了现实的社会交往等社会实践能力。

二、网瘾的本质

(一)客观看待网瘾现象

网瘾现象的出现并非一日之功,而是随着网络的发展而逐渐产生的。新事物出现之后,人们往往出于好奇心等原因,沉迷于新事物,而经过一段时间之后,人们对新事物习以为常,好奇心等引起的对新事物的激情也会渐渐消失。在20世纪80年代末,日本的任天堂游戏机在中国流行,许多人为了《魂斗罗》的通关而彻夜不眠；在网络游戏之前，很多人通宵达旦地玩着电脑系统自带的纸牌游戏；韩剧进入中国市场之初，一些人近乎疯狂地一次看完数十集。但是，随着时间的流逝，人们对已有的事物会逐渐丧失激情和兴趣。伴随网络而产生的网瘾现象，是事物发展的必然过程。因而，我们应客观、冷静地对待网瘾现象。

目前，网瘾现象之所以比较严重，主要原因在于网络上的丰富内容能够满足上网者的不同需求。不同需求的上网者通过网络来满足自身需求，进而沉迷于网络之中，成为网瘾者。实际上，网瘾现象是为了满足自身的需求。网络为满足不同需求的上网者提供了一条通道。在网络产生之前，社会上存在打游戏上瘾的人、看电视剧上瘾的人等，但是每一项上瘾人的数量都没有沉迷于互联网的人多。因为互联网为沉迷于不同爱好的人提供了一条通道，满足不同爱好的需求。如果沉迷于打游戏，互联网上有数千种大型游戏，还有数不胜数的小游戏；如果沉迷于电影，在互联网上基本可以找到任何所熟悉的电影；如果沉迷于小说，那么正统作品、草根作品也应有尽有。因而，网瘾人数如此之多，也与能够满足现实中人们的种种需求有直接关系。

《报告》指出，最主要的网瘾是对网络游戏成瘾。但是，我们应客观地看待网络游戏，认清网络游戏的本质。从本质上来看，网络游戏本身是一件商品。许多人沉迷于网络游戏，说明网络游戏能对消费者产生极大的吸引力，满足消费者的需求。网络游戏可以以虚拟实践的形式再现现实生活，产生虚拟关系。许多青少年是独生子女，在现实的成长环境中没有多少朋友，是游戏伴随着他们成长，融入他们的生活之中。因此，这些青少年容易接触网络游戏，并通过网络游戏建立各种虚拟关系，比如交朋友等。但是，网络游戏本身不是罪魁祸首，而在于主体的选择。

（二）认清虚拟与现实的关系

互联网往往被认为是一个完全虚拟的世界。在网瘾者看来，虚拟世界可以使他们获得真正的解放，虚拟世界就是他们的天堂。但是事实果真如此吗？具有虚拟性的虚拟世界真的可以完全替代现实社会吗？不。其实，虚拟世界并不虚拟。

虚拟世界的基础是物质的。虚拟世界以互联网为基础,需要有电脑、网线等设备的支撑。没有电脑,没有网络,甚至短暂的停电,都会让虚拟世界暂时告别我们。同时,即使包月或者包年上网的价格再便宜,连接互联网也需要交纳一定的网费,但如果此时口袋里一无所有,虚拟世界这个所谓的天堂也会无情地将我们拒之门外。因此,虚拟世界的基础是现实的物质世界。

网瘾者通过虚拟世界满足现实的自身需求。网瘾者沉浸在网络中,并不只是简单的人机对话,而让其沉迷的是隐藏在人机对话背后的人人对话。例如,许多人拥有自己的微博,并且在一定的时间内进行更新,但是写微博的目的并不仅仅是为了简单地记事。每个微博里面都有一个界面,这个界面会告诉你有多少人关注过你的微博,也就是说你写了微博之后有多少人会看。如果有人每天卖力地写微博,却发现所写的东西在相当长一段时间根本没有人关注,那么,相信他很难有信心继续写下去。因而,人们沉迷于互联网的目的,不仅仅是因为逃避现实,而是希望利用互联网这个平台来满足现实中难以实现的精神需求。例如,一个沉迷于网络游戏的玩家,通过自己的努力成为一个队伍的首领。当这位玩家带领这个队伍完成既定目标的时候,他的成就感不单单来源于完成任务,更重要的是他带领了一个团队。因为他清楚地知道,虽然这个团队的成员在网络游戏中是虚拟的,但是实际上是一个个现实的人。如果这个团队除了玩家本人之外,其他成员都是电脑人工智能扮演的团员,那么,当玩家完成一次任务后,很可能就不想玩第二遍了,因为过程都是一样的。但是真实的人却不同,每一次都会有新面孔出现,而老团员也会出现意外,就使得虽然每一次冒险都是相同的任务,但是过程却完全不同。这也是网络游戏超越其他游戏的魅力所在。因而,人们沉迷于虚拟世界所获得的满足,不是源于虚拟世界本身,而是切切实实地来源于现实的人。

(三)选择问题:网瘾现象的实质

虽然网瘾者众多,但是真正沉迷网络而不能自拔的人只是少数,更多的人是满足现实中所不能实现的需求。因而,网瘾现象的实质是网瘾者在虚拟与现实中进行选择的问题。

网瘾者往往通过互联网能够满足现实中难以实现甚至不能实现的需

求。在现实与虚拟之中，网瘾者觉得虚拟更容易满足其需求，从而选择上网。在互联网上，网瘾者也需要进行选择。以危害最严重的网络游戏为例。人们在选择伙伴进行探险时，并不是随意地进行选择。由于欺骗行为、偷懒行为等不良行为的存在，一个团队的组成往往需要经历多次的人员调整，通常最后稳定的团队成员都得到了其他人的认可。这个团队中的交往关系与现实中极为相似：有特别好的好朋友，有不熟悉的朋友，也有一些关系不太好的人员。正是网络中的这种虚拟的交往关系，尤其是网络中的朋友，使现实中缺乏这种关系的人更加迷恋网络游戏。

网瘾现象是虚拟与现实的较量，但归根到底还是现实的原因。因而，笔者认为，要从根本上解决网瘾，还应从网瘾者自身出发，了解其在网络中的需求，引导其在现实中以正确的方式满足自身的合理需求。例如，有的网瘾者认为现实中没有比上网更有意思的事情，从而选择上网。即使父母怎样劝说都无法让其戒除网瘾。我们可以让这些网瘾者发现现实生活中的事情比互联网上的事情更加重要，更有意思。当然，戒除网瘾关键在于网瘾者本人。是选择现实还是选择虚拟，这个问题的决定权在于网瘾者本人。网瘾者应意识到当自己沉迷网瘾后，对个人、家庭、社会造成了不良影响。提高自身控制力，自觉地远离网瘾，不要受网络的束缚，为网络所异化，做一个自由全面发展的个人。

当然，戒除网瘾也非一朝一夕，而是需要一个过程。因为网瘾者对互联网的沉迷不是朝夕之间就能形成的，是一个长期的问题。互联网带来的新奇感有巨大的诱惑力，但是人们往往具有一定的抵抗力，一般不可能立即深陷其中，不可自拔。然而随着一些矛盾的产生和激化，人们往往会逐渐陷入网络不能自拔。正所谓冰冻三尺非一日之寒，融化网瘾这"三尺之冰"也需要一个过程。有时，网瘾者在虚拟世界里的朋友都没时间玩了，虚拟朋友不存在时，网瘾者也会自然地走出网瘾。总之，面对网瘾问题，我们应正确对待，理性分析，不应采取极端形式使网瘾者戒除网瘾。否则，即使网瘾者能在极短的时间内戒除网瘾，也可能给网瘾者以后的身心健康留下阴影。

三、正确对待网瘾现象

网瘾现象的出现有多种原因,包括互联网本身的便捷性、交互性等性质,互联网的内容丰富多彩、网瘾者自身控制力较弱。探寻网瘾产生之因后,人们通过种种办法来帮助网瘾者,使一些网瘾者成功地戒除网瘾。但是,有些治疗方法和方式不恰当,部分网瘾者与治疗者之间的矛盾加大,影响治疗效果,甚至出现完全相反的结果。例如,有些网瘾者经治疗后,更加不满现实,从而更坚决地选择网络世界;还有些网瘾者认为某些治疗方法和方式是对自己不够尊重,甚至开始仇恨社会、报复社会。因而,为了正确对待网瘾现象,笔者分析网瘾现象的社会影响后,提出应从宣传、家庭、利益三个方面来避免戒除网瘾的不当行为。

（一）宣传的客观性

戒除网瘾的宣传需要相关的背景知识,以便明晰概念的含义。宣传的最终目的在于人们能正确地理解宣传内容。因而,宣传不仅应做到宣传内容上的客观,而且应使人们尽量准确地理解宣传内容,澄清引起错误理解的内容。以网瘾的定义为例。在宣传过程中,我们把网瘾简单地称为一种精神疾病。根据《网络成瘾临床诊断标准》的内容,将网瘾定为精神疾病在客观上是没有问题的,但是这带来一个发人深省的问题:精神疾病是什么? 对大众而言,很多人说不清楚精神疾病和精神病的区别。相当一部分人认为两者没有什么本质的区别,提及精神病患者,就想到在马路上拿着刀砍人或者是连人都认不清楚只知道傻笑的人。实际上,精神疾病有轻重之分,像神经衰弱导致的失眠都属于精神疾病。如果在宣传过程中,我们只指出网瘾是一种精神疾病,而不加详细阐述,也不提供一个判断的客观标准,那么人们的理解就不一样,产生的后果也可能不一样。例如,宣传人员只强调网瘾的危害而不明确网瘾的具体表现,这很可能给家长带来恐慌。家长希望子女健康成长,不希望子女因为沉迷网络而成为精神病患者,因此一些正常的上网行为,家长也会怀疑,造成子女与父母之间的不信任;同时,爱上网的人,尤其是青少年,若在年幼时就被戴上精神疾病的帽子,也非常不利于他们的成长。

宣传的客观性指不仅宣传互联网的消极性,也要宣传互联网的积极性。

由于网瘾现象的出现,有的宣传内容把网瘾现象归于互联网本身的问题。实际上,互联网作为传播的工具,并无好坏之分。它是随着社会的发展而产生,是历史的必然。因而,我们应学会如何正确地运用互联网。我们在宣传时应避免过于夸大互联网的负面作用,过少报道其正面的积极案例。虚拟空间上常有对互联网进行口诛笔伐的例子,比如某某因为效仿网络游戏的飞行而坠楼身亡;每年有多少学生因为沉迷网络而退学;某某因为网瘾甚至走上了犯罪道路等等。可是对于运用网络成功的案例报道的不多(如因为迷恋网络而辍学的马克·扎克伯格根据他对互联网的理解,成功创立了FACEBOOK,成为最年轻的亿万富翁等)。长此以往,人们很可能会把网络作为负面的工具,惧怕互联网,尤其是网络游戏。

宣传的客观性还包括在涉及网瘾现象时,我们需要将互联网与犯罪区分开来。虽然沉迷互联网确实给人们带来了某种程度的伤害,但是本质上互联网与犯罪之间没有必然的联系。网瘾者因为上网等原因犯罪,往往不是互联网的错,而是网瘾者本身的问题。

(二)家庭环境的因素

家长希望子女利用网络学习,为子女沉迷网络提供工具。家长对于子女的教育很大一部分来源于自己的经历。家长往往会把自己小时候的经历复制给子女。现在大部分青少年的家长都是60后、70后,他们从小生长的环境较为艰苦,大部分人年轻时的经历都是学习。因此,对于他们的子女,自然也将学习放在第一位。很多父母给子女买电脑、让其上网的原因就是促进其学习,而且这里的学习还是指学校课程的学习,因此当他们发现子女上网干一些其他的事情时,就会产生不满情绪,与子女之间产生矛盾。

家长与子女之间是有代沟的。子女希望通过沉迷网络来逃避现实。这个代沟不仅仅来源于时代,就像我们上面说的,60年代和90年代之间的差别,还来源于自身年龄变化带来的代沟。一个人在不同的年龄中,追求的事情和目的是不相同的,这与他的经历有关。在上学期间,如何考出好成绩是最重要的;在大学时,课程成绩一般不再会成为人们追求的唯一目标,很多人就将社团活动放在重要的位置上;年轻时人们更会有拼一把的决心和勇气,而到年老时则更可能沉稳老练、不愿冒险。因此,我们看到,目前青少年父母一般都是二十多岁到三十多岁的年龄,由于他们的经历,发现很多东西在小时候值得学习,比如钢琴、书法等等,但是这些是基于他们的经历。而他们的子女由于没有相关经历,是无法理解学习这些东西的意义的。我们能够理解父母的苦心,他们希望在人生的舞台上,让自己的子女能够先别人一步出发,但是孩子的天性就是玩,即使现在可以让这些当父母的人再过一遍童年,相信他们当中也有一部分人不会去学这些技能,再加上父母与子女沟通的不足,导致子女厌恶现实生活,愿意在虚拟世界中自由地享乐。

父母的与子女的交流不足。现在,生活的压力越来越大,使得父母与子女之间在一起交流的时间越来越少,这也导致了问题的激化。互联网不是免费的午餐,网络游戏更不是,但是很多沉迷于其中的玩家并不像想象中的那样无药可救,很多人在进行游戏的同时,用自己仅有的能力去减轻父母的压力。相当一部分网络游戏用户成为网络农民,即在游戏中赚取大量的虚拟货币,而目的是为了从人民币玩家手中换取游戏的点卡。为了换一张 60 小时游戏的点卡,他们在游戏中要工作 10—15 个小时。虽然形式并不值得赞扬,但是这也是他们对父母的一份心意。可是,在绝大多数情况下带来的结果是父母与子女的争吵,大部分父母都持"宁肯我给你钱买点卡,也不希望你多玩游戏"的观点。类似这样的矛盾还有很多,其根源是父母与子女之间的理解不足,父母与子女之间应该换位思考,通过对对方的理解与体谅,合理地解决网瘾问题。

(三) 商业利益的存在

随着网瘾的发展,"戒网中心"已经悄然发展成一种新兴的产业。虽然"戒网中心"于 2009 年 12 月被卫生部疾控局明文予以禁止,但是其造成的影响已经产生,而且条文的出台并没有根治"戒网中心"。网瘾的形成与戒除都有巨大的利益隐藏其中。

戒网机构之所以存在,因为背后有巨大的利益。随着媒体对网瘾的报道,在父母"谁来救救我们的孩子"的呼吁下,2006 年 1 月,某地成立了网络成瘾戒治中心,从矫正网瘾患者的性格缺陷入手,形成了一套独特的网瘾戒治模式,并独创"网瘾电击疗法"。我们在高中生物课上曾经学过,你在喂狗吃肉的同时摇动铃铛,久而久之,就算你只摇动铃铛,狗也会流下口水,这就是所谓的条件反射。电击疗法与之原理类似,就是当你想上网时候,通过电击手段,让你感受到疼痛,久而久之你就将上网与痛苦联系在一起,从而不再想上网了。虽然网瘾是被根治了,但是将来这些孩子的正常上网也成为问题。在当今时代,一个孩子对上网产生惧怕,那么将影响他一生的发展。

经营虚拟世界的公司的商业利益也不能忽视。我们知道,网络游戏最大的利润来源就是点卡,也就是购买游戏时间。虽然少数游戏打着免费的幌子,但是他们依然靠着卖游戏内部的装备和道具赚钱。因此,任何一款网络游戏都不是免费的,而他们的盈利一般直接与游戏时间挂钩。在绝大多数情况下,玩家的游戏时间越长,那么经营该游戏的公司盈利也就越多。这就带来了一个悖论:网络游戏产业及相关周边产业的产值巨大,对经济发展有一定的影响力,但是游戏的设计者一定会设计一款让人沉迷其中的游戏,只有这样才能吸引玩家,才能将利益最大化,可是这个游戏在互联网上带来的沉迷问题又使得社会陷入了麻烦。这是一个经济利益和社会利益的选择问题。正如我们前面所说的,在这种选择中,我们应该以社会利益为先。

第四节　信息量暴涨带来的选择难题

著名的存在主义学者萨特提出"存在先于本质",认为人必须先存在,然后才能在存在之后创造自己。这也就是说,人的本质是人通过自身的选择而创造的,通过自身所选择的行动来决定的。只有通过自身所选择的行动,人才能认识到自由。因而,存在主义不仅认识到由于传统文化和习俗的束缚而缺乏自由,强调自由的重要性,而且认识到自由选择的重要性,并强调按照自身的选择去行动并承担生活的责任。存在主义认识到选择的重要性,指出人应该充分发挥主观能动性,但却忽略了人的选择是在特定的历史条件下所作出的选择,是不能超越其所处的历史条件的。

唯物史观认为,人类社会的发展就是客观规律与主体选择的统一。当主体发挥主观能动性,作出符合社会发展规律的选择时,便会推动历史的发展进步;反之,当主体作出不符合社会发展规律的选择时,便会阻碍历史前进。主体作出正确选择的重要前提是获得重要的、有效的信息。而获得重要的、有效的信息就需要主体对所掌握的信息进行"去粗取精,去伪存真,去其糟粕,取其精华"的筛选,运用理性思维和辩证方法,正确地选择所需信息。互联网的出现和发展使得选择所需信息的过程愈加复杂。几何级数增加的信息量、不断出现的虚假信息等问题都增加了主体选择所需信息的难度,为主体带来了新的难题——信息选择难题。

一、信息爆炸的表现

15 年前,新闻信息主要来源于当天的广播电视新闻节目和报纸,并且新闻内容大部分是国内的事情,包括身边发生的小事;10 年前,网络出现后,我们可以在了解了本国新闻之后,饶有兴趣地浏览国外新闻网站;现在,我们一天到晚坐在电脑前,也不一定能看完当天发生的新闻了,加上手机网络和微博的出现,几分钟前发生的事情就可以迅速成为互联网上最新的新闻。

与新闻信息的增长速度相比,娱乐信息可谓是有过之而无不及。在一著名的视频网站,笔者搜索的结果显示,在该网站一共有 44465161 个视频可供欣赏。如果每个视频只有 1 分钟的话,那么看完这些视频一共要花 85年左右,基本相当于一个人的一生了,何况视频的平均时间也肯定不止 1 分钟。如果喜欢听音乐,现在网络上的相关资源也相当丰富,无论想听哪首歌,基本都可以在互联网上轻松地找到。

同时,科技信息与知识信息也飞速递增。根据网络相关资料的统计,全世界每天发表的论文达 13000~14000 篇,每年登记的新专利达 70 万项,每年出版的图书达 50 多万种。新理论、新材料、新工艺、新方法的不断出现,知识更新速度加快。有关数据显示,一个人所掌握的知识半衰期在 18 世纪为 80~90 年,19 世纪为 30 年,20 世纪 60 年代为 15 年,80 年代缩短为 5 年左右。进入 21 世纪,这一时间将会进一步缩短。

随着信息传输技术的发展,人人都能产生和传递信息,进一步促进信息量的飞速增长。有人曾统计,《纽约时报》一周的信息量相当于 17 世纪一位学者毕生所能接触到的信息量的总和。近 30 年来,人类生产的信息已超过过去 5000 年信息生产的总和。凯文·梅尼总结了网络出现之后的变化,认为"当这个改变世界的发明出现后……产生、传送和储存信息的价格却戏剧性地下降了,彻底打破了对信息垄断的现象"。正是由于产生、传递信息的费用大幅度下降,到现阶段基本已经接近于零,可以被忽略掉,所以人人都可以成为信息制造者。同时,信息传输技术也有大幅度的发展。2005 年 3.2Tbps 超大容量的光纤通信系统在上海至杭州开通,是至今世界容量最大的实用线路。而理论上,能够达到 1Tbps 就已经足够用,这就好像把北京的道路都建成双向五十车道的概念差不多。

二、云计算的出现与应用

云计算(Cloud Computing)是由 Google 公司首先提出的、从 2007 年开始兴起的商业计算模型。云计算是网格计算、分布式计算、并行计算、效用计算、网络存储等传统计算机技术和网络技术发展融合的产物,旨在通过互联网把多个成本相对较低的计算实体整合成一个具有强大计算能力的完美系统,使得终端用户可以自由地享受云计算的强大计算处理能力。云计算具有超大规模、高扩展性、高可靠性、高通用性等特点,是信息技术的重大革新和未来发展的新方向。

广义的云计算是信息技术和互联网相关服务的统称。云计算使得各地的终端构成一些可以自我维护和管理的虚拟计算资源,包括计算服务器、存储服务器、宽带资源等等,通过统一管理,增加效率。狭义的云计算是从使用者的角度出发的,将提供资源的网络称为"云"。"云"中的资源数量庞大、应有尽有,使用者可以通过付费或者免费的方式随时获取。

云计算的提出是基于信息技术的发展和个人电脑使用率较低两个条件。一是信息技术的发展。固定面积的芯片处理能力是有上限的。现在的超级计算机是由多个芯片通过分布式设计连接组成的,因此最终是芯片的数量决定运算速度。高容量传输通道的建立,解决了个人电脑之间的通讯问题。由于信息的传递接近于光速,两个城市之间电脑信息交换所用时间与大型计算机内部处理时间的差别在百分之一秒。这就为云计算的操作提供了可行性,并可能将世界上所有的计算机连接成为一个新的超级计算机。二是个人电脑使用率较低。这种使用率低,并不是指人们使用电脑的频率低,而是人们使用电脑做的工作要远远低于电脑本身的能力。除了图片计算等大型运算之外,正常浏览网页、观看视频等等工作对于一台电脑来说,中央处理器的使用率通常不会超过 50%。也就是说,在这段时间内,电脑有 50% 的计算能力处于闲置状态。但在其他时候,有可能短时间内就要进行大量的数据运算,由于超出了计算机的运算能力,将会带来效率的降低。因此,云计算作为一种全新的理念,提出资源共享理论,即在共享时将暂时不用的资源借于他人,这样在自己遇到计算难题的时候也可以利用他人的资源。

云计算目前还处于发展的初期,面临着很多棘手的问题,如全球统一标准、信息隐私、国家安全等,但是它已经被认为是未来发展的一种必然趋势。云计算在为我们的发展提供便利的同时,也会进一步增加信息爆炸这一问题。

云计算带来资源的共享性。一方面,云计算带来的资源共享性为我们的生活提供许多的便利,如手机网络的发展。离开了资源的共享,手机的计算能力和存储能力相当有限,但是有了云计算,有数千台或者更多的服务器在为你一个人服务,这样的服务功能非常强大。现在,我们可以通过手机上网,轻松地了解到卫星地图和实时交通路况;可以在选择餐馆的时候,大量参考别人留在网络上的意见。我们几乎可以在手机网络上找到所需的任何消息,而这一切只是云计算发展初期带来的结果。随着云计算的继续发展,其影响力还会越来越大。另一方面,云计算也带来因信息的增多而难以选择的问题。现在一些人在选择餐厅的时候,总喜欢关注互联网上他人对某餐馆的评价,这些评价数量众多,很多时候真正吃饭用去的时间还不如在互联网上选择的时间多。这样的例子比比皆是,发生在生活的各个方面。在信息量暴增的时代,信息的选择成为一个新的课题。在有限的时间内,选择有价值的信息,并在此基础上作出正确的选择,这在一定程度上将深深地影响社会发展的进程和方向,影响到人的发展。

三、信息的选择过程

庄子曾经说过:"吾生也有涯,而知也无涯。以有涯随无涯,殆已!"庄子认识到人生的有限性与知识的无限性,但却得出这样的结论:以有限的生命追求无限的知识必将失败。实际上,单个人的生命的确是有限的,但是人类整体的生命是无限的。正是个人对知识的不断追求,才丰富和发展着全人类的知识宝库。因而,在知识的海洋里,人们应该在有限的生命中,积极主动地追求所需知识,选择所需信息。在信息爆炸的今天,人们不应单纯地追求信息数量的增加,不应被动地深陷各种信息之中而无从下手,而应自觉主动地选择符合自身需求的信息,提高对事物的认识能力,作出正确的判断。实际上,信息选择的过程也就是信息被认识的过程。

首先,主体应区分信息的真假。信息有真假之分。真的信息能指导我们作出正确的选择,而虚假信息却能使我们误入歧途、蒙受损失。虚假信息产生的原因多种多样。有些是出于娱乐、恶搞等目的的虚假消息,如网上流传的某位在世的名人已经逝世的消息;而有些是人们为了一定目的刻意散布的虚假消息,如因为现实原因而对某人甚至某公司在网络上进行恶意诽谤、造谣生事等。如果我们轻信了假的消息,就会对事物的认识产生根本性的偏差,从而很可能作出错误的判断。

其次,区分真假信息后,主体应判断信息的对错。真的信息不一定是对的,但是虚假的信息一定不对。实质上,信息的对错受现实中信息产生者自身的立场、观点和方法所决定。从正确立场、观点和方法出发将会为人们提供积极有用的信息,而从错误立场、观点和方法出发产生的信息很可能起到混淆视听的作用。对于信息选择,我们应全面了解信息的相关背景知识。如前边论述的宣传的客观性。宣传过程中,我们应尽量从客观的角度,较全面地宣传信息的相关背景知识,正确地判断信息的对错。

再次,在判断信息对错之后,主体应选择有价值的信息,也就是有用的信息。即使信息是真的、对的,那么人们也往往不能立即选择,还应区分有用信息与无用信息。信息的选择不仅包括正确的立场和真实两个条件,而且包括主体能动性的发挥。主体往往是在既有信息的基础上,选择有价值的信息。人们现实的实践活动往往成为第一手信息的来源,往往受成长环境、文化差异等因素的制约,而对于不具有这种实践的人而言,他们传递的信息可能毫无价值。如果让一个从来不吃辣椒的人评价辣椒炒肉这道菜,那么对爱吃辣椒的人而言,这条评论信息的价值就微不足道了。

最后,主体应从有用信息中,选择最符合自身要求的信息。通常而言,有用信息可根据其有用程度而划分出各种不同的级别,如一般有用的信息和特别有用的信息。主体应选择最符合自身需求的有用信息,如历年学校的高考信息,最近几年的信息应比十年之前的信息更有参考价值。因此,确定并选择最符合主体需求的信息是主体进行信息选择的重点。

信息选择是一个复杂的过程。从形式而言,主体通常要经历以上四个步骤,但不是按部就班地遵循这四个步骤。列宁指出:"人的认识不是直线(也就是说,不是沿着直线进行的),而是无限地近似于一串圆圈,近似于螺旋的曲线。"①信息选择过程也符合认识的这条规律,有时信息选择只经历其中的几个步骤,有时一个步骤却被反复应用。同时,这四个步骤紧密联系,任何一个步骤出现问题,很可能会影响到最终的信息选择,影响主体实践效果。从内容上看,信息选择是一个长期的过程,受具体时间、地点等客观条件和主体能力等主观条件的制约。随着时间、地点的变化,当下最符合主体需求的信息会变为不符合主体需求的信息,甚至是假信息;而当下最不符合主体需求的信息会在特定条件下变为最符合主体需求的信息。同时,主体自身的认识能力和实践能力决定着主体如何选择信息。这些因素都为主体正确地认识信息、选择信息带来了挑战。虽然信息的选择是主体发挥主观能动性的过程,依主体自身现实条件所决定,但是,随着反映客观事物信息量的增加,客观事物本身的信息也就更多地被反映出来。同时,主体在选择信息的过程中,提高了对客观事物的认识能力,提升了改造世界的实践能力。

四、正确对待信息选择

(一)正确选择的基础:知识与经验

马克思主义的认识论表明,认识是在实践基础上由感性认识到理性认

---

① 《列宁选集》第2卷,人民出版社1995年版,第560页。

识,又由理性认识再回到实践的过程。认识的过程就是从实践到认识,又从认识到实践循环往复以至无穷的运动过程。因此,认识既源于实践又指导实践。同样,信息的选择过程也需要不断地经过实践的检验,选择符合主体需求的正确信息。而正确选择信息的基础是知识和经验。

知识不仅包括理论知识,还包括社会实践知识;经验,不仅包括人们社会生活中的直接经验,还包括以理论等形式积累的间接经验。知识和经验是正确选择的前提。虽然有知识和经验不能保证选择的绝对正确,但是没有二者作为前提的选择是盲目的。有人认为,在某一领域里,即使没有相关的知识和经验,也能做出正确的选择。这是为什么? 因为很可能在做某个领域的选择题。一个完全不懂英语的人和一个英语专业的学生,同时在同一个考场作答同一份全是选择题的试卷,谁的分数更高? 很难说,因为从概率论的角度,不懂英语的那个人也可能考出满分。但如果是填空题的话,那么结果不言自明。信息选择是一道复杂的选择题。我们不能否定因为概率原因带来的偶然性,但是随着选择的增多,完全依靠小概率的运气能连续选对的人微乎其微。知识和经验的积累增加正确选择的概率,减少不确定的因素。如懂得医术的人,虽然不能保证用最有效的药物,但是他往往可以避免吃一些不该吃的药。

随着信息量的增长,互联网上也出现一些专家,如军事专家、股评专家、养生专家等。这些专家的出现确实减少了人们选择的难度,并在一定程度上帮助人们解决部分信息的选择问题。但是,主体却不能盲目地听从专家意见,也需要相关的专业知识进行判断和辨别。专家在某一领域内可能代替主体来进行信息的选择,但是主体也需要有相关知识来证明他们确实有能力帮你做出正确选择。如果不能判断专家的专业水平,那么主体很容易被一些伪专家所蒙蔽。因此,知识与经验是正确选择信息的前提和基础。

(二)信息选择是主体的选择

实质上,信息选择是主体的选择。笔者认为,主体应从以下三方面来进行信息选择。

首先,主体应明确自身的信息需求。互联网上的信息数不胜数,没有明确目标的选择会使得待选的信息数量巨大,不利于选择的顺利进行。以在网络上搜索餐馆为例。在推荐餐馆的"大众点评网"上，一个住在北京的人如果仅仅是吃饭，那么他有 42400 家餐厅可选择；如果想吃正餐，那么去掉小吃、面包、点心等就减少了近 20000 个选择；具体到川菜，选择就只剩下 3250 个；如果再加上价位、地点等限制条件，选择将会大大减少，选择的难度也大大降低。因此，在互联网的信息选择中，明确主体需要哪方面的信息是帮助解决信息选择难题的一个手段，要求越具体，可选择的信息就越少，从而可以尽快选择自己所需的信息，满足主体的需要。

其次，主体应根据既有的条件，选择符合自身需求的信息。主体在信息选择上往往倾向于听取别人的意见。有些人认为应该听取多数人的意见，认为多数人说的一定是对的；也有些人认为应该听取少数人的意见，认为真理往往掌握在少数人手中。这两种观点都有一定的道理，但是盲目跟随某一种观点是不对的。少数服从多数在大多数情况下是对的，因为毕竟多数人的需求要高于少数人，但是这并不代表多数人的选择一定是对的，由于各种主观条件和客观条件的局限，会出现多个臭皮匠都比不上一个诸葛亮的情况；同时片面强调真理掌握在少数人手里也是不对的，因为历史证明，多数人决策正确的概率更高，这种认为少数人掌握真理的现象的出现，其实反映出人们对待事物的记忆习惯。少数人决策正确的事情，相对于多数人决策正确的事情更容易被人们记住，这就像考试一样，一道 90% 的人都能答对的题目老师往往就会一带而过，而把精力放在那只有 10% 的人回答正确的题目上。对于别人的意见，主体不应盲目地听从，而应根据既有的客观条件，充分发挥主观能动性，选择符合主体的信息。

最后，主体应避免完全照搬相关专家根据专业知识作出的选择，应根据实际情况，结合相关专家的专业知识，筛选相关信息，选择符合自己实际情况的信息。专家往往具有丰富的专业知识，比较全面地掌握该领域的信息。但是，现实中的信息选择往往涉及不同领域，因而需要主体综合分析、全面把握。有些人对于自己能否做出正确的选择产生怀疑，认为只有专家的意见才是最客观、最正确的。当然，专家在专业知识方面有优势，但是选择应是根据实际情况，多角度地考虑问题。如果原封不动地照搬照抄某方面某领域专家的意见，作出的选择往往是脱离实际的。此外，在某种程度上，主体避免自身主动选择信息,也是一种害怕自己选错而逃避责任的表现。如果照搬专家的意见,主体可以把选错的责任推到专家身上。可是,责任虽然推脱了,但是损失呢? 互联网上的股票专家今天推荐大家买的股票,有可能第二天就直接跌停,但是带来的损失专家是绝对不会包赔的,真正的损失还是属于选择者。

因此,信息选择是主体的选择。主体应不断地积累自身的知识和经验,提高自身的选择能力,选择符合现实需求的有价值的信息。

(三)主体不可能总是选择出最佳信息

我们知道,知识和经验是信息选择的前提和基础,信息选择是主体的选择。这是否意味着,如果主体拥有足够的知识和经验,便能选择出最佳信息呢? 答案是否定的。主体在信息选择中是不可能一直选择出最优信息的。

首先,隐藏信息的存在使得主体难以把握。如果人们能够了解到与做出选择相关的所有信息,那么他往往能做出最正确的选择。但遗憾的是,很多与选择相关的信息不是人们的知识和经验所能穷尽的,有很多隐藏的信息在发挥着作用。

其次,在知识飞速发展的今天,固有的知识体系难以保证选择出最佳的信息。随着学科知识界限的逐渐淡化,同一个事物中包含的信息大大增加,很多固有的知识体系都不足以保证做出正确的选择。谷歌公司在创业之初获得了一笔一千万美元的风险投资,这笔资金为谷歌的发展打下了坚实的基础。但是当年的谷歌公司是什么样子呢? 在建立之初,仅有几个大学生员工,在任何企业评级的标准中,谷歌公司都名列下游。但正是这样的公司,在经过十数年的发展后,已经成为世界上最著名的公司之一。这告诉我们,随着时代的发展,我们不能用固有的思路来对待变化,而是应该通过不断学习来应对变化。

最后,主体之间的观点各异,难以形成一种公认的最佳信息。如通过一条信息,使得人们获利200万的话,有些人认为这已经是最佳选择,而有些人则认为这不是最佳选择,他本来可以赚到300万或者更多。因此,主体的需求不同,难以形成一种客观的标准,并用这一标准去衡量。同时,世界是发展的,最佳的信息也会随着时间、地点等条件的改变而发生变化。今天的最佳信息可能到明天就变样了。如在互联网上一夜成名。这本是一件好事，但是随着各种关注与搜索而来的负面影响可能会远胜于带来的正面效应，甚至可能使当时被认为是最佳选择成名——成了较差的选择。

主体由于客观条件和主观条件的限制，无法对信息永远做出最优的选择，但是这并不妨碍人们追求选择最优的信息。巴菲特推荐买的股票并不是每次都赚钱，但是这并不妨碍他被大家称为股神。因此，不要过于计较每次选择的正确与否。主体需要根据自身所处的条件、背景等实际情况选择出最佳信息。

信息选择不仅在个体发展过程中发挥着重要的作用，而且对整个人类社会的发展具有至关重要的作用。当个体面临人生的种种问题时，个体需要运用所掌握的有效信息，作出符合自身当前发展和长远发展的正确选择。如果个体在信息选择过程中，作出了符合自身当前发展和长远发展的正确选择，那么就会促进个体的顺利发展；反之可能使个体的发展经历挫折。信息选择的这一状况不仅适用于个体，而且同样适用于整个人类社会。当主体根据所掌握的信息，作出正确的信息选择时，便会推动人类社会的发展进步，有利于人的全面发展；反之则会阻碍历史进步，限制人的全面发展。

第七章　互联网的发展与治理

互联网技术是不断完善和发展的,我们应该进一步认识互联网,科学管理互联网,充分发挥互联网对社会发展的积极作用。本章分析互联网的发展趋势,探讨互联网管理方式,并对互联网的管理方式之一——网络实名制进行了研究讨论,对其前景作了展望。

第一节　互联网的发展

互联网的发展经历了从 Web1.0 到 Web3.0 的过程,并在未来的发展中呈现出两极化趋势。

一、从 Web1.0 到 Web3.0

Web1.0 和 Web2.0 分别是不同模式互联网的统称。Web1.0 是互联网最开始的运作模式,主要是将信息汇总,然后让用户通过浏览器获取信息,是一种单向的传递方式;而 Web2.0 强调了用户之间的交互的重要性,用户既是信息的接受者,也是信息的创作者。Web2.0 虽然是基于 Web1.0 后互联网发展的新趋势,但是并没有明确的观点认为 Web2.0 模式下的网站就一定优于 Web1.0 时代,它只是表明了一种发展方向。现在我们看到两种模式的网站在网络世界并存,如新浪、搜狐就是基于 Web1.0 的网站(它们也在 Web2.0 时代开拓了博客等新业务),而维基百科就是典型的 Web2.0

的网站。

　　Web2.0网站的大量发展,带来了全新的参与式的网络。在 Web1.0 时代,我们寻找信息的途径是大英百科全书在线,是由专家编成的,而 Web2.0 的维基百科则是网民智慧的结晶,任何一个注册的网民都可以将自己的意见体现在上面,通过不同意见的不断交锋,最终使大家对一个名词的理解达成共识。这一模式有利于信息的更新,传统的大英百科全书更新速度较慢,常常数年才会更新一次,而维基百科可以在第一时间就对信息进行更新。

　　Web2.0 的互联网是真正可读可写的互联网。在 Web2.0 模式下,产生了一些全新的服务,例如博客、微博、社区、分享服务等。现在的网络监督、网络反腐,也都是基于 Web2.0 的互联网模式的。现在互联网上的互动交流,都是网络发展带来的结果。Web2.0 时代的到来,改变了网络发展的方向,使大众真正地在互联网这一舞台上自由地表达自我、展现自我。

　　Web2.0 时代虽然号称是全民参与的年代,但是我们发现,很多有些名气的人的博客更新频率更高,而一般群众的博客则更新速度较慢,甚至有些人自己并不创作,仅仅是浏览、评论、转载和分享。因此,实际上现在互联网的大部分内容还是由少部分人创作完成的,真正的全民参与时代还未到来。

　　在 Web2.0 模式下,网民广泛参与了信息的创造、传播和分享,却没有体现出他们劳动的价值,他们劳动的结果只是增加了自己的知名度,如某些网络名人的出现。大部分劳动者只是做出了贡献,而没有任何回报。同时,由于经营模式的特点,使得此类网站缺乏商业价值。

　　无论是哪种模式的网站,广告收入都是其最主要的收入,但是在广告收入上,Web2.0 网站目前却不及 Web1.0 网站。例如 Facebook 是一个拥有 5亿注册用户并在全球有着巨大影响力的社交网站,但是同样的广告,在 Facebook 上的费用可能只有其他 Web1.0 知名网站的十分之一。广告商的理由也相当简单,因为在这种社交网站上,大部分信息都是用户自制的,这样使得人们在浏览时更容易忽视广告的存在。

　　正是由于这样的原因,Web3.0 成为人们预测的网络发展的全新方向。Web3.0 到现在也没有一个明确的规范和定义,但是人们认为其发展的前期有三个条件:互联网技术的进步;虚拟货币的普及及与现实货币的兑换;

网络财富的认可。当然,Web3.0 的发展也绝不是简单地解决互联网公司的盈利问题。而可能呈现出以下几种趋势:

(1)通过第三方信息平台可以对多家网站信息进行整合使用。互联网的发展趋势就是让人们越来越便捷地使用互联网,现在人们可以利用百度等搜索引擎寻找他们需求的软件,但是这样的搜索引擎在功能上有限,我们一旦同时输入多个条件,结果就不让人满意了,而且有些网站由于向搜索引擎公司支付费用,使得他们的网站会被优先搜索到,也不利于搜索的客观进行。因此,随着垃圾信息的逐渐增多,专业的信息搜索、整合、分类就成为网络发展的新趋势。

(2)付费网络模式的出现。现在的收费模式有广告费用、虚拟产品费用,在全新的发展模式下很可能出现类似付费电视的模式,如某些网站的使用按月收费,也可能出现按网络游戏收费方式,即按小时收费。同时,作为该网站上创作者的作品,也可以根据其产品的点击率或者浏览时间来获得一定的收益。这一模式在理论上是可行的,当一个主流网站具有很大的流量时,每个个体的费用很低,如 Facebook 虽然有 5 亿的注册用户,可是 2009 年收入还不足 9 亿美元.如果每年每个注册用户支付 2 美元以上,他们就可以获得更优质的服务,同时网站的收入也会增加。

(3)用户信息的综合。现在的网络世界中各个网站相互独立,用户注册信息在各网站各不相同,登录多个网站时比较复杂。未来可能会出现一个用户信息网站,在这个网站上,综合了用户的所有信息,这样用户只要登录该网站,就可以自动登录各个网站进行浏览。这种模式不但会增加用户上网的便捷性,同时也成为 Web3.0 用户劳动价值体现的基础,正是因为有了这样一个统一的账户,可以将其创造的价值统一返还到一个固定的账户上。

二、互联网的发展模式

我们在上面讨论了 Web1.0 到 Web3.0 三种不同的网络模式。虽然我们无法明确地说明什么时候可以全面进入 Web3.0 时代,但 Web3.0 的模式已经在一些网站上运行起来。如很多网络游戏就是 Web3.0 模式,游戏玩家可以通过赚来的虚拟货币兑换现实货币。由于互联网的不同用途,其发展趋势将是这三种不同模式并存。互联网的发展可能呈现三个趋势:互联网服务的收费化、分工化和整合化。

1.互联网发展的收费化趋势

互联网服务毕竟不是福利项目,为了能使经营互联网服务的企业盈利,人们免费自由使用互联网的时代必将会被有条件地使用互联网所代替。虽然现在很多网站浏览时无需付费,但是取而代之的是大量的广告,在登录一些门户网站时,经常会出现一些全屏的广告,在该广告消失前你无法进行任何操作,在视频网站浏览视频时,一般也需要先观看一个十数秒到数十秒的广告。

随着人们生活水平的提高,有相当一部分网民希望通过付出现实货币提高上网质量,相应的付费服务也随之产生。付费用户不但可以免除广告的骚扰,还可以在一些方面比免费用户享有一定的优先权,如联众付费用户可以在房间满员后依然进入,同时随机移出一名免费用户。这一需求也体现在一些视频网站上,原来人们在这里可以看到很多的影片,但是由于版权原因,现在很多的影片都无法观看,尤其是一些外国影片。同时,由于观看习惯的改变,很多网民更愿意使用互联网来观看视频,因此现在一些较大的视频网站已经开始购买一些影片的版权,这也带来了全新的收费模式。如优酷网一改传统的广告支持的免费视频模式,提出只需付出5元,就可以在优酷网上观看美国大片,虽然这一收费模式在短期内不具备推广的条件,但是随着网络版权的规范,这也不失为一种全新的尝试。

互联网由于其巨大的网民数量,收费金额也相对较少,更易为广大网民接受。现在,有一部分人开始购买实物卡或者虚拟货币来对互联网服务进行充值和付费,付费用户的数量也在不断增加。在Web3.0时代很可能会出现一个超级账户,这个账户既包括银行信息等,还包括所有者在所有网站的注册信息,直接通过该账户,可以完成各个网站的浏览与付费,它甚至可以在特定网站上完成按浏览时间付费的工作,这可以使得网络收费模式进一步发展。

手机网络的收费相对于电脑网络来说,起步较早,作为典型的收费项目,手机报、天气预报等等服务都开创了手机网络收费的先河,并已被大众所接受。

但是,由于互联网上内容的公开性,使得免费在市场竞争中具有巨大优势。淘宝网以免费模式击败了易趣成为网络销售的新贵,而随着当当网的出现,打消了淘宝网成为收费网站的念头。因此,虽然互联网全面付费趋势的到来离我们的生活还比较远,虽然付费模式不会令传统的免费模式消亡,但这已是大势所趋。

2.互联网的分工化趋势

在我们的现实生活中,分工已经成为一种共识,各行各业通过专业化的分工,提高了劳动效率。耐克公司已经不再是生产运动商品的公司,而是一个设计和推广运动服装的公司;波音公司虽然是世界上著名的飞机制造商,但是他们的主要工作是组装飞机而不是生产飞机;项目的设计、施工等步骤一般也由有专业资质的不同公司完成。在现实中,任何一个行业都已经有了比较清晰的分工,并且还在不断地细化。互联网作为一个几乎涵盖以往所有行业的全新领域,现在的分工程度还远远不够。我们看到现在对于软件开发的标准还比较简单,对于软件的规范化还有所不足,在互联网上,我们也可以看到某些门户网站的业务几乎可以涉及现在互联网空间里的所有内容。

这种分工不足的原因,首先就是互联网发展的时间还比较短,像建筑业、制造业等,都有上百年甚至数千年的历史,他们的分工在行业的发展中不断完善,而互联网从商业化运作至今不过短短数十年,还是一个年轻的行业,还有很长的路要走。而分工不足最重要的原因,还是目前互联网盈利能力有限。分工带来的专业化实际上带来了成本的节约,是一种比较优势,即如果精力有限,他们会把所有的时间都投入到更有价值的工作中去。如一些管理的外包,就是因为如果本公司做同样的管理工作要付出更大的成本。但现在互联网的盈利手段主要通过广告费用,因此任何能增加点击率的项目就全部体现在了网站上面,导致了分工的不足。“推特”这一专营微博的网站,成为少数专业化网站的代表,他们的发展将成为专业分工网站发展的基础。在2010年全球Web2.0峰会上,“推特”与社交媒体数据分析公司

Gnip 达成合作协议,后者将负责销售"推特"消息。根据协议,Gnip 将以每年 36 万美元的价格来出售 50%的"推特"消息,或以每年 6 万美元的价格出售 5%的消息。在峰会上,"推特"的老板表示,自己还有数十种盈利模式。但是仅仅 36 万美元是否能与盈利能力直接相连,目前还是一个大大的问号。

随着行业的发展,分工化是一个明确的发展方向,因为分工带来专业化,能提高整个行业的效率。在未来,博客将很可能是网站的独立业务,而不是现在综合网站的一部分。在那里,博客真正变成了个人中心,在这个中心里只有一个域名和页面,其他所有的服务都将由专业的服务商完成。如评论系统很可能是由专业的评论服务商运行。虽然这在目前看来还不具备足够的条件,但是分工化、专业化是互联网未来发展的方向。

3.互联网的整合化趋势

这种整合化趋势首先体现在服务终端上。Web2.0 只能通过电脑终端应用在互联网上,Web3.0 的网络模式通过对不同终端进行统一的整合,将实现它们之间的兼容,从而共享互联网这一资源。目前我们看到,手机网络已经成功地成为互联网的一部分,三网融合成为互联网发展的全新概念。目前三网融合在我国已经进入了试点阶段。三网融合是指电信网、计算机网和有线电视网三大网络通过技术改造,能够提供包括语音、数据、图像等综合多媒体的通信业务。三网合一并不是将电信网、计算机网和有线电视网三大网络简单地连接起来,它是一种业务上的融合。电视遥控器可以打电话这一全新的概念将随着三网融合而产生,以后居民只需要一条通讯线路就可以完成通信、电视、上网三种业务。互联网将把我们生活中所有可以联网的东西全部连接起来。即使一些不具有联网条件的物品,我们也可以通过射频标签,利用物联网将其连接。这种整合使得整个社会网络化。

整合化趋势还集中体现在信息的整合化。现有的信息搜索分类功能还不能满足人们的需求。随着人们对信息要求的不断提高,随着现在虚假信息的广为流传,一种全新的信息整合模式将替代现有的信息搜索模式。这种信息整合模式将具备信息辨别能力,它可以通过一系列操作完成真假信息的辨别;这种信息整合模式将具备信息分类功能,对于同样一个问题,它可以将正面报道、负面报道、背景信息、相关评论分类并统计,易于人们使用;这种信息整合模式将更加智能化,它将能根据人们的搜索要求,自动过滤重复信息,更准确地获得搜索的结果。这样的信息整合,也使得人们更加方便地使用互联网获取信息。

三、互联网的两极化趋势

随着互联网的收费化、分工化和整合化的不断发展,整个互联网的发展逐渐呈现出两极化的趋势,这样的两极化体现在以下四个方面。

1.互联网用户与非互联网用户的两极化趋势

手机网络融入互联网后,人们可以更方便地使用互联网。虽然未来的互联网将是真正意义上的覆盖全球的网络,但数字鸿沟还是目前互联网发展的重要问题。由于当今科技与知识成为生产过程中极为重要的要素,使得一些科技落后的发展中国家的竞争力呈下降趋势,因为他们原有的劳动力、土地和资源优势被弱化。这一问题同样出现在一个国家内部的各个阶层中。

互联网在人们生活中有着举足轻重的作用。人们对于互联网的依赖在不断增加,若互联网突然消失,将会对人们的生活造成严重影响,有些人虽然使用互联网的时间并不很长,但是也在互联网上受益不少。现在很多的现实生活都已经网络化,如很多志愿的填报必须在互联网上进行,不接受现场报名;很多文件已经使用电子版,而不再使用手写版等。在没有条件上网的地方的人们,便与这些互联网应用无缘了。虽然现在互联网用户在中国已经接近 5 亿,但是普及率还不到一半。随着时间的推移,这些不能使用互联网的人们和互联网用户将呈现两极化,互联网使用者将更加能够享受到互联网带来的好处,非互联网用户则将更加处于弱势地位。

2.收费用户和免费用户的两极化趋势

从免费到收费的过程,也经历了相当长的一段时间。20 年前,许多家庭选择自己下厨做饭,而不去饭馆吃饭,理由就是花钱多;现在,年青一代的家庭则更青睐下馆子吃饭,理由也很简单,方便。当然,在观念变化的同时,收入水平的提高起到了关键作用。在经济条件较差的时候,人们更青睐物优价廉的物品,而经济条件稍好时,则会倾向于一分钱一分货的观点。现实社会,免费的物品基本无处可寻,真有路人免费赠送食品,相信敢于尝试的人也不多。人们普遍接受了收费的观念,也接受了由付费多少带来的分级。就像现在乘坐飞机一样,票价更贵的头等舱的条件要比经济舱好得多;银行的金卡用户可以通过特定窗口快速办理业务等。

这种现实的收费观念直接体现在互联网上。互联网的收费手段主要也是通过注册会员,付费而享受一些优先条件。目前收费用户和免费用户之间的差距并不明显。原因很简单,目前免费用户还是互联网公司盈利的关键。虽然付费用户的比例在逐渐增加,但是总体来看,互联网公司目前主要收入还是来自于广告收入,广告收入的多少取决于网站的浏览量。因此,互联网公司为了保住现有的浏览量,就必须通过增大业务范围,吸引更多的免费用户。整体来看,目前互联网公司的倾向还是偏重于为免费用户工作。随着付费用户的增多,一旦广告收入不再成为互联网公司的主要收入,便马上会向付费用户倾斜,因为互联网公司的最终目的是盈利。当互联网公司的发展目标转为向付费用户服务时,互联网就会呈现收费用户和免费用户的两极化趋势。付费用户可以享受更好的服务、更多的资源,而免费用户可能会处于广告的包围中。虽然广告业务在收费网站不再成为主要业务,但是由于其巨大收益,还会有一部分以广告为主营收入的网站,但是在专业分工化的趋势下,这样的网站提供的综合服务将会成为基础性服务,而真正高水平的互联网服务将成为付费用户的专利。

3.网站规模发展的两极化趋势

在一个行业中,通过数十年发展,往往会出现几家比较大的公司占据市场相当的份额。这一模式同样体现在互联网上,在特定领域的网站上,出现了少数大型网站。我们在使用搜索网站时,往往都会选择谷歌或者百度,而综合网站则会选择如新浪、搜狐、网易等。与之相对的,虽然也出现了一些比较小的类似网站,但是影响力远远不及上述网站。

互联网的内容主要来自于创意,而不是复杂的程序,因此对于原内容进行复制并不是困难的事情,但是影响力却明显不如原内容。如"植物大战僵尸"这款游戏,我国网民通过对其进行山寨,出现了一大批类似的游戏,如"钉子户大战城管"、"葫芦娃大战蛇妖"等,但是众多的网民还是更为接受原始版本。"人人网"效仿"脸谱网"的经营模式,在中国取得了成功,但是相应的,如果第二个类似的网站出现,在相同条件下,那么后者的影响力势必会大大不如"人人网",因为"人人网"作为先行者,占领了市场资源,也得到了广大网民的认可。因此,网站规模发展的两极化趋势已经形成,即已经成熟的大型网站会更加发展壮大,与之业务类似的小型网站则要差得多。因此,今后互联网的竞争,会呈现在新领域、新技术、新服务的创新上。

4.网络的有序化与无序化发展的两极化

在现实社会中,人们更倾向于有序地生活。这种有序包括公正的法律、高尚的道德、有规律的生活等。这种有序的选择并不是盲目的,而是人们从无序过程中逐渐发展过来的。在现实中,有序和无序成为人们博弈的对象,多数人的有序环境会使得少数无序的人得到更大的利益,而所有人的无序则带来了比所有人有序更低的效率。这就好比大家都在排队,偶尔一个加塞的人与等待的人相比会节省一定的时间,可是所有人如果都不排队的话,效率一定比所有人都排队要低得多。但是归根结底,无论无序的个人是否受益,但是总体来看,有序的环境更有效率。虽然每个正常等待的人增加了等待时间,但是总体时间没有变化,只是每个人花费时间的再分配,因此有序实际上保证了大多数人的利益,而无序只能保证少部分人的利益。所以,现实社会的人们更加倾向于有序化的发展。

目前,互联网呈现出有序化与无序化共同发展的趋势。这是因为互联网毕竟是新生的事物,在技术上更加精通的人和一些使用互联网较早的人在互联网的使用上占有一定的优势。我们在互联网的使用上也可以看到,真正理智的利用互联网的人数并不太多,更多的人是在跟风。作为互联网核心的虚拟性,本身就有两面性。在一个无序的环境中,今天你可以跟着其他人通过欺负别人而发泄,谁能保证明天别人就不会联合他人来欺负你?正是随着认识的改变,互联网的实名制也逐渐被人们所接受。由于人们的生活习惯,有序化的空间会更加有序化,而无序化的空间也更加无序化。现实中人们在条件允许的情况下不愿意居住在无序的环境内,随着无序化空间的不断无序化发展,其中的言论的影响力也会进一步下降,而有序的环境成为互联网发展的新特点。

第二节　互联网的治理

互联网的发展有着光明的未来,但是目前存在着一些不和谐的因素。病毒、木马程序和恶意插件的流行,严重影响了互联网的正常使用,造成一些浏览器的主页被更改,使得登录时不得不浏览自己不喜欢的网站;一些网民的账号被盗,造成了一定的损失。因此,如何更好地发挥互联网的积极作用,就成为互联网管理的主要内容。

一、管理方式的发展

管理方式的发展主要体现在管理控制技术、互联网信息安全以及市场化与人才培养上。

(一)管理控制技术的发展

目前,主要使用的管理控制技术分为两种:分级系统和过滤系统。

分级系统是一种较为常见的互联网管理手段。分级是对互联网上的信息内容进行整理,当互联网的使用者在搜索所需要的信息内容时,根据使用者的分级数据来提供相应的信息,这样可以避免使用者尤其是青少年上网者接触到一些不合适的信息。目前 PICS(Platform for Internet Content Selection)和 P3P(Platform for Privacy Preferences)两种标准是分级系统的基础标准。根据 PICS 标准,通过 JAVA 软件为应用程序,SQL Server 为数据库的后台,可以构建一套方便操作的标签生成系统,从而可以比较简单地完成分级工作,实现对网络内容提供商的监督工作。P3P 从隐私保护的角度提供了基础的标准,成为被越来越多的技术人员接受的新技术。

过滤系统是一种较为直接的管理手段。过滤系统的工作主要是依靠过滤软件完成的。通过对事先确定的需要过滤掉的网络信息主要内容的分析,找出一些特有的字符等信息,软件就可以对全部网络信息进行筛选,过滤掉所有包含不良字符的信息。这种过滤手段存在着一些问题,因为在很多复杂情况下,仅仅靠数个关键词的筛选,并不能完全过滤掉所有的不良信息。但是过滤软件的出现,对于互联网信息的管理,还是起到了很大的作用。这些过滤软件被人们称为电子守门人,常见的过滤软件包括"网络保姆"等。"网络保姆"的功能主要是记录和监督。通过对于未成年子女使用计算机上网的记录,可以为家长提供子女的上网信息;由于"网络保姆"本身保存有一份预先设定的黑名单,即色情、暴力网站等等,它可以有效地避免未成年人浏览这些网站;它可以对文字进行识别,对于一些不良的语言,可以进行过滤或者以乱码显示,甚至对一些上网者家庭信息也可以进行识别,可以有效防止家庭隐私的泄露。

目前互联网使用的协议是 IPv4,即是互联网协议的第四版,是构成现在互联网技术的基础的协议。但是现在以 IPv4 协议为基础的互联网面临着网站资源枯竭的可能,因此现有的协议将会向最新的通信协议 IPv6 过渡,新的系统将有 2 的 128 次方的网站数量,远远高于之前的 2 的 32 次方的总数。因此,利用新版互联网通信协议 IPv6 解决目前 IP 地址紧张问题成为一个新的发展方向。同时,新的网络协议也为信息管理提供了一些新的手段。随着域名数量的增加,全新的域名管理方法也成为可能。如一些含有成人内容的域名可以以 adult 为结尾,针对未成年的网站可以以 kid 结尾,这可以有效地进行网站分级,形成网上安全区或者红灯区。

（二）网络信息安全的发展

目前维护网络信息安全的主要手段是隔离技术,它是通过隔离手段来保护信息的安全。目前,隔离方法主要有两种:物理隔离和逻辑隔离。

物理隔离技术就是指计算机网络之间不存在任何直接或者间接的联系,在一定程度上使计算机与互联网的信息传输相隔离。物理隔离的本质就是本地的部门机组组成一个不与互联网相互传输数据的局域网络。这种隔离技术由于完全阻断了与互联网的交互,因此安全系数很高。这一隔离技术主要用于保密级别比较高的信息资料,如国家重大事务的数据分析、国防军事等资料及一些其他机要、机密的文件。

逻辑隔离技术实际上是一种访问控制技术。它在需要保护的计算机网络上设置一些障碍,限制一些用户对于特定网站的访问权,过滤了一些不安全的信息,也可以有效地阻止一些非法侵入者。相对于物理隔离技术,它的安全系数较低,但是它并不影响与互联网的链接,因此在一些涉密程度不高的信息中应用较广。一些公共管理和服务部门的信息管理手段,就属于逻辑隔离,它可以在一定程度上提高部门的网络抗干扰能力。公众在互联网上设置的限制访问的密码也属于逻辑隔离技术。

虽然这两种隔离技术在目前的信息安全保护中起到了重要的作用,但随着互联网的不断发展,仅仅依靠技术是不够的。1999 年,英特尔公司就宣布在奔腾第三代芯片中将采用一种全新的安全技术。为每个芯片内嵌一个序列号,在互联网空间通过序列号的定位,就可以鉴定用户的身份。同时,英特尔还将为其处理器增设一个完全由硬件生成的随机数字生成器,从而在最大程度上提供加密安全性。但是,这并不能避免用户信息的泄露,还有很多网民认为系列号确定身份的办法侵犯了他们的隐私权。

目前,一些较为流行的程序中也被爆出大多存在后门。如视窗操作系统 WINDOW 7,就被爆出存在后门程序,虽然微软公司针对这一问题已经出面澄清,但广大用户还是对此深表怀疑。谷歌公司就明确表示其出品的手机内存在后门程序,可以通过这个程序随时删除用户不符合开发协议的应用软件。现在最流行的苹果手机也有着类似的程序。

因此,目前仅仅靠隔离技术并不能真正保证信息的安全,作为技术的弱势方,公众无法洞悉这些高端的技术,甚至他们根本感觉不到自己已经成为别人的监督对象。对于个人信息安全来说,这是一个比较严重的问题;而在国家安全的层面上,这就是一个致命的问题。只要使用这种有后门程序的软件或者硬件,就可能导致储存在上面的国家重要资料被他国获得,严重影响国家的安全。因此,在发展技术的同时,我们还要加强硬件和软件的发展,真正掌握核心科技,才能做到信息的安全。

(三)市场化和人才的培养

对于互联网的市场化管理方式促进了管理水平的发展。2001 年,亚利桑那州为公民、商业机构和其他政府组织提供无障碍的、用户界面友好的网站,使得他们能够更快、更方便、更直观地接触政府部门,这项业务被外包给了 IBM 公司。整个项目政府部门没有花一分钱,所有涉及系统的运行与维护都由 IBM 公司负责。这个商业公司通过对于互联网的有效管理，不但使自己盈利，还促进了电子政务的发展。例如在亚利桑那州汽车驾照的办理业务中，IBM 公司被允许可以从每个驾照的发放过程中收取 1 美元。这个系统的应用，使得原先需要等待 40 分钟、成本近 7 美元的驾照，现在只需要等待几分钟，成本也下降到了 2 美元。这个例子很直观地说明了市场化对互联网的管理起到的积极作用。在市场规律作用下，由于追求利润的最大化，公司将会使用各种手段提供更优质的服务，同时为了扩大使用者，他们也将提供更加廉价的服务。这实际上是公司与公众的一个双赢的结果。但是，我们也要防止盲目地将互联网企业化，要避免商业利益带来的网络民主化的缺失。因此政府与企业应该从各自的立场出发，通过不断地协调和平衡，加强两者之间的沟通，进一步促进网络的发展。

　　人才的培养也是互联网管理的重要手段。首先，我们需要培养一批计算机安全人才，通过反病毒、反黑客、反垃圾等手段，保护互联网的正常秩序。在美国，很早就出现了电子警察，他们通过各种技术手段，追查互联网上的犯罪活动。现在美国的执法部门已经可以利用现有的技术手段，通过收集一些犯罪模式和倾向的信息，来对计算机犯罪进行有效的预防。其次，应该加强计算机人才的专项培养。因为计算机网络所涉及的领域基本覆盖了现实大部分的领域，但是目前计算机领域的管理者大部分都是计算机及其相关专业毕业的。因此，就出现了懂技术的人不懂专业，而懂专业的人又不懂技术的现象。使用互联网促进经济社会与人的发展，就必须要求我们培养一批既懂技术又懂专业的人才。最后，我们应该加强计算机网络知识的普及。互联网目前已经成为人们生活的一部分，但是很多人对于互联网的认识仅仅是最基础的使用。不良的上网习惯，网络安全意识的淡薄，都影响了人们正常使用互联网。因此，对于互联网基础安全知识的普及，有利于人们更好地使用互联网，也增强了政府部门管理互联网的效率。

二、相关法律的完善

　　法治对互联网的健康发展起着重要的作用。网络立法主要分为两种：一种是开创性立法，一种是继承性立法。

　　开创性立法即针对互联网的发展状况,建立全新的、开创性的、具有革命意义的法案。如 1995 年 5 月 1 日,美国犹他州颁布了《数字签名法》,这一法案拉开了犹他州的电子认证立法,它是美国乃至全世界第一部开创性的全面确立电子商务运行规范的法案。

　　继承性立法,即针对已有的法律条款,结合具体的互联网发展情况,确定出新的相关条文。通过对已有政策体系不断进行完善,保持网络立法的连续性和合理性。美国在 1998 年颁布的《儿童在线隐私保护法案》,就是由 1966 年颁布的《信息自由法》发展而成的。

　　我国针对互联网的发展也相继颁布了很多法律法规。针对网络运营管理,我国相继颁布了《中华人民共和国计算机信息网络国际联网管理暂行规定》、《中国互联网络域名注册暂行管理办法》、《中国互联网络域名注册实施细则》、《中华人民共和国电信条例》等。针对网络安全管理,1997 年《中华人民共和国刑法》第 285 条、第 286 条规定了非法侵入计算机信息系统罪与破坏计算机信息系统罪;在 2000 年 12 月 28 日,第九届全国人民代表大会常务委员会第 19 次会议通过了《关于维护互联网安全的决定》,将互联网上犯罪行为归于网络犯罪的范畴,成为网络法治发展的新平台;针对虚拟资产保护和网络信息管理,我国还出台了《中华人民共和国计算机软件保护条例》、《互联网站从事登载新闻业务管理暂行规定》、《互联网电子公告服务管理规定》、《互联网等信息网络传播视听节目管理办法》、《互联网新闻信息服务管理规定》等。2012 年 12 月 28 日,十一届全国人大常委会第 30 次会议通过了《关于加强网络信息保护的决定》。各地也纷纷出台了一些互联网管理条例,如《徐州市计算机信息系统安全保护条例》、《杭州市计算机信息网络安全保护管理条例》等。

　　我国在网络立法上取得了很大进展,对互联网环境的治理起到了重要的作用,但是从整体来看,我们的网络立法还不够成熟,仅在 2010 年,就出现多起网络执法方面的争议。

　　2010 年 4 月 16 日,福州 3 名网友因替人转发"申诉帖",遭到福州警方羁押 8 个月后获刑,引发了舆论对于保护网民权益的强烈呼吁;2010 年 11 月 3 日 腾讯公司发布公告,将在所有装有 360 软件的电脑上停止运行其语音聊天软件,继而引发 3Q 大战全面升级,这起大战最后的受害者是广大网民,在这场争斗之后,引发了公众对于软件兼容及隐私权立法的强烈关注;2010 年 11 月 23 日,因为多次举报同学在公务员考试中作弊,宁夏警方跨省追捕甘肃网友王鹏,在数日后,宁夏警方公开表示追捕为“错案”,这引发了公众要求对于网民主体权利的进一步保护。

　　以上案例都是由网民主体权利产生的争议,而丽水自杀案则体现了网络服务商的责任与义务的不明确。2010 年 6 月,两位网友通过腾讯公司经营的 QQ 软件相约在丽水自杀,一人成功自杀。事后自杀者家属将另一网友与腾讯公司告上法庭,法院于当年 12 月 3 日判决腾讯公司承担 10% 的赔偿责任。这引发了另一场网络立法的争议。腾讯公司认为,其依法运营的 QQ 软件是即时通信产品,是广大用户的沟通平台,但从本质上说,网络运营商和电信运营商并没有相关的法律授权,来对用户的通信内容进行监控。法院判决是依据《关于维护互联网安全的决定》第七条的规定:“从事互联网业务的单位要依法开展活动,发现互联网上出现违法行为和有害信息时,要采取措施,停止传输有害信息,并及时向有关机关报告”。由于互联网平台内容较多,而且条例并没有明确互联网单位的管理范围,又因为涉及网民隐私权的保护,因此,此次判决引发了公众对于网络立法的争论。

　　在未来的网络立法中,首先,应该明确和加强网络立法的层次和立法主体。目前,除了《关于维护互联网安全的决定》和《关于加强网络信息保护的决定》是属于法律之外,其他的网络立法全部是法规和规章,在执行力和效力上略显不足。目前立法主体较多,也不利于网络立法的发展。其次,应该加强对网络主体的保护。《关于维护互联网安全的决定》的制定,既是为了促进互联网的健康发展,维护国家安全和社会公共利益,又是为了保护个人、法人和其他组织的合法权益。但之后发布的多项法规都强调了规范网络秩序,而忽视了网络主体合法权益的保护,使得一些个人和组织缺乏有效的法律武器来保护自己在互联网上的合法权益。再次,应该进一步加强公众的民主参与。因为网络立法的最终目的是为公众创造一个良好的互联网环境,因此公众的意见应该在网络立法过程中发挥重要的作用。只有公众的意见得到了合理的反映,网络立法才能真正体现出网络主体的权利。最后,要学习其他国家网络立法的经验。美国和欧洲一些国家,由于互联网发展较早,不仅有较为全面的规范网络发展的立法,甚至还有类似于《反域名抢注消费者保护法》这种针对具体网络行为的法律。我们的网络立法仍在摸索中前进,因此,对于国际先进互联网法律法规的借鉴和学习对我国的网络立法发展会起到积极的推动作用。

三、网络道德的建设

法律与道德都是上层建筑的重要组成部分,都是促进互联网正常发展的重要手段。法律是通过政府相关部门从外部进行的直接性、强制性的管束,而道德是人们发自内心的自我规范。依法治国和以德治国是相互联系、相互补充、相互促进的。如果没有一定的法治基础,仅仅依靠德治是缺乏约束力的;仅仅有法治,而忽略德治的重要性,法治也收不到很好的效果。在法治的基础上,通过道德水平的提升,人们就可以自觉远离互联网上的违法行为。

美国政府对于互联网管理的理念是“少干预、重自律”,一般只采用最低限度的干预,提倡企业、各种组织和个人进行自律。自律与政府的直接管理相比,有其自身的优势。因为互联网行业是一个高新技术行业,比政府部门更加了解自己的业务所在。因此,促进行业出台相应的自律政策,就成为美国政府的一项重要工作。美国政府一般都处在监督者的角色,但是这种少干预不是绝对的不干预。每年政府部门都会讨论一些行业自律的反馈报告,一旦发现在某一方面行业自律出现问题,政府部门就会在第一时间做出相应的反应。

美国政府的行业自律强调企业和各种组织的行业自律,通过他们的自律行为,可以有效地维护网络秩序。同时,美国政府也注重互联网的使用者以一种自律的、负责任的态度去使用互联网,自觉抵制不良行为。美国计算机伦理协会制定的计算机伦理十戒成为每一个美国网民使用互联网的行为规范:你不应该用计算机去伤害他人,你不应该去影响他人的计算机工作,你不应该到他人的计算机文件里去窥探,你不应该到他人的计算机里去偷盗,你不应该用计算机去作假证,你不应该拷贝或使用你没有购买的软件,你不应该使用他人的计算机资源,除非你得到了准许或给予了补偿,你不应该剽窃他人的精神产品,你应该注意你正在写入的程序和你正在设计的系统的社会效应,你应该始终注意你使用计算机时是在进一步加强你对你的人类同胞的理解和尊敬。

2007 年 1 月 23 日,胡锦涛在中共中央政治局第 38 次集体学习时强调:"加强网络文化建设和管理,充分发挥互联网在我国社会主义文化建设中的重要作用,有利于提高全民族的思想道德素质和科学文化素质,有利于扩大宣传思想工作的阵地,有利于扩大社会主义精神文明的辐射力和感染力,有利于增强我国的软实力。我们必须以积极的态度、创新的精神,大力发展和传播健康向上的网络文化,切实把互联网建设好、利用好、管理好。"目前,由于互联网的发展而引起的道德问题日益增多,因此,建立与此相关的互联网道德规范体系,对互联网的有序运作和网民利益的保护有重要意义。为了促进互联网更好地发展,我们需要加强网络道德建设,构筑坚固的"精神防线"。

我们要加强互联网行业的自律建设。2000 年,文化部、共青团中央以及光明日报社等单位共同发起了旨在弘扬互联网络精神文明的"网络文明工程"。在这项工程的启动仪式上,"光明网"代表 15 家中国优秀文化网站向国内广大网络工作者提出了五点倡议:一、遵守国家法律、法规,依法建网,杜绝各种网上违法现象;二、文明建网,摒弃各种消极的内容和虚假的信息;三、开展健康的网上活动,引导网民文明上网,树立良好的网络风气;四、严谨务实,不慕虚荣,消除急功近利的网站炒作思想;五、勇于开拓,不断创新,认真研究网络技术,深入探讨网络理论,积极推进网络物质文明和精神文明建设。2002 年 3 月 26 日,中国互联网协会正式发布《中国互联网行业自律公约》,提出了 13 条自律条款。到 2004 年,签约的企业就超过 1500 家,为我国建立互联网自律机制,促进和保障互联网的健康发展打下了坚实的基础。2011 年,由北京网络媒体协会、北京市互联网违法和不良信息举报中心主办的"2010 北京互联网行业自律大会"在北京召开,大会表彰了 2010 年度北京互联网行业自律的工作先进个人和单位。

我们还要加强互联网使用者的道德建设。目前,大部分上网者年龄较低，一个人道德水平的高低，与青少年时期受到的道德教育有直接关系。因为在青少年时期，很多人的人生观、价值观还没有定型，一旦缺乏相应的德育，就容易形成错误的价值观、人生观，因此我们需要加强青少年网民的网德教育。应当加强他们关心公益、平等公平、互利互惠、彼此尊重、承担责任、杜绝欺诈等方面的德育工作。通过德育教育，使得网民形成一个友善的社会共同体，使得他们能够通过使用互联网造福社会。

第三节　网络实名制的现状与展望

针对互联网发展中的不和谐因素，我们应采取法律、道德等多种方式来综合管理，根据实际情况采取具体的互联网管理手段。当前，网络实名制是世界各国应对社会发展中的互联网管理问题而采用的一种重要的管理方式。本节指出网络实名制的争议所在，研究网络实名制的产生与发展，分析网络实名制的影响，并在此基础上，对网络实名制的前景作出展望。

一、网络实名制的争议

网络实名是用现实的真实信息在网络上注册。网络实名包括两方面的内容：一是通过输入企业名、用户名即可直接到达目标网站。它的作用是人们在登录网站时可以通过输入实名而替代以往复杂的域名。二是指在网络用户的注册中，网民需要使用真实的信息。网络实名制是基于这种网络实名的互联网管理方式，并成为保护、引导互联网用户的重要手段和制度。

网络实名制的出现，引起了人们广泛的争议。

支持网络实名制的人们认为，首先，实名制的出现可以增加法律在互联网上的执行力。对于在互联网上流行的病毒和木马的传播，我们目前主要依靠杀毒软件和防火墙进行预防。如果把杀毒软件比作现实中的防盗门，把病毒比作强盗，那么，社会的稳定和人们的安全感，不仅仅是因为防盗门有多结实，更重要的是因为有了法律的约束。一旦没有法律的约束，再坚固的防盗门也不会给人们带来彻底的安全感。因此，我们应在互联网上切实发挥法律的作用,使人们在法律的约束下,更合理地运用互联网。其次,网络实名制的出现可以有效预防互联网上的炒作现象。某些人或者某些公司在经济利益的驱使下,为了追捧或炒作某些人或某件事情,雇佣部分人在短时间内注册大量账号,造成虚假的关注度,引起广大网民的关注。在一定程度上,这种虚假的民意关注度还影响到政府决策,干扰民意正常表达。而网络实名制的出现,可以实现在同一网站,同一注册身份证只能使用一个账号对某问题进行回复,有效避免了恶意炒作现象。最后,网络实名制有利于互联网公共道德的建设。由于缺乏诚信和社会责任感,在互联网上会出现一些完全不负责任的人肉搜索和隐私泄露,给当事人造成了负面影响;由于身份的虚拟性,在论坛等讨论群体中,不文明行为较为严重,虚假信息层出不穷,恶意中伤、造谣生事的情况屡见不鲜;有一些人利用管理漏洞,转载色情、暴力视频并从中牟利。因而,互联网的匿名性对互联网的公众道德建设具有极其消极的影响。同时,由于网络诚信的缺失,互联网在经济发展中的作用受到一定的限制。如果希望互联网在社会发展中能发挥更为积极的作用,就需要推行网络实名制。

反对网络实名制的人们认为,首先,网络实名制的推行影响主体自由性的发挥。互联网发展的最核心动力就是虚拟性。"在互联网上,没有人知道你是一条狗"这一宣传仍被认为是互联网上最大的亮点。正是互联网的虚拟性,带给人们广泛的想象力和创造力,创造产生了大量草根文化;正是互联网的虚拟性,带给人们全新的平等性;正是人们在互联网上不清楚彼此的身份,才能进行自由的交谈;正是互联网的虚拟性,才带给网络文化强大的包容性。因此,网络实名制的推行,会把人们从自由的网络世界拖回到现实世界,影响人们在网络环境中自由地发展。其次,网络实名制会对网络监督带来负面影响。近年来,互联网的舆论监督成为传统监督的重要补充。一些事件的揭露与曝光反映出网络监督在反腐倡廉建设中所发挥的重要作用。对于网络实名制,有些网民心存芥蒂,担心举报后曝光自己真实身份,从而遭到打击报复。还有一部分网民甚至表示,实名制后不敢再进行相关的举报。最后,大多数用户上网的目的还是为了进行正常的交往,只有少数人利用互联网进行人身攻击、诽谤等恶劣行为。因此,通过相关部门的治理和网站管理者的管理就可以解决这类问题。同时,现在的技术手段还可以将互联网上造成恶劣影响的用户定位,并将其绳之以法。因此,在其他手段行之有效之前,不应擅用网络实名制。

此外,还有一种比较折中的观点,即在部分区域实行网络实名制。他们认为互联网空间应和现实社会一样,即存在公共空间和个人空间。就像现实生活中,我们在家里是需要一定的隐私一样。因此,他们提出应该在公共空间实行网络实名制,而在个人空间中不应该实行网络实名制,应该保护个人隐私等权利,给予人们一定的自由。

二、网络实名制的产生与发展

韩国是率先推行网络实名制的国家之一。从 2002 年起,韩国政府推动实施网络实名制。目前,韩国已通过立法、监督、管理和教育等措施,对网络邮箱、网络论坛、博客乃至网络视频实行实名制。从 2009 年 6 月 28 日起,韩国的 35 家主要网站将按照韩国信息通信部的规定,实施网络实名制。网民必须先进行身份验证,才能在韩国主要网站发布信息。韩国推出这一规定旨在减少网上不良信息,促进网民对自身网络行为负责。

美国关于网络实名制的讨论源自美国网络暴力第一案。2006 年,密苏里州妇女萝莉·德鲁为报复跟她女儿吵架的 13 岁女孩梅根·梅尔,与女儿及雇员在社交网站"我的空间"上冒充他人辱骂梅根·梅尔,并带动一批不明就里的网民加入辱骂行列,最终导致梅根·梅尔自杀身亡,这一案件被称为美国网络暴力第一案。自此之后,美国展开了网络实名制的讨论。但是,由于美国政府宣扬言论自由,极少限制网络言论,除非涉及有组织犯罪和性犯罪的言论才会被警方监控。因此,网络实名制在美国的发展还需要很长的时间。

一般认为,我国网络实名制的源头是 2002 年清华大学新闻学教授李希光在谈及新闻改革时建议"中国人大应该禁止任何人网上匿名"。自 2003 年起,公民在网吧上网,需要提供身份证进行实名登记,用以避免青少年进入网吧。2004 年,教育部发布《关于进一步加强高等学校校园网络管理工作的意见》。至 2005 年 3 月,以清华大学水木清华为首的部分高校的 BBS

变为仅向实名登录用户服务的校内交流平台。同年7月,文化部、信息产业部联合下发《关于网络游戏发展和管理的若干意见》,要求PK类练级游戏应当通过身份证登录,实行实名游戏制度。同年,深圳市进行了为期3个月的网络公共信息服务场所清理工作。深圳警方对论坛版主和QQ群的创建者进行实名登记,并验证身份证号码,以此营造健康的网络聊天秩序,为广大网民提供安全、优质的服务。

由于手机网络已经成为互联网的一部分,对于网络实名制的讨论也涉及手机网络。手机成为人们日常生活中不可缺少的物品,对于手机网络的管理也是互联网管理的重要一环。现在,垃圾信息、推销信息等严重影响人们的日常生活,甚至时常还有利用回拨电话骗取高额通讯费的情况出现。在2002年,韩国信息通信部推行了手机实名注册,即购买手机与电话号码时必须进行登记,并随后出台措施,广告信息必须明确注明广告、发送者单位、电话等信息,并且费用由广告发送者承担,对于垃圾信息的制造者处以重罚,同时还严禁商业广告信息在晚9点至第二天早8点间发送。这些措施在韩国产生了较大的积极影响。因而,借鉴国外经验成为保障我国手机网络正常发展的重要途径。

2009年5月1日,杭州市出台了《杭州市计算机信息网络安全保护管理条例》,这是中国第一个关于推行“网络实名制”的地方性法规。该《条例》在发布之时,就被网友解读成在杭州本地经营的网站上发帖、写博、进行网游游戏需要提供有效身份证明。但到目前为止,依然不需要身份验证就可以顺利注册成为部分杭州网站的用户。有的需要身份验证的网站,只需填满18位数字,无论正确与否,均可正常完成注册。随后杭州政府网站发布《为建立健康安全的网络环境立个法》和《正确解读杭州网络管理条例》两篇文章,解读《条例》的内容,澄清了“网络实名制”是各方对该《条例》的误读。被认为实行网络实名制的是《条例》第十九条第二款第三项:提供电子公告、网络游戏和其他即时通信服务的,具有用户注册信息和发布信息审核功能,并如实登记向其申请开设上述服务的用户的有效身份证明。澄清文章指出,这其中的“用户”指的是“到互联网服务提供者的网站申请开设电子公告、网络游戏、其他即时通信服务的组织者和举办者”,而不是指一般网民。而且很多网站并不提供这些服务,而是自己管理自己的网站。因此网站在开办审批时就需要进行实名登记,对于前几年版主、编辑等网络内容、重要职位也已经进行实名备案。这说明《条例》并未真正推行网络实名制。

2011年12月16日,北京市人民政府新闻办公室、市公安局、市通信管理局和市互联网信息办公室共同制定的《北京市微博客发展管理若干规定》提出,通过微博客制作、复制、发布、传播信息内容,应当使用真实身份信息注册账号。

北京市互联网信息内容主管部门新闻发言人解释,这就是说,微博客用户要在进行真实身份信息注册后,才能使用发言功能。微博客账号注册信息真实是指用户提交网站注册的信息,用户使用微博客服务的名称可自愿选择。通俗地讲,就是"后台实名、前台自愿"。对使用微博客浏览信息的用户,则没有限制性规定。

由于造成大量用户信息泄露,包括未经加密的用户名、用户姓名、电话号码、电子邮件和经加密的密码、身份证号码等等,可能出现利用这些个人信息的电话诈骗、发送垃圾邮件等非法行为,2012年8月23日,韩国宪法裁判所8名法官一致做出判决,裁定网络实名制违宪,韩国放送通信委员会将根据判决修改相关法律,并将废除网络实名制。

三、网络实名制的影响分析

虽然网络实名制饱受争议,但在电子银行业务领域公众却非常认同网络实名制,从来没有人呼吁过在网上银行业务上使用匿名登录。因为网上银行与现实中的银行账户相连,如果被虚拟用户支取后,人们在现实中就会承受经济损失。因此,实质上,支持或反对网络实名制的人们,反映出网民的利益诉求。这里的利益不仅包括经济利益,还包括知情权等权利。因此,支持网络实名制的人,往往是实施网络实名制将给他们带来了更多利益,而反对的人也是一样,推行网络实名制会损害他们的利益。因此,网络实名制的推行与否是各方利益的博弈。

网络实名制带来的最大争议是对网络虚拟性的争议。由于互联网的虚拟性,有些人在互联网上的表现与现实中的表现并不一致,有的甚至是大相径庭。因此,他们担忧网络实名制会对他们的现实生活造成影响。很多使用互联网进行交往的人,尤其是以虚拟对象为主要交流对象的人们对此表示担忧。虽然这种担忧不无道理,但是目前推行的网络实名制是一种有限的实名制。人们并不是以真实的姓名作为网络交往的姓名,而是在进行实名身份认证后,人们在互联网上依然还是可以用虚拟的姓名或者代号进行交流。在互联网的交往中,人们依然不能了解对方的信息,可以在一种虚拟的环境中交流,因此网络实名制在本质上并没有影响互联网的虚拟性。而且,即使人们不知道在互联网上交往的对象是人还是狗,但是在沟通的过程中,他们心中一定会有对方一个主观的概念,这个概念取决于交往的内容、自身的期望等等因素,这就是为什么有时会出现网友见面大失所望的情况了。所以,网络的虚拟性本身并不是完全的虚拟,而是有一定的主观性的虚拟。

保护隐私是人们反对网络实名制的另一个理由。互联网最大的特点是公开性,像微博、博客等是一种完全公开的交流形式。在互联网上,绝大部分空间都是公共空间,私人空间范围很小,局限于电子邮件、语音聊天等。对于公共领域的发言,由于本身身份的虚拟性,即使进行实名注册,也不会带来所谓隐私的泄露,如果担心自己的真实身份因为网络实名制的推行而被公开,那也是不必要的。因为大部分上网都是在一个相对固定的范围内进行的,而每个上网的电脑,都有一个 IP 地址,因此,即使没有实名制,依旧可以通过 IP 地址进行身份的追踪。随着信息监控手段的进步,即使没有固定的 IP 地址,对于在互联网上严重造谣或者传播色情暴力等违法行为,执法机关也有管理的办法。因此,以为拒绝网络实名制就可以使现实身份不被暴露的想法完全是掩耳盗铃。与之相反的,推行网络实名制有利于保护人们的隐私。从技术的角度来看,大多数网民都处于技术的底层,实际上即使一些人利用木马、病毒等非法手段盗取了这些网民的隐私信息,这些网民也往往完全不知情。网络实名制的建立,可以使相关部门更有效地对犯罪行为进行定位和执法。在某种程度上,网络实名制保护了网民的隐私权。

还有些人认为,推行网络实名制会对网络监督的效果产生影响。很多人担心由于实名举报而遭到报复。其实这种担忧是不必要的,因为在推广网络实名制时,往往会通过出台相关的法律法规等来规范网络,使得互联网上的举报人与现实中的举报相联系,也会在法律上保护互联网上的举报人。同时,网络实名制带来的身份的公开有利于政府的监管。

虽然现在只有少数人利用互联网进行人身攻击、诽谤等恶劣行为,但是这并不能成为阻碍网络实名制推行的理由。无论是法律和道德,我们治理的核心都是违法行为而与违法人数的多少无关。即使只有一个人在现实中犯罪,我们也要对其绳之以法。

网络实名制有利于避免互联网上的道德危机。有些网民缺乏道德感,随意发布或转载虚假信息,甚至诽谤他人。由于互联网具有快捷性、虚拟性、自由性、匿名性等特点,发布或传递这些信息过于随意,致使一些谣言和小道消息等虚假信息屡屡出现,造成人们在认识上和思想上的混乱。此外,由于互联网还有某种放大的作用,虚假信息出现在互联网上后,往往会造成更大范围的信息误导,甚至诱发一些极端行为,直接影响到社会稳定。垃圾邮件、各种各样的恶搞不断地挑战道德的底线。在现实中,这样的行为即使不被法律所惩罚,也会受到道德的谴责,可当今却在互联网上流传,这本身就说明了互联网严重缺乏道德的约束。因此,推行网络实名制,有助于互联网上的德治工作,真实的身份带给网民的是更多的理性思考,可以有效地规范网民行为。

四、网络实名制的前景展望

虽然推行网络实名制受到了很大的争议,但是在互联网上,网络实名制却在不断地发展。

(一)人们对网络实名的反映

近年来,网络实名正在逐渐被大家接受。

首先,实名注册用户的影响力大于非实名注册用户的影响力。在很多博客和论坛中,都有一些实名注册的用户。对于同一个信息的报道,实名用户的报道往往会受到更多的关注,成为报道的主流。而对于匿名用户的报道,除了一些爆料、检举、揭发外,其他的信息往往不能受到人们的足够重视。这是因为匿名用户由于其自身所受约束较少,发出的信息中虚假信息比例相对较高,而实名用户由于使用真实的姓名,在信息的传递上就承担更多的风险,通常也会更客观、更公正,所以用户在选择上会更青睐实名用户的报道。

我们看到,现在最流行的微博中,实名注册的微博会有更多的关注者。在新浪微博中,前10位实名注册的用户关注者都超过了320万,而未实名注册用户最多的关注者不到200万。有些人认为,这是由于前10位用户在现实中都是名人,自然能得到更多的重视。确实,相当一部分在现实中有一定影响力的人们希望通过互联网这一全新的平台来充分发挥其影响力。如果他们匿名注册的话,其影响力就会大打折扣。因此,实名注册成为这些人的最终选择。

互联网作为现实世界的发展和延续,与人们的现实生活结合得越来越紧密。人们在互联网上的交流,也从以往的虚拟形态逐渐向现实形态发展。人们开始接触即时通讯软件(如QQ)时,倾向于同陌生人聊天。而现在即时通讯成为维系和发展现实社会关系的一种手段,在这个领域内,熟人逐渐取代了陌生人成为交往的主角。现在的聊天好友中,有很大一部分都是现实中的朋友;想成为某某的朋友需要先进行认证,而认证的内容一般都是真实信息;很多小范围的群组,如某某公司群、某某学校群都是现实朋友的延续。随着时间的流逝,即使是在虚拟空间相识的新朋友,也有相当一部分成功地走入现实,如网友见面等。虽然我们在互联网上顶着各种各样的名字,但是我们熟悉的朋友很清楚地知道我们是谁。因此,互联网在很大程度上变成了熟人的空间,他们之间的交往都是实名的。同时由于网友强大的人肉搜索能力,很多并未公开姓名的微博、博客等,都已经被他们对号入座,相当于被实名化。现在的互联网交流,虚拟并不一定为我们带来便捷,在很多情况下正好相反,这反映了人们在互联网上实名交往的需求。因此,"网络实名制"在一定程度上已经被人们在网上无意识地实践了。

(二)慎推网络实名制

虽然网民对网络实名制这一概念并不陌生,并在一定程度上也认可,但是对于网络实名制的全面推广还应谨慎。因为还有一些亟待解决的问题。

首先,网络实名制推行的相关法律法规有待制定和完善。网络实名制规定网民必须用真实身份进行注册,但目前缺乏一部关于监控信息的比较完善的法律,即在什么情况下可以使用这一信息、谁可以使用这一信息。这也带来了网民的担忧,担心在非正常情况下他们的隐私信息被他人利用。而且一旦出现网民冒用他人身份的情况,法律责任应该如何追究等问题都亟待解决。现在一些未成年人用他人身份信息进行网络游戏的现象也不在少数。

其次,网络实名制推行的范围有待于明晰。在现实社会中,由于担心打击报复,有些检举是以匿名方式进行的,那么在互联网上相应的网络监督是否也应该效仿现实而采取匿名的方式呢? 全面推行网络实名制既不现实也不可能,但是应该在多大范围内进行网络实名制还存在较大争议。

再次,网络实名制的管理有待于完善。一是改进网络实名制的相关技术。2011 年 7 月,韩国发生了前所未有的信息外泄案件,不少民间组织和专家认为是"互联网实名制"惹的祸,因为存有实名制数据的韩国各大网站成了黑客们攻击的主要对象。在信息安全技术不足以完全保证实名制数据安全的情况下,盲目推行网络实名制确实是不明智的,应当把网络实名制纳入国家信息安全管理的层面。二是加强对网络实名制实施后的信息管理。网络实名制实施后,会减少些网上发牢骚、造谣传谣等行为,但有可能将对网民参政议政、监督政府的积极性产生伤害;即使是诚信守法的网民,出于自我保护,也会因担心个人信息被泄露、被利用、或者被打击报复而减少注册或减少发言。三是要平衡普通网民与黑客之间的技术鸿沟。普通网民对于互联网仅仅停留在使用中,而黑客则是专业技术人员,简单的用户名和密码能否成为保证身份信息的有效手段还值得商榷。

最后,网络实名制的作用有待于充分发挥。网络实名制是希望在互联网上,将网民的身份与现实身份相连接,从而使得人们在互联网上的生活更加美好。这个出发点是好的,如果实现的话也会起到很好的作用。但是以姓名和身份证号为认证手段却是不够的。且不说现在的网站泄密与银行泄密等一系列违法现象导致身份证信息的泄露,在我们的生活中,这些信息也在一定程度上是公开的。在领取稿费的时候,即要签名也需要填写身份证号;在委托他人购买机票的时候,也要提供这两个信息;在一些学校统一办理发放补助的银行卡时,也会由特定人员进行统一收集。姓名与身份证号码认证与现在的身份证认证不同,二代身份证由于内部有特制芯片而具有唯一性,可以证明人们的身份,现在很多现实业务的办理中,甚至连身份证复印件都不能作为身份的象征,就更不必说更缺乏代表性的姓名与身份证号码的认证了。因此,网络实名制的推行,应该能够找到一种行之有效的能代表唯一性的身份标志,如指纹、声音、面部识别等,或者由公安部门统一派发上网实名账户等手段,只有这样才能确认网民的真实身份,真正发挥网络实名制的作用。

(三)创造网络实名制发展的条件

虽然目前政府全面推行网络实名制的条件并不充分,但是我们也不能止步不前,应该为网络实名制创造发展的条件。

首先,在一定领域内先小范围地推行网络实名制。这一范围包括主流网站与门户网站的新闻评论、网络游戏和一些网民对网络实名认可度比较高的区域。现在互联网上鱼龙混杂,高雅文化与低俗文化共生,主流文化与非主流文化并存,这在一定程度上影响了人们选择正确的信息。在网络实名认可度较高的区域实行实名制,不但可以获得大多数网民的支持,而且也对互联网其他领域起到有效的示范作用,为网络实名制的全面推广打下坚实基础。

其次,加大对互联网上恶劣事件的治理力度。有些人利用互联网非实名的虚拟性,发布一些扰乱视听的消息,当然这样的人在现实中也并不少见,他们心存侥幸,抵触实名制的推广。我们应该对这样的行为进行监督管理,避免一些人利用互联网做违法犯罪的事情。无论网络实名制实行与否,违法犯罪等行为都是不能被接受的。同样,这样的治理也应该针对一些情节恶劣的恶搞行为,切实发挥互联网的积极作用,保障大多数网民的权利。

最后,充分发挥网站管理者与版主的作用。互联网的管理是一个负责的过程。管理互联网不仅仅依靠政府,而且要依靠网站管理者与版主等的共同努力。现在网站和版主的实名制工作已经基本完成,在实名制的基础上,以版主为核心的全新管理模式将成为互联网治理的重要模式。因为现

在版主参与很多论坛的发帖与回帖内容的审核，他们可以使用暂时封存 ID
乃至删除用户等办法进行行之有效的管理。他们对于内容的理解以及他们
的道德修养，直接影响着网站的内容，素质更高的版主的版面也更具有吸引
力。因此发挥版主的积极作用对提高网民素质有重要意义，也间接地推动
了网络实名制的发展。

参考文献

一、中文参考文献

[1]《马克思恩格斯选集》第1—4卷,人民出版社2012年版。

[2]《马克思恩格斯全集》第3卷,人民出版社1960年版。

[3]《马克思恩格斯全集》第21卷,人民出版社2003年版。

[4]《马克思恩格斯全集》第25卷,人民出版社2001年版。

[5]《马克思恩格斯全集》第30卷,人民出版社1995年版。

[6]《马克思恩格斯全集》第31卷,人民出版社1998年版。

[7]《马克思恩格斯全集》第42卷,人民出版社1979年版。

[8]《马克思恩格斯全集》第44卷,人民出版社2001年版。

[9]《马克思恩格斯全集》第47卷,人民出版社1979年版。

[10]马克思:《资本论》第1卷,人民出版社1975年版。

[11]马克思:《资本论》第3卷,人民出版社1975年版。

[12]马克思:《1844年经济学哲学手稿》,人民出版社1995年版。

[13]列宁:《哲学笔记》,人民出版社1974年版。

[14]《邓小平文选》第3卷,人民出版社1993年版。

[15][法]拉梅特里:《人是机器》,顾寿观译,商务印书馆1959年版。

[16][美]维纳:《维纳著作选》,钟韧译,上海译文出版社1978年版。

[17][东德]克劳斯:《从哲学看控制论》,梁志学译,中国社会科学出版社1981年版。

[18][美]施拉姆、波特:《传播学概论》,陈亮等译,新华出版社1984年版。

[19]《控制论、信息论、系统科学与哲学》,王雨田主编,中国人民大学出版社1987年版。

[20][德]蓝德曼:《哲学人类学》,彭富春译,中国工人出版社1988年版。

[21]科斯:《企业、市场和法律》,盛洪、陈郁等译,上海三联书店1990年版。

[22][美]约瑟夫·奈:《美国定能领导世界吗》,何小东、盖玉云译,军事谊文出版社

1992 年版。

[23]曹锡仁:《中西文化比较导论》,中国青年出版社 1992 年版。

[24]李彬:《传播学引论》,新华出版社 1993 年版。

[25][美]西奥多·罗斯扎克:《信息崇拜——计算机神话与真正的思维艺术》,苗华健、陈体仁译,中国对外翻译出版公司 1994 年版。

[26][美]比尔·盖茨:《未来之路》,辜正坤等译,北京大学出版社 1996 年版。

[27][美]阿尔温·托夫勒:《第三次浪潮》,朱志焱等译,新华出版社 1996 年版。

[28][美]托尼·冈顿:《企鹅分类词典·信息技术》,外文出版社 1996 年版。

[29][美]尼葛洛庞帝:《数字化生存》,胡泳、范海燕译,海南出版社 1997 年版。

[30][美]丹尼尔·贝尔:《后工业社会的来临》,高铦等译,新华出版社 1997 年版。

[31]国际货币基金组织编:《世界经济展望》1997 年 5 月,中国金融出版社 1997 年版。

[32][英]安东尼·吉登斯:《现代性与自我认同》,赵旭东、方文译,三联书店 1998 年版。

[33][美]亨廷顿:《文明的冲突与世界秩序的重建》,周琪、刘绯、张立平译,新华出版社 1998 年版。

[34]冯鹏志:《伸延的世界——网络化及其限制》,北京出版社 1999 年版。

[35][美]马克·斯劳卡:《大冲突:赛博空间和高科技对现实的威胁》,黄锫坚译,江西教育出版社 1999 年版。

[36]黄楠森:《人学原理》,广西人民出版社 2000 年版。

[37]《辞海》,上海辞书出版社 2000 年版。

[38]《中国大百科全书·哲学卷》,中国大百科全书出版社 2000 年版。

[39]汪成为:《人类认识世界的帮手——虚拟现实》,清华大学出版社 2000 年版。

[40]谢海光:《互联网与思想政治工作概论》,复旦大学出版社 2000 年版。

[41]陈传刚、谢永亮:《网络时代的政治安全》,中原农民出版社 2000 年版。

[42]中国现代化报告课题组:《中国现代化报告 2001》,北京大学出版社 2001 年版。

[43]刘文富:《网络政治——网络社会与国家治理》,商务印书馆 2002 年版。

[44]金太军:《网络与政府管理》,贵州人民出版社 2002 年版。

[45]成思危:《虚拟经济理论与实践(第二届全国虚拟经济研讨会论文选)》,南开大学出版社 2003 年版。

[46][美]凯斯·桑斯坦:《网络共和国:网络社会中的民主问题》,黄维明译,上海人民出版社 2003 年版。

[47][美]曼纽尔·卡斯特:《网络社会的崛起》,夏铸九、王志宏等译,社会科学文献出版社 2003 年版。

[48]顾曰国:《网络教育初探》,外语教学与研究出版社 2004 年版。

[49]贺善侃:《网络时代:社会发展的新纪元》,上海辞书出版社 2004 年版。

[50]韩庆祥、亢安毅：《马克思开辟的道路——人的全面发展研究》，人民出版社 2005 年版。

[51]张明仓：《虚拟实践论》，云南人民出版社 2005 年版。

[52][日]新村：《广辞苑》，上海外语教育出版社 2005 年版。

[53][英]亚当·斯密：《国富论》，唐日松等译，华夏出版社 2005 年版。

[54]王国荣：《信息化与文化产业》，上海文化出版社 2005 年版。

[55][英]牛顿：《自然哲学的数学原理》，赵振江译，商务印书馆 2006 年版。

[56][美]阿尔温·托夫勒：《财富的革命》，吴文忠译，中信出版社 2006 年版。

[57][美]阿尔温·托夫勒：《权力的转移》，吴迎春、傅凌译，中信出版社 2006 年版。

[58][美]阿尔温·托夫勒：《未来的冲击》，孟广均译，中信出版社 2006 年版。

[59][美]托马斯·弗里德曼：《世界是平的："凌志汽车"和"橄榄树"的视角》，赵绍棣、黄其详译，东方出版社 2006 年版。

[60][美]曼纽尔·卡斯特：《千年终结》，夏铸九等译，社会科学文献出版社 2006 年版。

[61][美]曼纽尔·卡斯特：《认同的力量》，曹荣湘译，社会科学文献出版社 2006 年版。

[62]何精华：《网络空间的政府治理》，上海社会科学院出版社 2006 年版。

[63]蔡立辉：《电子政务——信息时代的政府再造》，中国社会科学出版社 2006 年版。

[64]李斌：《网络政治学导论》，中国社会科学出版社 2006 年版。

[65]田作高：《信息革命与世界政治》，商务印书馆 2006 年版。

[66]袁峰、顾铮铮、孙珏：《网络社会的政府与政治——网络技术在现代社会中的政治效应分析》，北京大学出版社 2006 年版。

[67][美]威廉姆森、温特：《企业的性质》，邢源源译，商务印书馆 2007 年版。

[68][美]维纳：《控制论》，郝季仁译，北京大学出版社 2007 年版。

[69]中国互联网对外宣传西部联盟：《中国网络文化发展研究》，四川科学技术出版社 2007 年版。

[70]项家祥、王正平：《网络文化的跨学科研究》，上海三联书店 2007 年版。

[71]张品良：《网络文化传播：一种后现代的状况》，江西人民出版社 2007 年版。

[72]蔡文之：《网络：21 世纪的权力与挑战》，上海人民出版社 2007 年版。

[73]胡正荣、段鹏、张磊：《传播学总论》，清华大学出版社 2008 年版。

[74]孙启明：《文化创意产业前沿·希望：新媒体崛起》，中国传媒大学出版社 2008 年版。

[75]唐子才、梁雄健：《互联网规制理论与实践》，北京邮电学院出版社 2008 年版。

[76][美]彼得·德鲁克：《下一个社会的管理》，蔡文燕译，机械工业出版社 2009 年版。

[77][英]大卫·李嘉图：《政治经济学及赋税原理》，丰俊功译，光明日报出版社 2009 年版。

[78][英]赫胥黎：《天演论》，严复译，中国青年出版社 2009 年版。

[79]郭明飞:《网络发展与我国意识形态安全》,中国社会科学出版社2009年版。

[80]刘晓玲:《文化软实力提升浅论》,湖南人民出版社2009年版。

[81]《牛津高阶英汉双解词典》,商务印书馆2009年版。

[82]司马迁:《史记》,中华书局2009年版。

[83]山东省网络文化办公室:《网络文化建设与管理》,山东人民出版社2009年版。

[84]王正平:《信息网络与文化新发展》,上海三联书店2009年版。

[85]王众托:《知识管理》,科学出版社2009年版。

[86]徐崇温:《中国的和平发展道路》,重庆出版社2009年版。

[87]中华人民共和国国务院新闻办公室:《中国互联网状况》,人民出版社2010年版。

[88]陆地、陈学会:《中国网络文化产业发展报告》,新华出版社2010年版。

[89]王静:《直面转型》,青岛出版社2010年版。

[90]张蕊:《中国网络经济发展理论与实证研究》,西南财经大学出版社2010年版。

[91]郑适:《中国B2B电子商务的发展与障碍》,中国经济出版社2010年版。

[92]李安民、陈晓勤、陆音:《移动互联网商业模式概论》,上海三联书店2010年版。

[93]孙伟平:《信息时代的社会历史观》,江苏人民出版社2011年版。

[94]李娜:《电子商务概论》,电子工业出版社2011年版。

[95]濮小金、司志刚:《新编电子商务导论》,水利水电出版社2011年版。

[96]沈美莉、陈孟建、郁晓红:《电子商务信息安全技术》,机械工业出版社2011年版。

[97]施风芹、张涛:《电子商务与网络营销》,水利水电出版社2011年版。

[98]石焱:《电子商务概论》,水利水电出版社2011年版。

[99]胡锦涛:"能否积极利用有效管理互联网关乎全局",《信息安全与通信保密》2007年第2期。

[100]胡锦涛:"强调以创新的精神加强网络文化建设和管理",《中国信息界》2007年第2期。

[101]丁学良:"马克思的'人的全面发展观'概览",《中国社会科学》1983年第3期。

[102]陈忠:"信息究竟是什么?",《哲学研究》1984年第11期。

[103]查汝强:"自然辩证法范畴体系设想",《中国社会科学》1985年第5期。

[104]钟学富:"信息概念能作为哲学范畴吗?",《哲学研究》1986年第6期。

[105]张艳国:"对马克思主义唯物史观创立时期的历史考察",《学习与探索》1995年第1期。

[106]吴晓东:"《德意志意识形态》中唯物史观的经典表述",《上饶师专学报》1996年第5期。

[107]黄楠森:"论文化的内涵与外延",《北京社会科学》1997年第4期。

[108]孙伟平:"网络管理面临挑战",《中国信息导报》1997年第8期。

[109]孙伟平、贾旭东:"关于网络社会的道德思考",《哲学研究》1998年第8期。

[110]孙伟平、贾旭东:"网络道德建设:一个跨世纪的新课题",《新视野》1999 年第 1 期。

[111][美]爱德华·萨义德:"文化与帝国主义",谢少波译,《马克思主义与现实》1999 年第 4 期。

[112]陈志良:"虚拟:哲学必须面对的课题",《光明日报》2000 年 1 月 18 日第 7 期。

[113]刘友红:"人在电脑网络社会里的'虚拟'生存——实践范畴的再思考",《哲学动态》2000 年第 1 期。

[114]孙伟平:"论网络经济的特点与发展趋势",《北京理工大学学报》(社会科学版) 2000 年第 2 期。

[115]陈志良:"虚拟:人类中介系统的革命",《中国人民大学学报》2000 年第 4 期。

[116]殷正坤:"'虚拟'与'虚拟'生存的实践特性兼与刘友红商榷",《哲学动态》2000 年第 8 期。

[117]郭湛:"信息与网络时代的主体",《上海交通大学学报》(社科版)2001 年第 2 期。

[118]颜鹏飞、刘昌明:"中国对外开放的思想渊源——马克思的世界市场和经济全球化理论"(上),《当代经济研究》2001 年第 3 期。

[119]孙伟平:"虚拟文化问题沉思",《社会科学家》2001 年第 4 期。

[120]罗文东:"全球化时代的社会主义观",《马克思主义研究》2001 年第 4 期。

[121]孔繁玲:"网络化生存",《理论探讨》2001 年第 5 期。

[122]南国农:"信息技术教育与创新人才培养",《电化教育研究》2001 年第 8 期。

[123]冯秀琪:"从教育的本质理解网络教育",《中国远程教育》2001 年第 11 期。

[124]杨学功:"用唯物史观的方法分析'全球化'——从马克思的'世界历史'理论看今天的全球化讨论",《中共济南市委党校济南市行政学院济南市社会主义学院学报》2002 年第 2 期。

[125]丰子义:"马克思'世界历史'思想研究中的几个问题",《教学与研究》2002 年第 3 期。

[126]孙伟平:"网络文化:机遇、挑战与对策",《湘潭师范学院学报》(社会科学版)2002 年第 4 期。

[127]张晓红、梅荣政:"经济全球化的历史前景透视",《思想理论教育导刊》2002 年第 5 期。

[128]张明仓:"走向虚拟实践:人类存在方式的重要变革",《东岳论丛》2003 年第 1 期。

[129]张明仓:"虚拟实践与马克思主义哲学的当代形态",《学术研究》2003 年第 2 期。

[130]方世南:"马克思关于人类文明多样性思想初探",《马克思主义研究》2003 年第 4 期。

[131]孙承叔:"是一种生产,还是四种生产?——读《1857—1858 年经济学手稿》",《东南学术》2003 年第 5 期。

［132］余达淮："马克思对经济主体的伦理分析"，《伦理学研究》2003 年第 5 期。

［133］陈志良、桑业明："论虚拟思维方式"，《东岳论丛》2004 年第 1 期。

［134］郑先兴："唯物史观的文化史研究理论及其在中国的实践"，《南都学坛》2004 年第 4 期。

［135］"金融机构衍生产品交易业务管理暂行办法"，《中华人民共和国国务院公报》2004 年第 29 期。

［136］常燕："浅析《共产党宣言》中的经济全球化思想"，《江苏省社会主义学院学报》2005 年第 1 期。

［137］岳梁："全球化是马克思的历史地平线——用马克思'世界历史'的观点看待新全球化"，《贵州师范大学学报》（社会科学版）2005 年第 3 期。

［138］"《甲申文化宣言》：文化主张"，《中国卫生产业》2005 年第 3 期。

［139］［巴西］特奥托尼奥·多斯桑托斯："马克思主义理论构想与中国经验"，陶文昭，邹积铭，张莹莹译，《教学与研究》2005 年第 10 期。

［140］孙伟平："信息网络技术与'网络社会'的崛起"，《河北学刊》2006 年第 1 期。

［141］张明仓："虚拟实践的本质探析"，《华中科技大学学报（社会科学版）》2006 年第 1 期。

［142］徐斌："制度变革与人的全面发展"，《毛泽东邓小平理论研究》2006 年第 1 期。

［143］李旭、李应："读《德意志意识形态》有感"，《社会科学家》2006 年第 2 期。

［144］屠春友："思维方式的虚拟性转换及其意义"，《哲学动态》2006 年第 7 期。

［145］耿百峰："社会主义和谐社会的马克思主义溯源"，《山东社会科学》2006 年第 10 期。

［146］"以创新的精神加强网络文化建设和管理满足人民群众日益增长的精神文化需要"，2007 年 1 月 25 日《人民日报》。

［147］宋增伟："制度公正与人的全面发展"，《科学社会主义》2007 年第 1 期。

［148］毛志荣："虚拟实践及其特征"，《各界文论》2007 年第 2 期。

［149］金珠："资讯集成"，《视听界》2007 年第 2 期。

［150］孙承叔："一种被忽视的生产——马克思社会关系再生产理论的当代意义"，《学习与探索》2007 年第 4 期。

［151］潘可礼："虚拟社会与人的全面发展"，《理论前沿》2007 年第 7 期。

［152］叶其礼："让思想政治工作旗帜高高飘扬在网络阵地上"，《湘潮》（下半月）（理论版）2007 年第 8 期。

［153］以创新的精神加强网络文化建设和管理"，《中国新通信》2007 年第 16 期。

［154］张生新："马克思发展理论的存在论基础及其当代意义"，复旦大学 2007 年博士论文。

［155］吴晓东："'以人为本'：《德意志意识形态》的核心内容"，《上饶师范学院学报》

2008 年第 1 期。

[156]王浩斌:"马克思世界历史视域中科学发展观的精神实质",《安徽职业技术学院学报》2008 年第 4 期。

[157]李泽泉:"唯物史观中的文明观",《浙江学刊》2008 年第 5 期。

[158]宋元林:"网络文化培育与人的全面发展",《当代世界与社会主义》2008 年第 5 期。

[159]夏宏:"马克思的交往理论与意识形态批判的内在逻辑",《齐鲁学刊》2008 年第 6 期。

[160]徐仲伟:"论我国网络文化中的非意识形态倾向与网络文化建设的主题把握",《马克思主义研究》2008 年第 7 期。

[161]郑蕾:"信息时代网络教育对传统教育的影响",《科海故事博览》2008 年第 8 期。

[162]刘振华:"试论网络文化建设和管理中存在的问题及对策",《企业家天地》(下半月刊)(理论版)2008 年第 10 期。

[163]宋元林:"培育指向人的全面发展的网络文化探讨",《马克思主义研究》2008 年第 12 期。

[164]周世兵:"网络文化对大学生素质的负面影响及对策",《四川职业技术学院学报》2009 年第 2 期。

[165]常晓、唐在锦:"高校网络思想政治工作对策研究",《安徽职业技术学院学报》2009 年第 4 期。

[166]罗文东:"马克思主义的'世界历史'和'国际化'理论与超国家垄断资本主义的新发展",《思想理论教育导刊》2009 年第 6 期。

[167]宋迎法、李翔:"中国网络政治研究综述",《重庆工学院学报》(社会科学版)2009 年第 10 期。

[168]魏磊,王玉杰:"浅析中国特色社会主义的和谐网络文化建设",《学理论》2009 年第 26 期。

[169]中华人民共和国国务院新闻办公室:"中国互联网状况",2010 年 6 月 9 日《人民日报》。

[170]晁毓山:"互联网成为推动我国经济发展的重要引擎",2010 年 6 月 14 日《中国高新技术产业导报》。

[171]屈本礼:"马克思全球化思想探析",《吉林工商学院学报》2010 年第 1 期。

[172]安启念:"关于唯物史观的'经典表述'问题",《社会科学辑刊》2010 年第 2 期。

[173]吴波:"马克思社会形态理论内在逻辑的当代解读",《河海大学学报》(哲学社会科学版)2010 年第 4 期。

[174]孙伟平:"信息时代人的发展机遇",《贵州师范大学学报》(社会科学版)2010 年第 5 期。

［175］李慧娟："论虚拟实践涵义、特征和哲学意蕴"，《沧桑》2010 年第 6 期。

［176］孙伟平："论信息时代人的新异化"，《哲学研究》2010 年第 7 期。

［177］金涛："旅游高职的电子商务专业建设"，《电子商务》2010 年第 9 期。

［178］张韬："三网融合的基础：产业价值链分析"，《卫星与网络》2010 年第 11 期。

［179］张恒山："略论文明转型"，《学术交流》2010 年第 12 期。

［180］蔡文艺，贾桂军："青岛网络文化建设与管理研究"，《新闻爱好者》2010 年第 22 期。

［181］杨信礼："发展哲学引论"，中共中央党校 1999 年博士论文。

［182］陈军科："当代社会发展：人的解放与文化自觉"，中共中央党校 2001 年博士论文。

［183］靳方华："马克思社会经济形态理论与中国社会主义初级阶段"，天津师范大学 2003 年博士论文。

［184］孙强："社会关系维度的哲学沉思"，复旦大学 2003 年博士论文。

［185］王雷："网络金融的国际比较与借鉴"，东北财经大学 2003 年博士论文。

［186］姚登权："全球化与民族文化"，复旦大学 2004 年博士论文。

［187］周德刚："经济交往中的文化认同"，复旦大学 2004 年博士论文。

［188］庄严："现实的人：历史发展的动力"，黑龙江大学 2004 年博士论文。

［189］赖恩明："马克思的三大社会形态理论与中国的现代社会转型"，复旦大学 2005 年博士论文。

［190］金峰："试论虚拟实践"，西北师范大学 2005 年硕士论文。

［191］李雪梅："信息网络时代人的主体性研究"，西南师范大学 2005 年硕士论文。

［192］王国富："现实的历史的有限的超越"，吉林大学 2006 年博士论文。

［193］冷梅："关于马克思生产概念的存在论思考"，复旦大学 2006 年博士论文。

［194］李冬俐："社会主义本质与社会平等"，天津师范大学 2006 年博士论文。

［195］刘胡同："马克思全面生产理论及其当代价值"，安徽大学 2006 年硕士论文。

［196］秦江："马克思'人与社会'关系的思想及其当代价值"，郑州大学 2006 年硕士论文。

［197］禹国峰："两种生产理论：马克思主义社会发展动力观的辩证意蕴"，南京航空航天大学 2006 年硕士论文。

［198］于凌炜："论社会实践的新形式——虚拟实践"，河南大学 2007 年硕士论文。

［199］韩丽洁："虚拟实践的哲学探析"，新疆大学 2007 年硕士论文。

［200］聂俊："互联网建设和管理中的政府责任问题研究"，华中师范大学 2008 年硕士论文。

［201］彭宠："中美电子政务政策法规比较"，华中师范大学 2008 年硕士论文。

［202］王磊："虚拟思维视野中的网络化生存"，中共中央党校 2008 年硕士论文。

[203] 王红强：“金融衍生工具系统风险的宏观效应研究”，中共中央党校 2009 年博士论文。

[204] 崔予姝：“马克思市民社会理论研究”，东北师范大学 2009 年博士论文。

[205] 辛慧丽：“马克思伦理思想的本质和特征研究”，复旦大学 2009 年博士论文。

[206] 顾向伟：“马克思人的全面发展思想的当代价值研究”，上海师范大学 2010 年博士论文。

[207] 贾轶：“马克思主义经济学历史唯物主义方法及运用研究”，河南大学 2010 年博士论文。

[208] 刘芳：“以人为本的共产主义”，山东师范大学 2010 年博士论文。

[209] 王海锋：“论历史唯物主义的世界观”，吉林大学 2010 年博士论文。

[210] 杨宏伟：“马克思主义工业化理论与中国特色工业化道路研究”，兰州大学 2010 年博士论文。

[211] 蔡锟：“信息化语境下‘实名制’的法律思考”，中央民族大学 2010 年硕士论文。

[212] 陶翀洋：“马克思早期人本质理论的发生学解释”，广州大学 2010 年硕士论文。

[213] 张庆华：“马克思恩格斯人的全面发展思想及其当代价值研究”，苏州大学 2010 年硕士论文。

[214] 中国互联网络信息中心：“第 27 次中国互联网络发展状况统计报告”，[EB/OL]. http://www.cnnic.net.cn/dtygg/dtgg/201101/P020110119328960192287.pdf.

二、外文参考文献

[215] L.V.R.Hartley，“transmission of information”，Bell System Technical Journal，1928，Vol.7，issue.3，pp.535-563.

[216] Claude E.Shannon and W.Weaver，“Mathematical Theory of Communication”，Bell System Technical Journal，1948，Vol.27，issue.3，pp.379-423.

[217] Tim Jordan，Cyberpower —the culture and politics of cyberspace and the Internet(London and New York：Routledge，1999)，pp.15-25.

[218] Choucri，Nazil，“Introduction：Cyberpolitics in the International Relations”，International Political Science Review，2000，Vol.21，issue.3，p.244.

[219] National Intelligence Council，“Global Trends 2015：A Dialogue About the Future with Nongovernmental Experts”，http://infowar.net/cia/publications/globaltrends2015/，2000，p.9.

[220] Sherman So and J.Christopher Westland，Red Wired：China′s Internet Revolution(Singapore：Marshall Cavendish Limited，2009)，pp.1-2.